U0732046

刘德海 等著

JIANGSU XINXING ZHIKU TIXI JIANSHE YANJIU

江苏新型智库体系建设研究

江苏人民出版社

图书在版编目（CIP）数据

江苏新型智库体系建设研究/刘德海等著. —南京：
江苏人民出版社，2014.12
ISBN 978-7-214-12936-9

Ⅰ．①江…　Ⅱ．①刘…　Ⅲ．①咨询机构—研究—江苏
省　Ⅳ．①C932.82

中国版本图书馆 CIP 数据核字（2014）第 310062 号

出　版　人　徐　海
出 版 统 筹　韩　鑫

书　　　名	江苏新型智库体系建设研究
著　　　者	刘德海等
责 任 编 辑	朱　超
装 帧 设 计	黄　炜
出 版 发 行	凤凰出版传媒集团
	凤凰出版传媒股份有限公司
	江苏人民出版社
集 团 地 址	南京市湖南路 1 号 A 楼，邮编：210009
集 团 网 址	http://www.ppm.cn
出版社地址	南京市湖南路 1 号 A 楼，邮编：210009
出版社网址	http://www.book-wind.com
	http://jsrmcbs.tmall.com
经　　　销	凤凰出版传媒股份有限公司
照　　　排	江苏凤凰制版有限公司
印　　　刷	江苏凤凰数码印务有限公司
开　　　本	718 毫米×1 000 毫米　1/16
印　　　张	15.25　插页 1
字　　　数	228 千字
版　　　次	2014 年 12 月第 1 版　2014 年 12 月第 1 次印刷
标 准 书 号	ISBN 978-7-214-12936-9
定　　　价	36.00 元

（江苏人民出版社图书凡印装错误可向承印厂调换）

目录

绪　论

在现代社会，智库是生产思想的主体，决定着思想的制高点。智库生产思想的能力以及政府与智库互动的水平，在很大程度上决定着国家治理的思想高度和理性程度。要完善和发展中国特色社会主义制度，推进国家治理体系和治理能力现代化，增强中国参与国际竞争的软实力，实现中华民族伟大复兴的中国梦，就必须进一步确立中国特色新型智库的战略地位，明确目标内涵，完善运行体系，推进机制创新，重点建设一批具有较大影响和国际影响力的高端智库，充分发挥其在国家和社会治理中的强大智力支撑作用。

一、从西方智库到中国智库：中国特色新型智库兴起的时代呼唤

西方国家智库起步较早，运转机制日益成熟，在影响政府决策和公众立场方面发挥着重要作用。我国真正意义上的智库虽然起步较晚，但古代幕僚制度等已经初步具备智库的雏形。研究中国特色新型智库，首先需要对西方国家和我国古代智库进行总结和梳理，取其所长为我所鉴所用。

1. 西方智库的发展概况及其主要功能。智库，Think Tank，也称"思想库"。西方国家智库，是科学精神和理性观念的产物，是解决复杂多变现实问题的需求，新科技和新技术革命加速了智库的发展，西方行政体制和法律制度为西方智库兴起提供了制度保障。根据美国宾夕法尼亚大学智库与公民项目发布的《2013年全球智库报告》，2013年全球共有智库6826个，其中北美、欧洲智库比例达到55.7%；从国家分布来看，美国在智库数量上占有绝对优势，为1828个，占26.78%。

西方智库具有很强的非营利性和独立性，在重大公共决策和政策制定、

评估、调整过程中发挥着不可替代的重大作用，在各国政治、经济、文化、军事、外交舞台上扮演着越来越重要的角色，主要在三个方面发挥着非常重要的功能：一是思想库功能。智库的研究探求，能够产生新的思想理论，影响执政党的执政理念和治理行动，产生思想引领作用，继而被确认为政策或法规。二是决策咨询功能。智库更多的在于着眼未来，预测未来，超前研究经济社会发展的重大课题，可以为政府提供全面、专业、具体的政策方案，以及提供和储备社会管理的专业人才。三是社会教化功能。西方智库采取多种方式和渠道影响社会舆论，引导社会思潮，以此对政府部门的公共决策施加影响。有些学者甚至把智库称作立法、行政、司法、媒体之外的第五种权力。

2. 中国智库发展的历史脉络和演进阶段。早在两千多年前，古代中国已经出现了智库的萌芽。在随后的各个历史阶段，中国早期智库有着不同的表现形式和称谓，如养士、谋士、门客、幕僚、谏议大夫、翰林院、军师、师爷，等等。春秋战国时期，各诸侯国公子贵族礼贤下士，广招宾客，产生了门客制度。秦、汉以后，在门客制度基础上逐步建立起幕僚制度。新中国成立后，我国智库的发展大致可以分为四个阶段。

第一阶段，官方智库产生阶段。新中国成立后，国家出于社会主义革命和建设的需要，组建了一批官方智库，主要包括：中共中央党校、党中央和政务院（国务院）政策研究室等。虽然这一阶段的智库基本上都是官方机构，但在我国当时的经济政治生活中确实发挥了重要作用。

第二阶段，现代智库全面发展阶段。中国真正意义上的现代智库发轫于1978年改革开放。当时邓小平等领导人已经认识到了决策咨询的战略意义，多次提出要实现"决策科学化"。与此同时，智库的概念和思路从西方发达国家传播过来，中国官方智库、半官方智库、民间智库大量涌现。在官方智库层面，通过组建、合并、调整，陆续成立了中国社会科学院、国务院发展研究中心、中国现代国际关系研究所等智库机构；在半官方智库层面，原隶属于海南省政府的中国（海南）改革发展研究院开始社会化运行，樊纲成立了国民经济研究所，林毅夫在北京大学创立了中国经济研究中心；在民间智库层面，北京零点调查公司于1992年在工商部门登记注册，茅于轼等于 1993 年创办了"天则经济研究所"。此外，这一时期国外智库也开始陆续进入中国。

第三阶段，现代智库功能拓展阶段。进入 21 世纪以来，面对纷繁复杂的国际国内形势，中央更加重视智库的发展。2004 年 1 月，《中共中央关于进一步繁荣发展哲学社会科学的意见》指出，"要使哲学社会科学界成为党和政府工作的'思想库'和'智囊团'"，明确了社科界在智库建设中的重要作用，高等院校、社科院、党校行政学院、党政机关研究部门和学术团队等社科界五路大军开始向智库转型或靠拢。2006 年 11 月和 2007 年 7 月，先后在北京和上海召开了第一届、第二届中国智库论坛。2009 年 3 月，中国国际经济交流中心成立。同年 7 月，以"共享人类智慧、共谋全球发展"为主题的首届全球智库峰会在北京召开，这标志着中国的智库建设已具有开阔的全球视野，开始注重与国外智库直接进行对话和交流。

第四阶段，中国特色新型智库建设阶段。党的十八大以来，新一届党中央对智库建设予以前所未有的高度重视。2012 年 11 月，党的十八大报告提出，坚持科学决策、民主决策、依法决策，健全决策机制和程序，发挥思想库作用。2013 年 4 月，习近平总书记就中国特色新型智库建设作出重要批示，指出"智库是国家软实力的重要组成部分，随着形势的发展，智库的作用会越来越大。"2013 年 11 月，党的十八届三中全会通过的《中共中央关于全面深化改革若干重大问题的决定》明确提出，加强中国特色新型智库建设，建立健全决策咨询制度。2014 年 3 月，习近平总书记在访问德国时，强调在中德两国成为全方位战略伙伴关系中，加大政府、政党、议会、智库交往，把智库建设提上了国家外交层面。2014 年 10 月，习近平总书记在主持中央全面深化改革领导小组第六次会议时，审议《关于加强中国特色新型智库建设的意见》，强调指出，我们进行治国理政，必须善于集中各方面智慧、凝聚最广泛力量，从推动科学决策、民主决策，推进国家治理体系和治理能力现代化、增强国家软实力的战略高度，把中国特色新型智库建设作为一项重大而紧迫的任务切实抓好。

3. 加快推进中国特色新型智库建设的紧迫性和现实必要性。中国特色新型智库建设的兴起，从科学精神和实践探索的角度，与西方智库的发展环境有相似之处。但从根本上讲，又有着本质的不同。中央之所以高度重视智库建设，我国的智库建设之所以在最近几年迅猛发展并且呈现出强劲的势头，其现实必然性植根于我们所处的时代，植根于中国经济社会的发展阶段，也与执政理念、决策程序的新要求直接相关联。

中国特色新型智库与知识经济时代。与农业经济时代、工业经济时代比，知识经济时代对知识、对智慧、对思想性的要求更高更强烈。特别是当前处于信息爆炸的时代，信息丛林既为领导决策提供便利，也会形成干扰，需要智库部门搜集有效信息并加以整合分析。与此同时，当今世界各国的竞争不再仅仅是自然资源、地理位置和经济实力的竞争，而是越来越深刻地转向文明、理念、软实力和巧实力的竞争。中国能否成为世界强国，不仅取决于经济实力，更取决于文化的影响力和思想辐射力，取决于中国在国际事务中的话语权。智库作为生产思想、理念、政策脚本和辅助决策的特殊组织，必将在中国参与国际软实力竞争中发挥重要作用。

中国特色新型智库与中国社会发展阶段。我国仍处于重要战略机遇期没有变，但其内涵和条件发生了深刻变化；我国经济社会发展的总体态势和基本面没有变，但经济下行压力加大，面临能否跨越"中等收入陷阱"的风险和考验；我国仍处于发展的黄金期，但同时也面临着发展摩擦期、矛盾凸显期甚至社会风险期的挑战；我国经济正处于增长速度换挡期、结构调整阵痛期和前期刺激政策消化期，经济发展进入新常态，发展起来以后的矛盾和问题并不比没有发展起来的时候少，面对的改革发展稳定任务之重前所未有，矛盾风险挑战之多前所未有。如何从变与不变中研判、应对新常态，解决中国现阶段面临的复杂形势和问题，迫切需要智库发挥作用。

中国特色新型智库建设与推进国家治理体系和治理能力的现代化。国家治理体系和治理能力现代化是全面深化改革总目标的有机组成部分。从一个方面看，治理现代化大大拓展了既往现代化的内涵，把有形的现代化和无形的现代化有机结合起来。从另一个方面看，治理现代化是相对传统治理而言的，是从经验型的、感性式的治理向科学的、合规律性的、理性的方向跃升。因此，在坚持和完善中国特色社会主义制度的同时，必须对传统组织方式和管理模式进行历史性的变革，对国家运行体制机制进行全方位的流程再造，不断推进治理体系和治理能力的现代化。这就需要智库在资政辅政、启迪民智、平衡分歧、聚贤荐才等方面发挥重要作用。

中国特色新型智库建设与全面提高党的建设科学化水平。从共产党执政规律、社会主义建设规律、人类社会发展规律这"三大规律"，到党的十六大提出体现时代性、把握规律性、富有创造性这"三性"，到党的十六届四中全会提出科学执政、民主执政、依法执政这"三个执政"，再到十八大把全面提高党的建设科学化水平确定为党的建设主题，党的执政理念越来越趋向注重规律性、提高科学化水平。提高党建科学化水平是党的建设实践探索和党的建设理论创新双向互动的过程，迫切需要新型智库发挥重要作用。

中国特色新型智库建设与科学决策、民主决策、依法决策。决策失误是最大的失误。有学者研究，中国决策失误的比例在30％左右，而一些发达国家决策失误的比例在5％左右。党的十八届三中全会明确提出要"加强中国特色新型智库建设，建立健全决策咨询制度"；十八届四中全会提出要"健全依法决策机制，把公众参与、专家论证、风险评估、合法性审查、集体讨论决定确定为重大行政决策法定程序"。将专家论证作为重大行政决策的法定程序之一，为智库发挥决策咨询作用提供了更加广阔的空间，也赋予智库以新的职责使命。

二、从传统智库到新型智库：中国特色新型智库的丰富内涵

建设中国特色新型智库，必须在充分借鉴西方现代智库经验的基础上，立足于中国国情，彰显中国特色、中国风格、中国气派。

1. 中国特色新型智库之"特"。中国智库之"特"，主要是相对于西方智库而言，具有中国特质。一是必须坚持中国共产党领导，把握正确方向。中国特色新型智库的建设，必须立足中国特色社会主义制度，遵循党的领导与人民当家作主、依法治国的有机统一，充分体现中国特色、中国风格、中国气派，绝不能像西方智库一样标榜"独立于政府或政党"。在注重与国外智库加强交流的同时，要防止外资的入侵和西方智库意识形态的渗透，牢牢把握正确的政治方向。二是必须以服务大局、服务决策为己任，坚持

问题导向。坚持求真务实，为党委、政府决策提供管用的政策建议，为全面深化改革、全面推进依法治国提供高质量的智力支持。智库不应当是党委、政府部门的简单延伸，更不是党委、政府意图的简单解读。作为思想工厂，要产生思想并谋划方案，为决策提供有效的服务。三是必须在强化官方智库主体作用的同时，充分发挥各类智库作用。官方智库贴近决策层，有明显的体制优势，是新形势下党和政府探索执政规律、完善执政方略、提高执政水平的主体力量。同时，要注重发挥民间智库的积极性和创造性，引导各类智库有序发展，充分发挥各类智库在实现中华民族伟大复兴中国梦过程中的重要作用。

2. 中国特色新型智库之"新"。新型智库的"新"，主要相对于中国传统智库而言，实现智库建设的转型升级。一是新高度。把智库建设从以往的策略层面甚至技术层面上升到战略层面。中央强调要从推动科学决策、民主决策，推进国家治理体系和治理能力现代化、增强国家软实力的战略高度来认识智库建设，对智库建设的重视程度达到了前所未有的高度。二是新体系。与传统智库相比，新型智库建设更加注重整体性、协同性和系统性，需要充分整合党政部门、社科院、党校行政学院、高校、军队、科技和企业、社会智库的研究资源，加大统筹力度，促进协调发展，形成定位明晰、特色鲜明、规模适度、布局合理的中国特色新型智库体系。三是新目标。大国，大在思想，强国，强在智力。智库以思想影响和改变世界，储备的是软实力。中央将智库建设作为国家软实力重要组成部分，明确提出"重点建设一批具有较大影响和国际影响力的高端智库"，显示出更加广阔的国际视野和更加高远的目标追求。

3. 中国特色新型智库之"库"。智库，首先要有"智"，以知识和智力做支撑；其次要有"库"，通过各类智力要素的有效聚合，产生 $1+1+1>3$ 的集聚效应。一是信息资料库。占有相当数量的信息和数据资料，是产生思想、形成方案的基本前提。在很多情况下，现代智库还需要现代技术手段如大数据、云计算等作为支撑，才能提出解决问题的方案。二是思想产品库。智库的思想产品，可能是思想的火花，也可能是成型的理论或成熟的观点。思想、理论和观点，是智库的内核，也是智库的命脉所在。三是政策方略库。能够生产思想的，主要是少数的尖端智库和少量的智库产品，对于大多数智库来说，最主要和基本的职能是提供政策思路或者方案，包括政策的制定和执行等各个环节。对策方案一旦被决策者所接受，就会转化为政策并付诸实施。因此，智库提供的政策方案，要充分考虑各种可以确定的和难以确定的因素。在有些情况下，需要提出上策、中策、下策等多个"策论"，供决策者抉择。四是人才资源库。智库是各类优秀人才集聚的地方。智库人才，首先是领导人才、领军人才，这是智库产生品牌影响力的核心要素。当然，智库不是个人作坊式的生产，智库成果往往需要具有专业特长的各方面专家联合攻关。因此，智库人才既需要一定的数量和规模，又要追求合理的专业结构和学科分布。

4. 中国特色新型智库之"辩"。智库建设，不仅仅是社会科学的事，也需要社会科学与自然科学的融合，还必须形成专家学者与实际工作部门的有机贯通。在构建中国特色智库的过程中，需要处理好一系列的辩证关系，把握中国特色新型智库建设的平衡点，从而实现"定位明晰、特色鲜明、规模适度、布局合理"的目标。一是智库的"量"与"质"。从广义的角度讲，我国的智库数量比较多，谱系比较长。有关统计显示，中国研究机构有2500多家，专职研究人员3.5万人，工作人员27万人。但普遍层次不高，有国际影响力的高端智库数量不多。据《2013年全球智库发展报告》，我国纳入国际智库研究视野的智库只有400多家；在150家全球顶级智库排名中，中国仅有5家。相对于数量庞大的机构和研究人员，中国特色新型智库更应当强化以质取胜。智库建设，既要注重面上的铺开，更要注意点上的聚焦，选择培育一批具有潜力和优势的智库，重点发展，打造品牌。通过培育大龙头，激活大群体，产生大能量，实现大支撑，形成强大的综合带动效应。二是智库的"收"与"放"。智库既要走近党委、政府，又要面向社会和市场，过分行政化的手段必将束缚智库的发展。因此，在对智库加强管理和引导、确保正确的政治方向的同时，要逐步引入市场机制，注入动力和活力，推进智库发展的社会化、产业化步伐。三是智库的"综"与"专"。各类智库有各自的定位，研究领域与服务对象各有侧重。要扩大中国特色新型智库的影响，一方面要培育一批具有重大国内国际影响力的综合智库，另一方面，要重视专业化智库建设，培育一批专业智库，有针对性地服务某一领域、某一区域。四是智库的"分"与"合"。所谓"分"，应是智库之间各有分工，职责定位相对明确。所谓"合"，是指不同单位、区域、类别智库之间的合作、协同。智库建设既要强调"分"，必要的时候也要善于"合"。没有"分"，职责定位不明确，智库也就失去了存在的理由。但在面对重大战略问题和重大决策时，又必须突出"合"，统筹各相关智库的优势资源，形成协同攻关的布局和合力。

三、从国家智库到地方智库：江苏新型智库体系的框架建构

习近平总书记指出，要统筹推进党政部门、社科院、党校行政学院、高校、军队、科技和企业、社会智库协调发展，形成定位明晰、特色鲜明、规模适度、布局合理的中国特色新型智库体系。江苏新型智库体系的构建，必须始终坚持以中央关于中国特色新型智库建设的战略部署为基本遵循。

1. 江苏构建新型智库体系的基础。江苏是经济大省，也是文化大省、教育大省、社科大省，拥有数量众多的高校和研究机构，社科资源十分丰富。对于江苏来说，无论是党政部门的研究机构，还是高校和社科院所，都拥有强大的研究队伍和比较丰富的研究成果，形成了在全国的比较优势。根据上海社科院《中国智库报告》首发中国智库影响力排名，江苏社科院在全国地方社科院系统智库影响力排名中名列第4，南京大学在高校智库中影响力排第5。江苏发展高层论坛、江苏决策咨询研究基地、江苏社科研究基地等决策咨询平台，在江苏智库建设中发挥了重要作用，在全国也产生了一定的影响。构建面向未来的新型智库，江苏无论在经济社会发展实践，还是社科研究力量和智库发育水平上，都具有明显的优势，培育一批在省内外有影响的高端智库和专业智库的条件已经基本成熟。

2. 江苏新型智库体系的构建。虽然江苏在社科资源、学科建设、基础理论研究等方面具有明显优势，但智库建设相对滞后，特别是研究机构数量众多但实力不强，研究资源分散，迫切需要按照中央关于加强中国特色新型智库建设精神，对现有资源加以有效整合，加快构建具有中国特色、江苏特点的新型智库体系。

第一，新型智库体系的组织引导。智库发展要有适当规模，更需要合

理布局和有机贯通。要充分发挥江苏众多智库资源的作用，需要在全省形成一个有效的智库资源整合机制。根据新型智库服务党委、政府决策的主要功能定位，建议在省哲学社会科学工作领导小组的基础上，组建江苏新型智库领导协调小组，对新型智库建设工作进行统筹安排，加强对相关智库资源的整合。同时，要注重发挥两类机构的引导、组织和协调作用。一是发挥党政部门内部智库的引导作用。党政部门智库具有靠近决策核心的天然优势，能够更直接地了解领导的决策需求，还可以通过不同的形式上报信息，对领导决策产生影响。因此，党政部门智库在加强自身研究的同时，还应当承担决策需求信息发布与成果转化中心的职责。其作用在于，既是决策咨询信息的集散中心，也可以统筹协调研究力量开展协同研究，同时对各类研究机构提供的研究成果进行综合提炼，使党政部门的决策具有更宽视野的比对性、选择性。二是重视社科联组织在新型智库建设中的重要作用。社科联组织是党委、政府与社科界沟通的桥梁，长期以来，在组织联络社科界五路大军、服务地方经济社会发展方面发挥了积极作用。新型智库建设以社科界五路大军作为基础和主体，因此，社科联不仅要建设自己的智库，更重要的是发挥联合的优势，加强社科界五路大军智库力量和资源的整合，把全省社科界建设成为决策咨询的强大智库，为全省改革发展提供强有力的思想引领、理论支持和智力支撑。

第二，新型智库体系的组织架构。一般来说，智库体系的组织架构可以从纵横两个方面来考察。从纵向上来说，与我国的管理层级相对应，可以分为国家级智库、省级智库、地市级智库和县级智库。各级智库在服务本级决策机构的同时，也向其他层级的决策机构提供服务。特别是省级智库，处在承上启下的位置，一方面要加强与国家级智库的联系与合作，提高服务同级党委、政府决策的能力，另一方面要加强对地市智库的业务指导，参与地方决策咨询工作。

从横向上看，智库体系主要包括党政研究部门系统智库、社科院系统智库、党校行政学院系统智库、高校、军队、科技系统智库和企业、社会智库系统等。这五大系统，与社科界五路大军基本对应。各类智库在新型智库构建过程中具有不同的角色分工。党政部门智库主要围绕党委、政府的中心工作和重大决策部署确定研究方向和选题，具有围绕紧密、贴近性强的特点。党校和行政学院，以研究执政党能力建设和政府治理为主要方向。社科院以研究经济社会发展重大问题为主攻方向，侧重动态的跟踪研究。高校智库，结合学科优势和团队优势，以基础理论透视现实问题见长。民间智库，由于机制灵活，行政约束弱，往往更容易从不同的视角提出不同的方案供决策参考。

第三，智库与相关方的对接体系。一是智库与党政部门的对接。只有实现政智机构的良性互动，才能使决策更趋于科学、理性，智库的作用也才能得到更好的体现。除了强化传统的行政性色彩较浓的沟通互动方式外，还要注重加快新型智库建设的市场化、社会化步伐，变财政拨款为项目资助，通过政府购买服务，充分发挥第三方在调查研究、方案设计、绩效评估等方面的专业优势。二是智库与基层民意的对接。政府与社会、民意的沟通与互动，智库具有重要的桥梁作用。我们党的宗旨是全心全意为人民服务，我们的政府是人民的政府，所有政策都应当充分体现人民的利益和意愿。智库之智，既是智库专家智慧的结晶，也是民间智慧和民意的集中，必须准确地反映民意。同时，智库的一个重要功能是启迪民智，通过对党委、政府决策的解析，让民众更好地理解、接受。三是智库人才与党政干部的对接。人才的合作与交流，是政智互动的重要保障。要推进智库人才与党政人才的交流，注重从智库选拔优秀人才到党政部门任职或挂职，畅通退休干部进入各类智库的渠道，构建党政部门与智库之间人才流动的"旋转门"机制。

四、从相对分离到政智互动：江苏新型智库建设的机制创新

一个国家或地区智库的水平，代表其智商。而能否实现政智互动、智企互动、智社互动、智民互动，则决定着一个国家或地区的情商。党政领导作为国家和地方决策的主体，是各类智库服务的主要对象，在智库的发展过程中，处于矛盾的主要方面。智库在推动决策、推进治理体系和治理能力现代化方面的效果，一方面取决于智库自身的水平，看能否真正生产出符合客观实际和党委、政府决策需求的思想产品和行动方案；另一方面，也取决于智库与党委、政府决策机构联系的渠道是否畅通，取决于决策部

门对智库的重视程度和对智库产品的认知水平。因此，智库要发挥其应有的作用，必须建立相应的体制机制，促进智库职能分工的明晰化，智库产品生产的精细化，智库成果转化的程序化，政智思想交流的经常化。

1. 实践导向机制。中国步入了全面深化改革、全面推进依法治国的新阶段。新形势、新环境和新问题密切交织，迫切需要哲学社会科学走出学术象牙塔，强化科研的实践导向、问题导向。要做到这一点，必须实现两个对接。一方面，要做好理论与实践的对接。社科理论研究特别是对策研究必须接地气，不接地气就只能是空对空，不可能产生出有价值的研究成果；另一方面，要做好理论工作部门和智库与实际工作部门的对接。研究的第一步是要出成果，但如果仅止于此，再好的成果也只能是空中楼阁。因此，还必须迈出第二步，在理论工作部门与实际工作部门之间建立起畅通的供需渠道，才能使有价值的成果得到转化。

2. 有效运行机制。智库作为生产知识、思想和方案的组织，具有高科技、高智力行业的特征，需要建立更加灵活的、适应新思想涌现、相对宽松的组织管理体系。智库的生产过程，主要包括各类信息资料的输入，运用理论、模型、大数据进行知识生产、思想和政策产品的输出。与党委、政府决策的过程相对应，大致经过论题的设置、决策前论证、决策中咨询、实施后评估等几个环节。要实现智库的有效运行，需要根据各个环节的特点，建立相应的操作模式。

3. 信息共享机制。数据信息是智库研究的基础。当前江苏智库发展和决策咨询研究力量分散，工作重复性高，很大原因就是缺乏一个全省性的智库研究信息共享机制。因此，必须在建立数据库、资料库的基础上，形成一个完善的决策咨询信息共享机制，设立信息共享数据平台，汇集全省各类决策需求和党政部门、各研究机构的研究成果、调查数据资料，实现跨领域、跨部门、跨智库的信息互通、成果共享，进一步提升智库研究水平。

4. 交流协作机制。新型智库建设，要注重横向联合，发挥官方智库贴近实践的优势和高校科研机构的理论优势，加强协同创新。要加强不同区域、类别、层级智库在数据、信息、研究课题、研究成果和人才队伍的交流合作，增强智库研究的集成性、针对性和创新性。坚持走出去与请进来相结合，加强与国内一流智库和国外智库的交流与合作，加大智库走出去的力度，以此提升江苏智库建设的总体水平，扩大江苏智库在国际上的影响力。

5. 评价激励机制。智库研究成果作为知识产品，需要有科学合理的评价和激励机制，形成良性的智库竞争机制和学术环境。要加强对智库的管理，在时机成熟时设立必要的准入门槛，对智库和智库专家进行必要的资质认证；改革科研管理体制，实现有效的公共研究资源的合理配置，促进由政府购买机构、人力、劳动向政府购买产品、人才、服务转变；建立一套完善的决策咨询研究成果评价体系，对智库研究成果进行独立性、权威性评估和认证；探索建立决策咨询知识产权保护制度，设立决策咨询发明专利奖；加大对优秀决策咨询成果的奖励力度，设立政府决策咨询奖，对进入决策链的成果给予奖励和推介，以鼓励广大科研人员多出成果、出好成果。

6. 成果转化机制。智库研究成果的价值在于运用于实践，指导和推动工作。建立完善的研究成果转化机制，一方面需要畅通智库与各级党政部门的交流合作和沟通联络机制，提高智库研究成果的针对性和有效性；另一方面，需要拓宽成果的转化渠道，建立多渠道、多形式、多层次、多载体的信息报送和传播机制，确保研究成果能够及时便捷地为决策部门所关注和了解。此外，还要充分利用电子网络等新媒体和学术报告、高端论坛、蓝皮书等多形式载体对外传播研究成果，让智库的研究成果尽可能实现影响力的最大化。

7. 综合保障机制。智库是个高智力产业，需要从多方面长期坚持不解的投入。智库建设不同于一般的课题研究，长期聚集某一个或几个问题，具有跟踪性、动态性、系统性研究的特点。智库服务的对象主要是党政部门，智库成果评价的话语权主要在党政部门，同样，智库发展投入的主体也应当是党政部门。因此，应设立智库发展基金，加大政府购买智库研究成果的力度，为智库发展提供必要的资金支持。在社科规划基金项目中，应逐步加大应用研究课题的比重，从重点支持个人向重点支持智库组织转变，从短期临时性研究向长期跟踪研究转变，重点资助一批有影响、有潜质的智库。同时，要加大对智库机构人才等方面的保障力度，吸引更多的专家学者汇聚到新一轮智库建设的大潮中来。

第一章 智库基本理论与中国特色新型智库[①]

智库是现代社会发展的产物，真正意义上的智库起源于西方国家。智库的基本理论，主要是对智库的概念、分类和功能进行研究和梳理，阐明智库产生发展的相关理论基础。在此基础上，对西方和中国智库的产生与发展进行进一步的考察，为江苏新型智库体系的构建提供经验借鉴与基本遵循。

第一节 智库基本理论

一、智库的概念与分类

1. 智库的概念

智库是现代管理体制中不可缺少的组成部分。在美国，有继立法、行政、司法之后的"第四部门"之称，还有人将智库称为第五种权力（列立法、行政、司法、媒体之后）、思想推手、影子政府等。一般认为，智库（think tank）是一种承担特殊职能、发挥特殊效用的社会组织，有很多种关于它的定义。它又被称为"思想工厂"（think factory）、"外脑"（out side brain）、"脑库"（brain tank）、"智囊团"（brain trust）、"咨询公司"（consultant corpora-

---

① 徐晓虎：地方智库的构成要素和竞争力研究，南京航空航天大学博士学位论文，2014 年。

tion）或情报研究中心（intelligence research center）。维基百科指出，智库又称智囊团，是一个对政治、商业或军事等政策进行调查、分析及研究的机构，通常独立于政府或政党，不少与军事、实验室、商业机构或大学等有联系，部分以"研究所"作为名称。百度百科指出，智库也称思想库，即智囊机构、智囊团，是指由专家组成的多学科的，为决策者在处理社会、经济、科技、军事、外交等各方面问题出谋划策，提供最佳理论、策略、方法、思想等的公共研究机构。

Dickson 认为，思想库是一种稳定的相对独立的政策研究机构。其研究人员运用科学的研究方法对广泛的政策问题进行跨学科的研究，在与政府、企业及大众密切相关的政策问题上提出咨询。Abelson（2002）提出，智库一般都是专注于公共政策研究的非营利性、无党派组织。他还提出一种观点：根本不存在统一模式的智库，智库是这样一种规模不等的实体，它既可以由一两个人组成，也可以拥有几百位员工和研究人员。这些智库中，有的预算仅有一两千美金，而有的预算则高达几百万美金。McGann（1995）认为，世界各国的领导人都需要智库学者为其提供独立分析，帮助确定政策议程，构筑知识与行动间的桥梁。

兰德公司创始人之一弗兰克·科尔博莫认为，智库就是一个"思想工厂"，一个没有学生的大学，一个有着明确目标和坚定追求，却同时无拘无束、异想天开的"头脑风暴"中心，一个敢于超越一切现有智慧、敢于挑战和蔑视现有权威的"战略思想中心"。布鲁金斯学会董事局主席约翰·桑顿认为，智库的核心价值在于质量、独立性和影响力。其中，智库的质量是由智库所拥有的顶尖专家决定的，独立性包括研究机构和学者的独立性，关键在于思想的独立性，独立性也是智库和一般企业的研究或游说团体之间的区别，资助来源的多样性对于保持独立性和保证研究质量非常关键，智库对影响力的追求是将其和大学或者其他学术研究机构区别开来的关键。有国外学者认为，如果一个咨询机构每年的研究经费超过80％以上来自政府，那么它的实质就是官方的咨询机构，而不是智库。

国内学者薛澜、朱旭峰（2006）提出：思想库是一种相对稳定的且独立运作的政策研究和咨询机构。王莉丽（2011）则认为，思想库是以政策研究为己任、以影响公共政策和舆论为目的的研究机构。张春（2007）认为，智库是一种独立机构，其目的在于指导研究并生产独立的、与政策相关的知识。陈卓武等人（2007）认为，智库主要是指以政策研究为核心、以影响政府公共政策选择为目的、非营利的、独立的研究机构。潘忠岐（2010）认为，智库又称"思想库"，是指研究、分析和参与公共政策的智囊机构。在欧洲，各类专业智库（经院智库、合同智库、公共智库和政党智库）处于影响政府决策的第一线，大学智库则注重学理性研究。其中，主流专业智库在欧盟对华决策过程中的作用日益凸显：一是为欧盟机构提供决策建议；二是为欧盟机构提供政策咨询；三是为欧盟对华政策提供论证；四是为促进双方往来提供支持；五是为增进中欧认知提供渠道。许共诚（2010）提出：智库即智囊机构、智囊团，也称"思想库"，或称咨询公司、顾问公司等，主要是指由各方面专家、研究人员组成的专门的研究咨询机构，这样的机构主要是为决策者在处理社会、政治、经济、军事、文化、科技、外交等各方面问题时出谋划策，以提供最佳理论、策略和方案。

　　我们认为，智库是一种专门为公共政策和公共决策服务、生产公共思想和公共知识的社会组织，它的竞争力表现在思想创新性、政策影响力和公众关注度等方面，它的主要特征包括战略性、前瞻性、系统性、创新性、跨学科、实用性等。智库的主要功能包括提供思想产品、搭建交流平台、培养公共人才、引导社会舆论等，它的工作范畴包括信息工作、调查研究、人才培养、沟通交流、专题培训、决策咨询等。以上定义与传统智库概念有着较大的差别。我们的观点是：智库的本质并不在于非营利性和独立性，而在于提供高质量的思想产品。这种思想产品既包括为公共决策服务的政策、建议和分析报告，还包括对经济社会发展具有积极推动作用的公共知识。因此，一些进行市场化运作的咨询机构（一般是公司法人组织）也可能是智库，如全球最著名的智库——兰德公司就以"公司"为名。企业化的智库主要集中在咨询行业，国内外一些著名的咨询公司同时也是享有盛誉的智库机构，如美国著名的麦肯锡咨询公司和波士顿咨询公司，再如近年来在国内公共政策分析领域声名鹊起的零点调查公司和安邦咨询公司。它们虽然都是市场化运作、以赢利为重要目标的企业组织，但是却生产了

大量的公共知识（如波士顿咨询公司发明的"矩阵分析方法"）和政策建议
（如零点调查公司开展的众多公共政策民间调查和分析建议）。这些企业智
库一方面是追求自身生存和健康成长的营利性组织，同时它们又以研究公
共政策和服务公共决策为目标，先后发布了大量的政策建议和社会调查
成果。

2. 西方智库分类

传统上，国外学者按照智库的党派背景对智库进行分类。在美国，传
统基金会、企业研究所、胡佛研究所可称为共和党智库，而布鲁金斯学会
可称为民主党智库。在英国，政策研究中心、亚当·斯密研究所被称为保
守党智库，而政策研究所被划为工党智库。也有国外学者根据智库的政治
主张对智库进行分类，如将兰德公司称为保守主义智库，将布鲁金斯学会
称为自由主义智库，或者将智库分为左派、右派和中间派几个类别。

根据智库工作领域对其进行区分。早期智库主要服务于军事战略部门，
是国家处理对外关系的重要参谋和助手，可称之为军事智库。当代智库的
研究领域和服务对象已经覆盖到全部政策决策的领域，相应产生的智库类
型则非常丰富，如经济智库、科技智库、文化智库等。根据创立智库的目
标与机构组织特征，可将智库分为企业法人型、基金会型、非独立法人型
和松散俱乐部型等几个类别。从智库的隶属角度来分类：一、独立智库，
可细分为：学术多样化型与学术专业型智库；合同型智库或咨询机构；倡
导型智库；政策企业组织或政策公司。二、附属型智库，可进一步分为：
党派附属型智库；政府资助型智库；私人营利型智库；以大学为基础的智
库（大学附属型智库）。有人将智库分为"政策社团"和"政策商店"两
类。有人把智库分为综合性智库和专业性智库两类。还有人把智库分为三
种类型：传统型智库；研究与行动并重的智库；注重行动的智库。

McGann（1995）在早期根据智库经费来源将其分为六大类：一是政党
附属型智库，二是政府附属型智库，三是自治和独立智库，四是半官方智
库，五是半独立型智库，六是大学附属型智库。后来他又将智库分为七种
类型：涵盖多个领域的学术机构；专攻一个领域的学术机构；委托/代理机
构；倡导型机构；政策企业；著作代理人/出版社；国家机构。他在"智库

和公民社会项目"研究报告中，又以智库扮演的不同角色为标准将智库分为八类：一是政策制定者，二是政党代言人，三是政府代理人，四是学者型，五是行动者，六是转型者，七是混合体，八是跨国智库。

3. 西方智库的功能

西方智库具有很强的非营利性和独立性，借助其在信息、知识等方面的专业优势，可以协调社会各阶层、政府部门在信息、目标和资源上相互交换和互动，在重大公共决策和政策制定、评估、调整过程中发挥着不可替代的重大作用，在各国政治、经济、文化、军事舞台上扮演着越来越重要的角色，成为现代国家决策链条上不可缺少的重要一环，如美国的兰德公司、英国的伦敦国际战略研究所等。有些学者甚至把智库称作立法、行政、司法、媒体之外的第五种权力，在三个方面发挥着非常重要的功能：

一是思想库功能。生产新思想、新观点、新理论和新知识。智库的研究探求，能够产生新的思想理论，影响执政理念和治理行动，产生思想引领作用，继而被确认为政策或法规。西方著名智库如布鲁金斯学会、兰德公司、斯坦福研究所、罗马俱乐部、野村综合研究所等都是凭借新思想、新观点、新理论成为国际一流的智库。如罗马俱乐部关注全球性问题，预言经济增长不可能无限持续下去，做出了世界性灾难即将来临的预测，并设计了"零增长"对策性方案。

二是决策咨询功能。可以为政府提供全面、专业、具体的政策方案，以及提供和储备社会管理的专业人才。20世纪70年代之后，美国智库向政策游说方面全面转型。传统基金会是这方面的成功范本，里根政府全面采用该智库的《领袖的职责：一个保守派政府的政策管理》作为治理蓝本。除了向政府输出理念之外，美国智库还大量地向政府输出高层次人才，如小布什政府就吸纳了来自胡佛研究所、国际战略研究中心、企业研究所、尼克松中心、布鲁金斯学会、太平洋论坛、传统基金会、兰德公司等著名智库的众多人才。进入21世纪之后，多元化、立体式的智库体系已经全面渗透到美国的政治、经济、外交、安全、科技、文化等各个领域。曾任哥伦比亚大学东西研究中心主任研究员的日本学者小每尾夫指出，思想库是美国政府各项决策的影武者，因此思想库被称为"影子政府"。如著名智库加图研究所在华盛顿的政治决策体系中发挥着重要作用。

三是社会教化功能。通过研究和宣传潜移默化地影响社会公众，塑造或者影响社会民意基础。自20世纪90年代以来，随着信息传播的全球化、网络化发展和智库之间的竞争日趋激烈，西方智库采取多种方式和渠道影响社会舆论，引导社会思潮，以此对政府部门的公共决策施加影响。主要途径包括：第一，智库学者通过在媒体上发表见解、文章，解读自己对重点议题的看法，回应社会公众的质疑。还召开例行新闻发布会和定期的媒体吹风会。在智库观点、见解和社会舆论交流沟通的互动过程中，实现社会民意的利益表达和传递，纠正了社会舆论中存在的短视、片面或偏激的观点，经过进一步修正的政策方案被决策者采纳，从而间接影响政府的公共决策。智库的创新成果在得到社会认同的同时，还有助于政府部门公共政策出台后的执行。第二，通过召开各种形式的会议、讲座和举办研究班，使智库和政界人士达到了互通信息、交流思想的目的，更宣传了自己的政策主张。第三，借助网络新媒介，向全球网络用户推广思想和观点，从而潜移默化地在全球范围内构建自己的影响力。

二、智库的理论基础

以往的西方国家智库研究工作中，其理论基础主要是政治学理论（多元主义、精英理论、国家主义、政策过程理论等）、社会学理论（社会关系网络理论、社会资本理论等）、知识运用理论等。

Truman和Dal等人发展出来的多元理论认为，政府的政策是社会中为数众多的利益集团之间斗争的产物，政府的决策是政府权衡各种利益集团的利益和要求的结果。多元主义认为，思想库可以参与工会、环保组织、民间社团和各种非政府组织（NGO）的影响政府决策的竞争之中，通过观点和经费的竞争来参与"智力市场"（思想市场、政策市场）的竞争。其中，具有独立性和非营利性的智库均以NGO（非政府组织）形式存在，此类NGO智库在美国会获得来自政府、基金会和大型企业的资金支持。

与多元理论平行的精英理论将政治结构解释为一种由个别具有一定目标的组织和个人主导下进行运作的机制，或者说政策是由少数的社会精英决定的。Mills（2005）指出，美国的权力精英主要由政治精英即美国政府中少数身处高位者、经济精英即美国几百家最大的公司首脑和军事精英即军方最高级领导人三部分人组成的。Dye 将权力精英逐步扩大到新闻制造者、大律师、基金会组织负责人、智库以及美国名牌高校的校董。精英理论认为，智库的负责人和研究人员本身就属于社会精英，对政策产出有很强的影响力。多姆霍夫运用社会关系网络理论中的"亲密纽带"概念来解释社会精英如何影响政府决策，也就是社会精英之间通过特殊的纽带的交流来影响决策过程，这种纽带交流的效果比正式书面报告等形式更有作用。

国家理论的主要观点是，虽然国家的政策受到行政官僚和参选官员行为的影响，但国家保持着一定程度的自主性，并根据自己的逻辑运行着。它认为，国家本身就是一个重要的政策参与者，智库的努力不一定能成为最终的政策产出，相反，国家意志还能影响智库及其他政策参与者的行为。

政策过程理论认为，（1）政策过程的逻辑起点是假设所有参与者个体是符合理性的，而且是有限理性的。由于政策问题的模糊性、复杂性和选择压力，时间和信息成为政策决策者最大的稀缺资源。政府首脑希望在有限的时间内掌握相关问题的全部情况、过去相关政策的成本和收益等信息。因此，智库由于拥有专家、数据库以及长期的研究积累，就可以对其开展智力服务。（2）政策过程参与者的集体行动导致政策的最终结果。政策过程通常至少需要 10 年的时间，其间，政策过程的所有参与者通过各自独立的行动以及在网络与权力关系上的累积，最终导致政策结果。智库是参与集体行动的重要成员。（3）政策子系统是和某一政策领域相关的政策项目、参与者和机构的集合。智库作为政策过程的参与者，就包含在政策子系统中，并对政策思想的产生、传播和发展发挥重要作用。（4）可以将政策过程拆分为政策循环的各个阶段，如可分为议程设定、目标与计划的形成与合法化、计划执行、对执行和表现影响的评估、对政策和计划未来的决定。智库可以在不同情况下参与政策过程的各个阶段。此外，聚集于议程设定阶段的多源流模型认为，政策变迁是由三个源流——问题源、政策源和政治源决定的。智库主要参与的是政策议程设定阶段中的政策源。

社会关系网络理论认为，智库网络在智库实现政策影响力的过程中发挥重要作用。智库及智库专家作为政策参与者，不仅需要进行政策研究工作，而且为了对政策产生实际影响，他们还必须和社会各界（政府、媒体、企业、公众和其他智库等）保持密切的联系，需要花费大量的时间精力参与社会活动和交往，为倡导自己的政策理念、说服政策决策者接受自己的观点而努力。比较有代表性的智库网络理论包括：政策共同体、认知共同体、学术共同体、倡议联合、资助共同体、问题网络和国际政策网络等。

社会资本理论认为，社会资本是在社会关系网络中有望获得回报的资本。社会资本和经济资本、人力资本存在一定的区别和联系：社会资本存在于人际间的关系结构中，也就是说社会结构的资源可以当作是个人的资本资产；经济资本、人力资本和社会资本之间可以互相转化，其中经济资本是其他类型资本的根源；社会资本具有不可转让性和公共物品两个特性。于智库而言，智库社会资本就是智库建立起来并持续维护的社会网络的结构，这种结构就是镶嵌于智库网络的资源，智库网络规模越大，网络地位越高，智库社会资本的存量就越大。

知识运用理论指出，知识和研究是两个非常重要的概念。知识，无论是政策思想、意识形态、范式或者世界观，在产生之后并不能直接转化为政策产出，而是需要时间上的积累，因此知识通过什么样的途径影响政策是一个重要问题。可以认为，知识的产生、作用和影响过程就是专家的研究过程。研究可以分为三种模式：作为数据的研究、作为思想的研究和作为争辩的研究，还可以分成四种模式：学术研究、计划研究、工具研究和行动研究。从知识成为政策的动力学来看，知识运用可以分为四种模型：科学推动型、需求拉动型、扩散型和互动型。

知识运用理论认为，知识在智库运作中发挥核心作用，知识的作用以及它赋予政策参与者能力上的提升是智库研究与公共政策之间建立桥梁的关键。而政策网络理论（社会关系网络理论和社会资本理论）认为，知识和信息是重要的，但是起主导作用的是政策参与者，他们会有选择地把知识作为建立网络联系的工具。当然，这两个理论并无内在矛盾，对智库发挥影响力来说，网络和知识运用都是必须的。

综上所述，西方学者开展智库研究的主要方法包括历史路径、实证研究和国际比较研究。历史路径主要是研究智库在英美等国家诞生发展和壮大的过程、智库兴起的政治背景以及思想市场（政策市场）的基本结构。实证研究通过问卷调查、电话调查、深度访谈、数据库检索和互联网搜索来获取第一手数据，进而运用数据对比、回归分析和因子分析等定量方法来研究智库的运行模式。国际比较研究专注于不同国家智库发展状况的比较分析，认为不同国家智库发展水平存在差距的影响因素包括：该国民主化程度和公民社会发展水平、地域差别所导致的政治文化、经济与社会转型。

三、西方智库发展

1. 西方智库的产生背景

当下被广泛使用的"智库"（think tank）这一专业词汇最早出现在第二次世界大战期间的美国。西方智库的产生具有特定的时代背景，其发展历程大致经过了三个阶段。

现代智库虽然在20世纪初就已出现，但其后数十年一直发展缓慢。自20世纪70年代以来，现代智库实现了迅猛发展。尤其在进入21世纪以后，为了应对不断出现的全球化挑战，世界各国的智库数量呈现出爆炸式增长。智库在自1970年代开始的40年快速发展与信息革命、知识经济的出现（同样是1970年代）及发展在时间上完全吻合，其中存在着必然联系，可以说智库的大发展是信息革命与知识经济发展的必然结果。在原始社会，原始人类面对的是野兽和果实，可用的工具就是身体和简单的石器；在封建社会，人类以土地为生产对象，可以运用木器、铁器等工具；在工业时代，人们以钢铁、石油等为生产原料，以机器为生产工具；在由于信息革命和知识经济而引发的全球化时代，人们的生产原料历史性地由实体材料变成信息和知识，生产工具也由农具和机器变为人的大脑以及电脑（起辅助作用），产品也由物品变为思想、知识和信息。可以预见，随着知识经济、创新型经济的不断深化，专业知识的不断拓展，社会分工的不断细化，体现出系统性、战略性、前瞻性等特点的智库组织必将得到更大发展。

纵观西方智库的产生和发展，与其经济社会发展密切相关，具有特定的历史条件和土壤。第一，智库是科学精神和理性观念的产物。西方启蒙运动强化了科学精神和理性观念在社会发展中的地位，客观性、专业化思维在发展理念、决策部署中受到更多的重视，专家学者的作用开始越来越多地为社会所关注，这是西方智库产生的思想基础。同时，西方管理学等理论的发展，为智库的存在与发展奠定了理论基础。第二，智库是解决复杂多变现实问题的需求。西方工业革命在使专业化分工越来越细、发展所面临的现实问题越来越复杂的同时，也对政府内政管理和外交政策等方面的决策带来空前的挑战。政府组织面对日益复杂化和系统化的公共决策和管理问题，仅靠一己之力已无法应付层出不穷的社会问题，专门为决策服务的各类咨询研究机构便应运而生。一般地说，英国被认为是智库最早的发祥地，其最早具有智库研究特点的组织，是成立于1884年的费边社，以专业化知识和经验为依托，以论证报告、研究方案和咨询建议为产品，为各类社会机构服务。第三，新科技和新技术革命加速了智库的发展。20世纪70年代之后，新科技革命和新技术的广泛运用，则使智库发展具备了应用现代方法、技术从事专业研究的条件。世界各国智库的发展如雨后春笋。它不仅囊括了各种交叉学科和边缘学科，专业分工的精细化和综合分析的系统化也有机地契合于一体，智库研究成果在政府决策中的作用越来越突出，政府委托性课题在智库研究中的比重也大大增加。第四，由于形式上的委托制度和相关的法律制度比较健全，现代西方智库的兴起与繁荣有了制度上的保障。西方国家，尤其是美国，其行政体制中的委托制度根深蒂固。一方面，一个总统从竞选到执政，在其国内外政策的形成过程中，总能看到智库和智囊人物的影响。另一方面，每届新政府在执政过程中，出于科学决策的考虑，也会把一些复杂而重大的决策问题委托给一个或几个智库研究。在国外，智库是一种提供智力服务的特殊的市场法人主体，它的生存和发展有一系列的法律制度作保障。第五，西方政治制度中权力的高度分散也是智库产生和发展的一个原因。自从西方国家在完成了资产阶级民主革命之后，大都确立和实行了立法、行政、司法三权分立和制衡的政治体制，国会与行政当局的政策意见常常不一致，甚至发生冲突。这就为智库各展所能、各施影响提供了可能。西方国家的政府在政策制订过程中实行社会听证制度、政策公示制度、专家咨询制度和决策的论证制度由来已久，智库作为专门的政策咨询机构便有了自己的用武之地。有需求才有供给，智库的存在和发展正好适应了西方国家政治市场的需要。

2. 西方智库的发展阶段

第一阶段，从西方启蒙运动和工业革命开始，到二次世界大战，是智库产生并开始发展的时期。第一次世界大战之后，西方国家面临许多复杂的社会矛盾与问题，对政府内政管理和外交政策等方面的决策带来空前的挑战，传统意义上仅靠政府自身力量形成决策并说服公众变得越来越困难。而解决这一问题的现实性，迫使西方国家政府开始向更为专业、系统的思想库寻求帮助。1916 年，美国成立了专门的决策咨询、研究组织——政府研究所，也就是后来布鲁金斯学会的前身，英国也于 1920 年成立了政府的思想库——英国皇家国际事务研究所，这是现代思想库的起源。之后，伴随 20 世纪 20 年代末、30 年代初世界性经济危机中大量经济、社会矛盾的爆发，以及由此给政府治理带来的一系列问题的出现，西方发达国家相继成立了一批各自的思想库，比如著名的布鲁金斯学会和美国对外关系委员会等。

第二阶段，从二战结束开始，到 20 世纪 90 年代，是现代意义上的智库真正发展的时期。美国的智库起源于二战期间。当时，美国政府、军方向美国高校等学术机构征集了大批美国本土和欧洲避战来美的专家，组成多个智囊服务机构、军事科技突击研究机构。被征集的科学家、社会科学学者以相对独立的方式为美国服务。除此之外，美国军方还扶持成立其他一些起初专门服务于军事参谋的研究机构，最典型的就是"兰德公司"。二战结束以后，世界各国特别是西方国家各种社会矛盾与问题交织，智库发展获得了前所未有的客观条件。20 世纪 70 年代之后，新科技革命和新技术的广泛运用，则使智库发展具备了应用现代方法、技术从事专业研究的条件。世界各国智库的发展如雨后春笋。同时，有关智库发展运行的法律制度也日渐健全，智库的行为与运作趋于制度化、规范化。正是由于形式上的委托制度和相关的法律制度比较健全，现代西方智库的兴起与繁荣有了制度上的保障。美国的传统基金会、美国企业研究所、威尔逊研究中心、卡特中心、尼克松中心，英国的政策研究中心、亚当·斯密研究所、公共政策研究所和德国的经济研究所等智库都成立于这一时期。

第三阶段，20世纪90年代以来，是智库改革创新、力求实现新的突破的时期。在这个过程中，国际政治格局发生重大变化，不同国家也面临政治生态的调整过程，智库的作用逐渐在全世界范围为人们所认可，智库已经成为现代国际政治与社会发展的一大特征。

3. 西方智库的特点

第一，研究资金来源的多元化。固定基金、捐赠、委托和服务收费可以说是大多数智库的收入模式。需要指出的是，很多有影响力的智库都会有一笔稳定基金带来的收入。像布鲁金斯学会和彼得森的机构创始基金对于他们的独立研究来说就是一个相当有力的保障。同时我们也看到，没有一家智库仅仅或大多数依靠某一单一资金来源。越是活跃的智库，越是有各种各样获得资金支持的渠道，也保证了这些智库开展更多独立研究的空间和活力。

第二，研究人员的多样性和流动性。和大多数非营利组织一样，很多智库存在专职和兼职两种研究力量。智库的研究人员体现了多样化的特点，包括学者、官员和实业人士。另一方面，智库对单个人才也具有多样化要求，即使是研究人员，许多智库要求他们不仅要懂得研究，更要能够协调，擅于宣传。美国的许多智库在人员引进方面采用旋转门机制，使学界和政界人士能够形成稳定的双向流动，保持研究和政策的相关性，保证智库对政策制定的影响。

第三，研究过程的有效管理。可以将这一过程分为选题、组织和质量控制三个部分。在选题方面，主要有三种形式，即委托式研究、前瞻性研究和长期跟踪项目。委托式研究是最直接与决策相挂钩、最大限度发挥智库决策功能的一种选题方式。长期跟踪项目是对特定议题进行长期广泛深入的研究，为决策者提供具有时间跨度和深度的信息和全面的方案。前瞻性研究可以说是最具挑战性的，需要基于长期的研究才能发掘相关的选题。智库的选题通常是以上三者的有机结合。在研究组织方面，大多数智库采用的是学科分类与研究课题相结合的方式。这是由政策议题对特定领域专业化程度和跨学科知识的双重需求决定的。任何一项好的政策建议，必须基于大量的基础理论研究，同时对各类研究进行良好的整合和协调。在质量控制方面，智库通常都会在研究过程中附加一套严格的成果评审制度。如布鲁金斯学会就设立了利益冲突和评审委员会，艾伯特基金会则是参照欧洲质量管理基金会的 EFQM 模型，而加拿大亚太基金会则正在研究如何建立一个更好的内部评估机制。

第四，影响力的多渠道传播。在影响力推广方面，我们将智库需要面对的影响对象分为决策者、公众和媒体三个方面。智库发挥影响力的具体渠道和形式是多种多样的。彼得森国际经济研究所是综合运用这些渠道并且善于尝试新技术的佼佼者之一，比如建立研究所自己的媒体中心，通过信息订阅实现信息及时推送等。

第五，"旋转门"机制推动政策决策执行。所谓"旋转门"是指智库成员的身份在政要与学者之间变换。这种学者和官员之间的旋转机制使智库的影响力渗透到公共政策决策、制定和执行的方方面面。一是构建人际关系网络，如在政府中直接任职、给政府官员直接打电话、保持与国会议员的密切关系等。二是搭建知识与权力的桥梁。智库为学者们提供了与政策决策者进行紧密接触的舞台，使他们不但了解政策研究，还了解政治现实。三是推进"二轨外交"，这是介于官方外交"第一轨道"与纯民间交流"第三轨道"之间的一种特殊渠道。

第二节　中国智库发展

一、中国传统智库发展

值得注意的是，虽然智库是极富西方文化特色的词汇，现代智库同样也诞生于西方世界，但是类似"智库"的"智囊"组织在古代中国早已出现。在两千多年前的战国时期，由于战国四公子养"士"而形成的"门客集团"（或称"幕僚集团"）就是中国最早的"智库"组织。在东晋时期，王蒙、谢安等名士积极参与的"自由清谈组织"除了讨论哲学问题，也大量研讨了公共政策。明代晚期"东林党"的出现标志着中国古代智库走向成熟。在组织形式上，东林党以江南士大夫为主，聚集了在朝在野的各种政治代表人物、东南城市势力、某些地方实力派。在服务公共政策方面，东林党以"清议"形式提出众多的政策观点，如主张开放言路、实行改良、反对矿监税使掠夺、减轻赋役负担、发展东南地区经济等。由以上分析看出，明代的"东林党"除了在组织上较为松散之外，其功能特色相当接近于现代美国的"布鲁金斯学会"、"传统基金会"等智库组织，它们都拥有明确的政治主张，而且成为政治人物和专家学者身份转换的平台。战国时期的"门客集团"、东晋时期的"自由清谈组织"以及明代的"东林党"可称为古代中国的三大智库，它们的共同特点包括：一是以服务政府首脑（皇帝或国王）的重大决策为宗旨；二是摆脱了中国传统"智囊"、"文胆"等个体谋士的单打独斗形象；三是都对时事政治发挥了重大的影响作用。

新中国成立后，由于社会主义革命和建设的需要，智库得到了较大的发展。虽然这一阶段的智库基本上都是官方机构，但在我国当时的政治经济生活中确实发挥了重要作用。这一时期的智库主要包括：中共中央党校、党中央和政务院（国务院）政策研究室等隶属于党政部门的智库。

中国真正意义上的现代智库发轫于1978年改革开放。当时邓小平等领导人已经认识到了决策咨询的战略意义，多次提出要实现"决策科学化"；与此同时，智库的概念和思路从西方发达国家传播过来。在这一时期，中国官方智库、半官方智库、民间智库大量涌现，出现了竞相发展的良好局面。在官方智库层面，通过组建、合并、调整，陆续成立了中国社会科学院、国务院发展研究中心、中国现代国际关系研究所等智库机构；在半官方智库层面，原隶属于海南省政府的中国（海南）改革发展研究院开始社会化运行，樊纲成立了国民经济研究所，林毅夫在北京大学创立了中国经济研究中心；在民间智库层面，北京零点调查公司于1992年在工商部门登记注册，茅于轼等于1993年创办了"天则经济研究所"。此外，这一时期国外智库也开始陆续进入中国。

进入21世纪以来，面对纷繁复杂的国际国内形势，中央更加重视智库的发展。2004年1月，《中共中央关于进一步繁荣发展哲学社会科学的意见》在党的历史上第一次以中共中央的名义明确指出，"要使哲学社会科学界成为党和政府工作的'思想库'和'智囊团'"。2005 年 5 月，胡锦涛主持中央政治局常委会议，听取了中国社会科学院的工作汇报，强调要"进一步办好社会科学院"。2006 年 11 月和 2007 年 7 月，先后在北京和上海召开了第一届、第二届中国智库论坛。2009 年 3 月，中国国际经济交流中心成立，有别于以往的官方机构，这家智库拥有半官方半民间的身份，成员来自党政部门、大学、企业、银行、港澳商会，形成了超越单一部门和社会集团的人员格局。

目前在中国最具有影响力的智库基本上都是官方智库或者半官方智库。2006 年 11 月份，中国太平洋学会、中国社科院和上海国际问题研究所在上海联合主办中国首届智库论坛。论坛上公布了国内著名科研院校、学者专家和智库机构评选出来的"十智库"，分别是：中国社会科学院、国务院发展研究中心、中国科学院、中国军事科学院、中国国际问题研究所、中国现代国际关系研究院、中国太平洋经济合作全国委员会、中国科学技术协会、中国国际战略学会、上海国际问题研究所。排名依据是相应智库为国家决策提供的政策和咨询的多寡，以及其提供的咨询在国家的政治、经济、文化、军事、外交等领域产生的影响。其中，中国智库在外交领域作出了较为突出的贡献。

这些智库全部是官方或者半官方机构。其中，中国社会科学院、国务院发展研究中心分别是中央和国务院的主要智囊机构。中国现代国际关系研究院、中国国际问题研究所、中国太平洋经济合作全国委员会、上海国际问题研究所均侧重于外交政策的研究。中国军事科学院和中国国际战略学会则属于军方决策智库，为中国的军事战略以及中国军队未来的建设与发展走向提供决策服务。

值得注意的是，在中国的地方智库发展过程中出现了一个具有中国特色的现象，就是出现了所谓的"半官方地方智库"，此类型智库以中国（海南）发展改革研究院（CIRD）和综合开发研究院（中国·深圳）（CDI）为代表。CIRD 成立于 1991 年 11 月 1 日，这是一家由政府和企业共同投资举办，以转轨经济理论和政策研究为主，培训、咨询和会议产业并举的网络化、国际化、独立性政策研究机构。以 CIRD 和 CDI 为例，通过对它们网站的详细分析可以看出，这两个地方智库都采取了"官助民办"的经营模式，即由政府提供主要经费资助保证其生存，智库自身相对独立运转，通过市场途径解决发展问题。由于半官方智库与党委、政府有着密切而不可分割的联系，或者说，如果没有官方的支持，此种智库则无法存在。因此，这种所谓"半官方智库"其实是官方智库的一种特殊类型。

二、中国传统智库的主要问题

与西方发达国家相比，中国智库的发展仍然处于初级阶段，存在主要问题有：

1. 各类智库发展不平衡。改革开放以来，中国智库的类型、规模和数量迅速扩张。在 2006 年召开的中国首届智库论坛上，中国社会科学院、国务院发展研究中心、中国科学院、中国军事科学院、中国国际问题研究所、中国现代国际关系研究院、中国太平洋经济合作全国委员会、中国科学技术协会、中国国际战略学会、上海国际问题研究所等十大著名智库浮出水面，令世人瞩目。不过，这十大智库阵容固然强大，却全部是官方或半官方机构，而真正的民间智库一家也没有。总体来说，相较于官方智库，许多民间智库仍处于发展初期，运营资金有限，研究力量不强，远离政府决策圈，其在中国社会承担的主要功能是传播新思想、教育公众、提供商业咨询服务等，而不是影响政府决策。民间智库作为中国智库的一个重要组成部分，在整体上还没有形成自己的影响力机制和品牌声誉，在全球化进程中，中国民间智库更缺乏在国际舞台上的声音。当前发育高度不健全的智库结构体系，显然无法令智库扮演其本应有的社会、政治功能。

从我国各省智库发展的情况看，地方智库的发展规模和水平与该地区的经济社会发展水平呈现正相关关系。越是经济发达的地方，智库也越发达。分区域来看，北京的民间智库发展始终领全国之先，此外北京市社会科学院明确提出"建设首都社会主义新智库"的工作目标。上海市则在推进官方智库发展方面在国内属于领先水平。上海市社会科学院是国内成立最早的社科院和规模最大的地方社科院。该院在 2006 年提出要建成"国际知名、国内一流的智库"，并提出要有"世界眼光、中国特色、上海坐标"。经过反复讨论，最终提出"国内一流、国际知名的社会主义新智库"建设目标，并于 2007 年初以党委一号文件《中共上海社会科学院委员会关于构建国内一流、国际知名的社会主义新智库的若干意见》的形式下发。该院以研究所（课题组）为竞争和考核单元，还成立了全国首家"智库研究中心"，并随即出版智库专著，还翻译了国外有关专著。

2. 智库研究水平不高。地方智库虽然取得了长足发展，但是仍存在众多明显的短腿不足：一是基层智库的咨询功能不足。据统计分析，在市县级智库组织的职能中，智囊型占 30％，文秘型占 20％，兼顾型占 50％。这种职能的多样化会导致咨询功能的弱化。二是智库的人才结构不合理。据对我国 12 个省级政策研究室的调查，50 岁以上的研究人员占 40％，40～50 岁的占 44％，40 岁以下仅占 16％。在学历层次上，大专以上人员只占 54.9％。据调查显示，在地方各级官方智库组织中，80％以上是社科专业的毕业生；在大专层次以上，92.3％是文科类毕业生，且法律、中文、历史、新闻、文秘等专业偏多，经济、管理、信息等专业偏少，自然和工程技术类专业则更少。由于人员配备不合理，就无法应用跨学科的方法进行研究，也难以胜任新时期的决策参谋角色。在非官方智库组织中，从业范围过度集中于工程咨询、科技咨询和金融咨询，这说明了专家型人才偏多，复合型人才短缺。由于相关研究人员知识面狭窄，导致众多咨询报告偏重于罗列数据，缺乏跨学科的综合分析，因此很难见到切实可行的方案和有见地的结论。

3. 独立性、公信力欠缺。现阶段，绝大部分中国智库还是官办性质，由财政供养；即便是一些民间智库，也大多和政府有着千丝万缕的联系。因此，这些智库难免带有揣摩上意、投领导所好的倾向，所做的研究很大一部分是对政府决策正确性、合理性的解释，发出的声音实质为政府内部先有结论再找论据的自我证明，常带有"马后炮"的性质，并不能真正地起到引导决策、影响决策的作用。

4. 在国际上影响力偏弱。在中国具有广泛海外利益的背景下，中国智库必须像中国企业一样走出去。例如在 2010 年的朝鲜事件中，美国智库 ISIS（科学与国际安全研究所）发布研究报告、提供卫星照片的速度以及对全球各国决策的影响力，为世界任何一个政府所不能及。在朝核危机中，与之并无直接关系的欧洲国家智库也发布相关研究报告，展现其国际影响力，而作为朝核六方会谈中的重要一员，中国智库却在国际上"集体失声"。在全球化的进程中，中国将面临错综复杂的国际局势和严峻挑战。中国智库不能把视野局限于国内，要努力展现国际影响力，争取更多国际话语权。

5. 面临国际势力的渗透。目前，在智库经费短缺的现实压力下，寻找外部资金甚至是接受海外赞助，已经成为很大一部分中国智库谋生存的主要手段。外资"入侵"中国智库有利也有弊，利的方面是缓解了中国智库的资金困难，引入了竞争机制，而最大的弊病就在于"拿人家的手短"，不但影响了中国智库学术研究的独立性，甚至将一批高级知识分子、社会精英培植成了西方利益代言人，在一定程度上影响、干扰了中国政府的决策。

此外，智库在当今的中国已经成为时尚词汇，各行各业的众多机构都喜欢加以引用。从某种程度上讲，智库一词有被滥用或泛化的明显趋势。如众多广告公司、商业创意机构往往也会打出智库的招牌。

三、中国智库发展的新阶段

党的十八大以来，新一届党中央对智库予以了前所未有的高度重视。2012 年 11 月，党的十八大报告提出，坚持科学决策、民主决策、依法决策，健全决策机制和程序，发挥思想库作用。2013 年 4 月，习近平总书记就中国特色新型智库建设作出重要批示，指出"智库是国家软实力的重要组成部分，随着形势的发展，智库的作用会越来越大。"2013 年 11 月，在党的十八届三中全会通过的《中共中央关于全面深化改革若干重大问题的决定》明确提出，加强中国特色新型智库建设，建立健全决策咨询制度，这是在中共中央文件中首次提出"智库"概念。2014 年 3 月，习近平总书记在访问德国时，强调在中德两国成为全方位战略伙伴关系中，加大政府、政党、议会、智库交往。把智库建设提上了国家外交层面，"智库外交"将会成为我国国际交流与合作的"第二轨道"。2014 年 7 月，习近平总书记在主持召开经济形势专家座谈会时指出，经济形势专家座谈会是落实十八大和十八届三中全会要求加强中国特色新型智库建设，建立健全决策咨询制度这个决策部署的重要体现，希望广大专家学者不断拿出有真知灼见的成果，为中央科学决策建言献策。2014年10月27日，中央全面深化改革领导小组第六次会议召开，会议审议了《关于加强中国特色新型智库建设的意见》。习近平总书记强调，我们进行治国理政，必须善于集中各方面智慧、凝聚最广泛力量。改革发展任务越是艰巨繁重，越需要强大的智力支持。要从推动科学决策、民主决策，推进国家治理体系和治理能力现代化、增强国家软实力的战略高度，把中国特色新型智库建设作为一项重大而紧迫的任务切实抓好。

第三节　中国特色新型智库体系

习近平总书记对中国特色新型智库建设作出了一系列重要指示，强调要坚持党的领导，把握正确导向，充分体现中国特色、中国风格、中国气派；坚持科学精神，鼓励大胆探索；坚持围绕大局，服务中心工作；坚持改革创新，规范发展。要统筹推进党政部门、社科院、党校行政学院、高校、军队、科技和企业、社会智库协调发展，形成定位明晰、特色鲜明、规模适度、布局合理的中国特色新型智库体系，重点建设一批具有较大影响和国际影响力的高端智库，重视专业化智库建设。

一、中国特色新型智库建设是一项重大而紧迫的任务

智力资源是一个国家、一个民族最宝贵的资源。强国须强智，现代大国的崛起需要大智库引航。中国特色新型智库是党和政府科学、民主、依法决策的重要支撑。当前，全面建成小康社会进入决定性阶段，破解改革发展稳定难题和应对全球性问题的复杂性、艰巨性前所未有，传统智库难以满足服务党委政府科学民主依法决策的需求。迫切需要大力加强智库建设，建立健全中国特色决策支撑体系，以科学咨询支撑科学决策，以科学决策引领科学发展。中国特色新型智库是国家治理体系和治理能力现代化的重要内容。要实现全面深化改革的总目标，完善和发展中国特色社会主义制度，推进国家治理体系和治理能力的现代化，建立更加成熟更加定型

的制度体系，必须加强中国特色新型智库建设，充分发挥智库在治国理政中的重要作用。中国特色新型智库是国家软实力的重要组成部分。当今世界各国的竞争不再是自然资源和地理位置的竞争，而是转向文明、理念、软实力和巧实力的竞争。中国能否成为世界强国，不仅取决于经济实力，更取决于生产和输出思想的能力。智库作为生产思想、理念、政策脚本和辅助决策的特殊组织，必将在中国参与国际软实力竞争中发挥重要作用。中国特色新型智库建设，还在于要突破我国智库发展当前相对滞后状况，从体制和机制上创新。总之，建设中国特色新型智库，是新一届中央治国理政系列重大战略部署之一，对于全面深化改革和全面推进依法治国，全面建成小康社会，实现中华民族伟大复兴的中国梦具有重要的意义。

二、中国特色新型智库建设的原则要求

习近平总书记强调了中国特色新型智库建设需要重点把握的四项原则。一是坚持党的领导，把握正确导向。中国特色新型智库不同于西方智库，不能照搬西方智库模式。要坚持党管智库的原则，坚持中国特色社会主义方向，坚持在国家宪法法律法规框架内开展研究和组织运行，始终以维护国家利益和人民利益为根本出发点，立足我国国情，充分体现中国特色、中国风格、中国气派。二是坚持围绕大局，服务中心工作。中国特色新型智库建设，必须紧紧围绕党和政府决策急需的重大课题，紧紧围绕三个全面进程中的重大任务，紧紧围绕中央正在推进的各项中心工作，积极开展前瞻性、针对性、储备性政策研究，提出专业化、建设性、切实管用的政策建议，为实现中华民族伟大复兴的中国梦提供坚强的智力支撑。三是坚持科学精神，鼓励大胆探索。新型智库建设，必须强化实践导向，强化问题意识，强化创新精神，体现探索真理的精神和勇气。要坚持从问题出发，坚持理论联系实际，坚持求真务实，围绕我国经济社会发展的重大问题，积极建言献策。对于智库的发展，在坚持正确方向的前提下，要给予更多的宽容和包容，坚持政治宣传有纪律，学术讨论无禁区，鼓励不同学术观点、不同政策建议的切磋争鸣、平等讨论，创造有利于智库发挥作用、积极健康向上的良好环境。四是坚持改革创新，推进规范发展。以改革的精神推进智库建设，把智库发展与政府机构改革特别是事业单位改革结合起

来，按照公益服务导向和非营利机构属性的要求，积极推进不同类型、不同性质智库分类改革。要科学界定各类智库的功能定位，加强对各类智库发展的顶层设计，实行统筹协调、分类指导，突出优势和特色，调整优化智库布局，促进各类智库规范有序发展。

三、中国特色新型智库建设的目标

建设中国特色新型智库，既是对智库个体提出的要求，更重要的是强化各类型智库分工互补的特色，建立适应国家经济社会发展要求的中国特色新型智库体系。习近平总书记指出，要统筹推进党政部门、社科院、党校行政学院、高校、军队、科技和企业、社会智库协调发展，形成定位明晰、特色鲜明、规模适度、布局合理的中国特色新型智库体系。与传统的智库建设相比，新型智库建设，更加强调对不同智库主体的功能定位，使各类智库都能够放大优势、发挥作用；更加强调特色鲜明，中国特色新型智库要为中国特色社会主义建设的理论和实践服务；更加强调规模适度，智库建设要与当前我国经济社会发展的特定阶段相适应，既不能停滞不前，又不能一哄而上；更加强调布局合理，包括区域布局、专业布局、功能布局。特别是新型智库建设，不仅仅关注智库个体，更注重不同智库主体的统筹推进，形成一个科学高效的运行体系。

第二章　江苏新型智库体系的建构

根据习近平总书记关于加强中国特色新型智库建设的重要讲话精神，结合江苏实际，本章着重分析江苏新型智库体系建构的基础，阐释内涵意义，提出建设路径。

第一节　江苏新型智库体系的建构基础

体系，泛指一定范围内或同类的事物按照一定的秩序和内部联系组合而成的整体，是不同系统组成的系统。一方面，现代社会的发展呈现出原子化的趋势，个体和单位之间具有相互分离的倾向。同时，现代社会又是一个高度关联化、网络化的社会，迫切需要组织的有序参与。从系统论的角度讲，不同的智库主体要发挥最大的效应，必须加强统筹，形成一个有机的智库体系。

一、江苏智库发展总体情况

伴随着我国经济社会快速发展，各级党委、政府对决策的需求不断增强，促使我省智库事业发展进入新的机遇期。经过多年的发展和努力，我省形成了类型较多样规模较齐全研究领域宽广的智库机构。从多种不完全统计且交叉统计数据看，2010年底江苏拥有103个软科学研究机构，占全国的4.3%，居于全国第10位，2000年以后成立的软科学研究机构占到全部软科学研究机构的一半以上；2012年底江苏拥有112个社科重点研究机构，主要是省部级研究院（基地、中心），规模从 5 人到 70 人不等，50.9％的机构是 2010 年以后成立的，研究领域主要集中在经济、社会、文化、能源、信息等与政策紧密相关的江苏优势学科领域。

1. 江苏智库机构人员和经费保障平稳。江苏不断加强智库机构研究队伍的建设，研究人员队伍和整体素质结构不断提高。到 2010 年底，江苏软科学研究机构拥有 4738 人，占全国的 5.7％，其中具有博士学位的人员占总数的 26.9％，具有高级职称人员占总数的 45.6％，30～50 岁人员占总数的 53.1％；到 2012 年底江苏社科重点研究机构拥有 18733 人，其中具有博士学位的人员占总数的 27.0％，具有高级职称人员占总数的 49.5％；中央和江苏不断加大智库机构经费的投入，研究经费稳步增长。2010 年度江苏软科学研究机构投入研究经费 1.20 亿元，2012 年度社科重点研究机构投入研究经费 0.93 亿元，政府项目是软科学研究机构和社科重点研究机构经费的主要来源，来自企业和其他来源的经费较少。

2. 江苏智库机构研究基础日益科学化。智库的研究越来越趋向综合化、系统化、信息化和科学化，智库的发展很大程度上依赖于分析方法的进步。从整体上看，江苏智库的研究工作正体现出从定性到定量、从个体到系统、从江苏到全球的特点。定量研究逐渐成为智库研究的主流，研究活动中创造性地提出了许多定量分析指标、方法体系、模型和软件等工具，并不断地在实践中对这些工具加以验证和改进。

3. 江苏智库机构功能作用日益显现。江苏智库机构和专家在江苏和中国重大决策过程中越来越活跃，政策影响力不断增强，为深化体制改革、促进经济社会发展做出了积极贡献。2009～2010 年，江苏软科学研究机构围绕经济社会发展中的热点、难点和焦点问题撰写内部研究报告或内参 987 篇，共获各级领导批示 264 篇，在报纸或网络发表署名文章 287 篇，软科学人员参加政府咨询会 491 人次，被媒体专访 250 次，观点被媒体引用 288 次；2010～2012 年，经江苏省哲学社会科学规划办公室向中央有关部门上报研究报告 32 份，20 多项成果被全国哲学社会科学规划办公室重点推介，8 项成果被成果要报刊发。江苏省哲学社会科学规划办公室向省领导报送调研报告 1261 份，调研分析江苏率先基本实现现代化、农业现代化、城乡一体化、新兴产业发展、提升传媒产业竞争力、外向型经济等领域实际情况，有针对性提出 82 条工作建议，省领导先后做出 10 次重要批示。2011～2014年，江苏省社会科学界联合会组建的省决策咨询研究基地，共产生 279 项研究成果，其中 95 期通过内刊《决策参阅》报送省委、省政府领导参阅，74 项获省领导批示，44 项被批转省有关部门负责同志参阅。

二、江苏智库发展的瓶颈制约

1. 江苏智库水平有待提升。江苏有影响力的智库数量与江苏经济社会发展水平不相称。江苏综合经济实力在中国一直处于前列，2013 年人均GDP 位列中国省份第一，未来的目标是在全国率先基本实现现代化。在率先实践的过程中，理应产生有影响力的智库提供智力支持。但在美国宾夕法尼亚大学发布的《2013 年全球智库发展报告》全球 150 家顶级智库排名中，江苏没有智库上榜。同样，在上海社会科学院智库研究中心发布的《2013 年中国智库报告》智库影响力排名中，江苏只有 1 家（南京大学）在全国排在第 23 位；从全国活跃的智库地区分布看，江苏活跃的智库数量在全国各省居于后列，总体上智库发展水平与北京、上海相比，差距明显。

2. 江苏民间智库发展乏力。相关统计资料显示，中国的智库机构目前约为 2500 多个，其中民间智库约占 5%，能够发出声音，有一定社会影响力的只有 20～30 个，这些有影响的民间智库高度集中在北京、上海等特大城市和深圳、海南等经济特区。在江苏智库中具有一定影响的智库均为官方智库和半官方智库，在资金、政策、渠道等方面，江苏民间智库的发展步伐都显得比较缓慢，与江苏民营经济发展、特别是苏南民营经济发展水平不相适应。从未来趋势看，江苏民间智库在社会公共领域会有很大的发展空间。

3. 江苏智库的作用发挥有待增强。现有的官方智库和半官方智库未能充分发挥智库的作用。相当多的党政军智库定位在"笔杆子"和"传声筒"的功能，研究观点在其客观性态度、独立性见解和集思广益的方式上也存在不足之处，公众公信力和影响力较欠缺。相当多的江苏社会科学研究机构和高校智库由于历史因素和功能制约，存在着研究队伍松散，专业化分工不足，研究方法不够科学，研究背景缺乏国际视野，研究成果应用渠道单一，低水平重复、研究方向"跟风"现象等，缺乏具有决策和公众影响力的标志性智力产品，缺乏体现江苏特色的智库品牌，与江苏经济社会发展水平和需求存在一定差距。

4. 江苏智库的运行机制有待优化。如何通过完善内外部机制促进江苏智库的健康发展，包括引入同行评议、"思想超市"等竞争机制，在财务管理和组织管理上突破现有瓶颈，为智库发展构建多元化组织、可持续资金保障机制，加强智库发展的信息基础建设，扩大智库成果转化扩散渠道，提高转化扩散效率等外部机制，增进智库研究的国际交流与合作，强化各类智库研究领域和研究方向的政策规划引导，都需要进一步深化理性思考和实践探索。

5. 各类智库主体的功能有待进一步整合。目前，江苏各类智库之间既有竞争又有合作，但总体上研究力量分散、各自为战。由于缺乏必要的协调和整合，社科研究资源不能得到充分的利用，参与应用研究的力量不够强，研究成果层次不够高，存在低水平重复现象。具体可以概括为五大矛盾与问题：一是功能定位"模糊宽泛"，缺乏"核心内涵"；二是运行机制"囿于陈规"，缺乏"时代特征"；三是能力建设"差强人意"，缺乏"江苏品牌"；四是人才队伍"捉襟见肘"，缺乏"拳头力量"；五是资源分布"条块分割"，缺乏"合纵连横"。特别是智库成果转化应用的渠道不畅，存在党委、政府有需求找不到智库专家，智库专家有成果找不到转化渠道等问题。

三、构建江苏新型智库体系的意义

中央之所以高度重视智库建设，其现实必然性植根于我们所处的时代，植根于中国经济社会的发展阶段，也与党的执政理念、党和政府决策程序的新要求直接相关联。加强对中国特色新型智库建设的研究，是适应现代信息社会的迫切需要，是推进国家治理体系和治理能力现代化的迫切需要，是推进科学决策、民主决策、依法决策的迫切需要。对于江苏来说，研究构建江苏新型智库体系具有更为直接的意义。

1. 建构江苏新型智库体系，对于挖掘整合江苏丰厚优质的社科研究资源、提升服务经济社会发展的水平和能力具有重要意义。江苏是文化大省、教育大省、社科大省，但在智库建设上相对滞后，主要是智库资源相对分散，特别是各类智库、各类平台的集成不够，没有形成高效能的"集成电路"。从全面深化改革和全面推进依法治国的背景和实际看，江苏智库的发展不可能寄希望于官方智库数量的大幅增加或规模的大幅扩张。加强现有资源整合，实现1+1+1>3的协同效应，是江苏智库发展的务实之举，也是提升江苏智库服务水平和能力的必然选择。

2. 建构江苏新型智库体系，对于实现各类智库与党委、政府和社会公众的良性互动、推进治理体系和治理能力现代化具有重要意义。在治理结构中，智库是其中不可忽视的主体和因素。江苏新型智库体系不但研究智库本身的体系构成，还注重研究智库与党委、政府决策机制的衔接，有助于智库发挥党委、政府与民众之间的桥梁纽带作用，推进治理主体的多元化及其多元主体之间的协同，从而促进治理体系和治理能力的现代化。

3. 建构江苏新型智库体系，对于建设社科强省、提升江苏文化软实力具有重要意义。近年来，江苏在全国率先提出建设社科强省的目标。智库建设是社科强省的重要组成部分，是提升江苏文化软实力、增强江苏区域竞争力的重要支撑。目前，江苏的社科布局主要强在基础学科上，强在单位个体上，强在资源总量上，但统筹和配置的力度不够强。通过江苏智库体系的建设，引导和推动江苏智库建设强在思想生产上，强在合纵连横上，强在转化能量上，从而实现江苏基础理论研究与应用对策研究的强强融合。

4. 建构江苏新型智库体系，对于探索中国特色新型智库体系建设路径具有一定的先行示范意义。去年以来，中央多次提出加强中国特色新型智库建设，今年10月明确提出构建中国特色新型智库体系。从目前情况看，全国各地对智库的研究，大多仍停留在对智库基本问题的研究，对智库体系建设研究的成果相对较少。我们应立足江苏，面向全国，放眼世界，率先探索建立地方新型智库体系。

第二节　江苏新型智库体系的内涵特征

一、江苏新型智库体系的内涵特征

江苏新型智库体系，从内涵的角度分析，首先，这是一个系统体系，是一个与经济、政治、社会、文化、生态五大建设相对应的，与党委、政府决策和民众需求相适应并提供相应服务的系统，是治理体系和治理能力现代化的重要组成部分。其次，这是一个集成体系，是一个由不同智库主体、平台、要素构成的体系，具有专业性、系统性和整体性。建设智库体系，最主要的不是用加法，而是排列组合、集成创新，实现 1＋1＋1＞3、石墨变金刚石的质变效应。第三，这是一个价值体系，体现着一种信息共享和协同协作，是一种新的科研价值导向和取向。在此基础上，尝试对江苏新型智库体系作出概念界定。所谓江苏新型智库体系，就是以中国特色新型智库体系的基本原则要求为遵循，在各智库主体和智库平台的功能定位基础上，突破区域、单位、学科、身份本位的界限，促进智库人才、经费、课题、成果的优化配置，实现智库主体的合纵连横、智库平台的联动互通、智库要素的优化重组和智库管理的机制创新，培养一批高端和专业智库，形成定位明晰、特征鲜明、规模适度、布局合理，能够彰显江苏软实力、为经济社会发展提供强大智力支撑的有机整体。

二、江苏新型智库体系的特征分析

根据习近平总书记重要讲话精神，参照中国特色新型智库体系的表述，江苏新型智库体系具有如下特征：

第一，在导向上立场鲜明。新型智库植根于中国特色社会主义伟大实践，必须始终坚持党的领导，把握正确的政治导向，坚持围绕大局，服务中心工作。

第二，在结构上统分结合。智库体系不同于智库群体。建设智库体系，不是机构和人员的大规模调整，而重在对各类智库主体功能的重新定位和要素的优化组合，实现传统智库向新型智库的转型升级。从各类智库主体看，以分为基础，重在突出优势，界定功能，明确分工，错位发展；以合为目的，重在资源整合，突出专业化、职业化，建立跨部门跨领域的团队，促进协同创新。从智库要素看，重在打破本位意识，实现有机结合，发挥最大效应。

第三，在体量上规模适度。打破本位意识，建立各管理层级智库纵向贯通、各智库主体横向协作的发展体系。强调规模适度，布局合理，实行小核心、大外围，培育一批高端和专业智库，形成核心竞争力。从功能上看，目前，智库以服务党委、政府决策为主，今后在强化和提升这一功能的同时，还应更好地发挥启迪民智、引导舆论、影响社会、影响民众的功能。

第四，在战略上统筹推进。新型智库体系建设，重点解决目前各类智库主体同质化问题，需要在战略上统筹推进各类智库发展。推进机制主要包括，领导协调小组、联络推进机构、专家咨询委员会，注重发挥党政部门内部智库的引导作用和社科联组织在新型智库建设中的联络协调作用，注重智库与党委、政府和社会公众的对接与互动。

第五，在管理上改革创新。新型智库体系更加注重成果导向和市场取向，坚持科学精神，鼓励大胆探索，促进规范发展，为智库发挥作用营造更加宽松有序的环境和氛围。

三、江苏新型智库体系的组织架构

根据以上分析，江苏新型智库体系主要有智库主体、智库平台、智库要素三大维度。各维度包括一系列的内容，构建新型智库体系，首要的就是将每个维度内的主体、平台和要素，在功能上科学界定，在职责上合理分工，在横向上互相贯通。

第一，智库主体维度。结合全面深化改革和全面推进依法治国的形势任务，加强宏观规划，对各类智库主体的功能进行科学调整和重新定位。进一步加大对智库的投入，推动党政机关、社科院、党校行政学院、高校、民间社会智库和社科联智库的联合、互动与协作，推动协调发展，实现决策咨询功能效用的最大化。

第二，智库要素维度。新型智库体系的建立，关键是将不同系统、不同领域、不同主体的智库要素聚合在一起，实现跨界合作、协同创新。这些要素主要包括智库研究人才、研究经费、各类课题、研究成果等。特别是对于研究人才和经费资源，要打破部门区域本位，根据研究方向和研究课题配置资源，提升江苏智库的职业化、专业化和高端化水平。

第三，智库平台维度。智库发展要有信息共享平台、课题研究平台（决策咨询研究基地、社科基金、各有关单位的课题发布）、成果转化交流平台等，需要加强平台之间的协作，实行不同层级、类型之间平台的协作。同时，注重发挥国家在江苏设立的协同创新中心作用，探索更好发挥省协同创新中心、各类研究基地智库作用的途径。

构建江苏新型智库体系，需要对三个维度中各类主体、平台和要素进行功能界定和优化组合，而实现这一目标的主要手段和途径是机制创新。据此，构建江苏新型智库体系三维一核框架图。

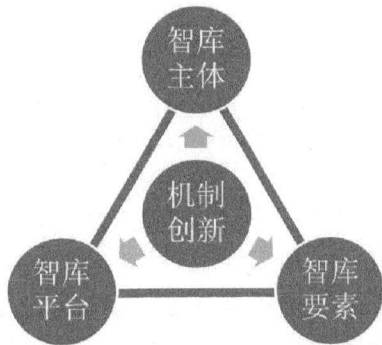

江苏新型智库体系三维一核框架图

第三节　江苏新型智库体系的建构路径

一、江苏新型智库主体的协调推进

江苏新型智库主体的协调推进，包括纵向上的贯通互动与横向上的协作协同。所谓纵向上的贯通互动，主要是指与各行政层级相对应的智库主体纵向上的贯通与互动。在中国智库体系中，省级智库处于承上启下的重要位置，一方面要加强与国家级智库的联系合作，在服务同级党委、政府决策的同时，有条件的要争取为中央决策服务；另一方面要加强对市级智库的业务指导，参与地方决策咨询工作。所谓横向上的协作协同，是指打破条块分割和部门局限，统筹推进党政部门、社科院、党校行政学院、高校、部队、科技和企业、社会智库等各类智库协调发展，按照智库发展的客观规律优化配置研究资源。

1. 江苏党政机关智库。是指直接为省委、省政府科学决策提供智力支撑的专业研究机构，也是江苏新型智库体系的重要组成部分。包括（1）党委所属智库，主要有省委办公厅、政策研究室、省委宣传部等省委有关部门下设的研究室和各市（县、区）委研究室等；（2）政府所属智库，主要有省政府办公厅、研究室、参事室、省政府所属部门下设的研究机构和各市（县、区）政府研究室等。由于其存在于党政体系内，处于经济社会发展战略谋划和决策中心、全社会思想理论创新以及政策解读与评估的前沿，在新型智库体系建设中具有双重功能。一是成为江苏新型智库体系的核心，与各部门、各地区、各行业、各领域合作，建立起学术界与决策界之间的信息桥梁，使党委机关智库在决策咨询服务中起到凝聚力量、提升内涵、拓宽渠道等核心主导作用。二是引领江苏新型智库体系建设，引领全省新型智库建设方向，引导社会各类智库有序发展，培育客观理性的智库群体，扶持和鼓励智库机构发展壮大，推动新型智库体系形成既整体多元又合理分工互补的特色。

2. 江苏社科院智库。社会科学院是智库的重要组成部分，在中国特色新型智库建设中有条件也能够扮演重要的角色。当前，建设现代智库已成为国内各级地方社会科学院"智库办院、智库兴院、智库强院"的共同认识、共同话题和共同方向。在江苏新型智库体系建设中，社会科学院应抓住机遇，完善自身体制机制建设，进一步发挥特有的资源和平台优势，成为党委、政府"信得过、用得上、靠得住、离不开"的智库队伍。

3. 党校行政学院智库。党校是党的哲学社会科学研究基地，行政学院是开展社会科学研究和决策咨询的机构。《中国共产党党校工作条例》和《行政学院工作条例》指出，"发挥党校在党委和政府决策中的思想库作用"、"行政学院应当发挥政府决策咨询的思想库作用"。建设党校行政学院新型智库，重点在发挥理论优势服务理论创新上，同时突出为党委、政府提供决策咨询服务，探索中国梦江苏篇章实践中的重大理论与现实问题。

4. 江苏高校智库。现代大学拥有人才培养、科学研究和社会服务三大功能。大学智库是现代大学社会服务功能的一种具体表达与彰显，也是现代大学循序发展的历史产物。从形式来看，在现行体制条件下，江苏高校智库更加接近于美国的"研究型智库"。从内容来看，无论是"生产思想"、"设计政策"，还是"塑造和影响公众舆论"和"汇聚人才"，大学的功能几乎"覆盖"了智库的全部功能。同时，大学不同于智库。高校智库不是将整个大学视为智库，而是大学拥有智库之功能，或者说，高校智库就是高校的智库。智库是一座"没有学生的大学"，而大学则是一个"有学生的智库"。

5. 科技智库。科技智库是中国特色新型智库的重要组成部分。特别是在知识经济时代，我国经济社会发展进入新常态，速度——"从高速增长转为中高速增长"，结构——"经济结构不断优化升级"，动力——"从要素驱动、投资驱动转向创新驱动"，科技智库在服务党委政府决策，特别是科技产业政策方面发挥着重要的作用。科技智库为党委、政府决策提供参考，为社会发展贡献智慧成果，为企业和科研院所提供信息交流平台。2012年10月，江苏省首批10个科技思想库启动建设工作，同时制定了《江苏省科技思想库管理办法》，科技智库建设取得了比较明显的成效。

江苏省产业技术研究院是经省人民政府批准成立的新型科研组织，以集聚创新资源、培育发展新兴产业、支撑传统产业转型升级为宗旨，以产业应用技术研究开发为重点，以引领产业发展和服务企业创新为根本，组织开展产业技术研究和集成攻关，创新体制机制，着力先行先试，建成需求引导、多元共建、统分结合、体系开放、接轨国际、水平一流的新型研发组织，成为江苏产业技术研发转化的先导中心、人才培育的重要基地。江苏省产业技术研究院的第一定位是产业技术发展的战略智库：发挥战略规划和产业组织功能，瞄准国际产业前沿，研究提出产业技术发展战略分析报告和前瞻性政策建议，成为引领产业高端跨越的智库平台。在运行和管理上，产业技术研究院大力推进实施四项改革：坚决防止体制回归，不设行政级别，实行理事会领导下的院长负责制，完善法人治理结构，探索构建新型科研院所管理体制；改革财政科技资金的使用方式，借鉴美国国防部高级研究计划局（DARPA）的项目管理经验，推行项目经理制，由项目经理组织产业重大技术攻关，自主组建项目团队、自主考察推荐优质项目，加强顶层设计，提高执行效率；探索"民办公助"的社团法人管理模式，以会员制形式吸纳符合条件的独立研发机构加盟成立省产业技术研发协会，推进协会明确权责、依法自治、发挥作用，根据研究所业绩给予必要的运行补贴和项目支持，进一步理顺政府和社会组织的关系，激发社会组织的活力；加大知识财产权分配制度改革，健全技术创新的激励机制，创新商业模式，大幅提高创业创新者在成果转化收益中的分配比例，促进科技成果的资本化、产业化。

6. 江苏社会智库。面对经济社会深刻转型发展，面对更加纷繁复杂的国内外形势，公共政策决策更加需要和依赖智库。加快江苏民间智库发展，需要强化法律保障，从法律上确保民间智库的独立生存空间及其与官方、半官方智库的法律地位和政治地位。强化制度支撑，完善资金捐赠制度、人才交流制度、信息公开制度。坚持民间道路，包括资金来源的民间渠道，政策研究的民主路径，服务目标的民本取向。

7. 江苏社科联智库。"组织对政治、经济、社会、文化发展重大重点问题的研究，为省委、省政府及有关部门提供决策咨询，发挥智囊作用"，是江苏省委、省政府给省社科联确立的 9 项职能中的一项重要职能。这一重要职能，也决定了省社科联在江苏新型智库体系建设中扮演着不可或缺的重要角色。2014 年 10 月，江苏省委书记罗志军在省哲学社会科学界第八次代表大会上，要求全省各级社科联和广大社科工作者当好江苏改革发展的"最强大脑"，努力把全省社科界建设成为决策咨询的强大智库。江苏省社科联智库，以研究江苏改革开放和现代化建设中的重大理论和实践问题、服务"两个率先"为主攻方向，坚持正确导向，在积极组织力量开展决策咨询服务的同时，充分发挥社科联职能作用，促进各类智库主体的协作，加强对社科类学会和民间智库的引导，打造高层次的智库成果交流和转化平台，加大决策咨询类成果在社科评奖中的比重，促进智库优秀成果的社会普及，在完善江苏新型智库体系、建设智库强省中发挥桥梁和纽带作用。

二、江苏新型智库体系的机制创新。建设江苏新型智库体系，要加强相关政策设计，推进新型智库体系的机制创新。

一是推进社科研究转型，完善智库研究问题导向机制。新形势、新环境和新问题密切交织，迫切需要哲学社会科学走出学术象牙塔，强化科研的实践导向、问题导向，做好创新理论与生动实践的对接，做好理论工作部门和智库与实际工作部门的对接，形成适时管用的研究成果。

二是推进政务信息公开，完善数据资源共建共享机制。信息平台和数据库平台建设是目前智库体系建设的最大短板。要建立信息共建共享数据平台，实现跨领域、跨部门、跨智库的信息互通、成果共享。注重运用现代信息技术如大数据、云计算等，将自然科学的模型设计、沙盘推演等运用到智库研究中，增强决策咨询研究的现代色彩和科学性。

三是推进行政体制改革，完善重大决策专家参与论证机制。党的十八届四中全会把专家论证作为重大行政决策的法定程序。通过对政府决策的过程等公共政策理论研究，对智库参与决策的方式与模式进行分析探讨。完善专家参与重大决策的方式和渠道，形成决策前由专家提供多种方案可选择、决策中有多方面专家意见可听取、决策后主要由智库等第三方评价政策效果，提出政策调适的建议。实行多方案决策制度，在重大决策形成前，通过课题委托等方式，选择两个以上的智库主体包括省外智库参与，各自提出不同的方案，供决策者比对选择。

四是推进事业单位改革，完善政府购买智库服务机制。改革科研管理体制，促进由政府购买机构、人力、劳动向政府购买产品、人才、服务转变，引导不同智库主体之间的合理竞争，建立以结果和成果为导向的财政投入机制。

五是推进思想市场建设，完善民间社会智库培育机制。社会和民间智库是江苏新型智库体系建设的重要组成部分，也是激发智库活力、完善思想市场的关键所在。根据党的十八大和十八届三中全会鼓励社会组织发展的精神，支持科技部门、新闻媒体、企业和社会参与智库建设。结合社科类社团组织的管理，研究如何发挥民间智库的职能，促进民间智库的发展。

六是加强科技智库建设，完善不同知识要素的整合机制。江苏新型智库体系的发展，需要既重视社科智库的发展，又重视科技智库的建设，既注重运用哲学、政治学、管理学、社会学等理论，又注重模型推演、数学分析等自然科学手段，实现两者的有机结合和融合。要加强与中国科学院、中国工程院的联系，推动江苏的科技和产业创新，促进科技创新与经济发展的深度融合。

七是加强平台载体建设，完善智库成果交流转化机制。畅通智库与各级党政部门的交流合作和沟通联络机制，提高智库研究成果的针对性和有效性；拓宽成果的转化渠道，建立多渠道、多形式、多层次、多载体的信息报送和传播机制；充分利用电子网络等新媒体和学术报告、高端论坛、蓝皮书等多形式载体对外传播研究成果，扩大智库的影响力；促进智库成果转化的社会化、市场化步伐，更好地发挥智库引导舆论、启迪民智功能。

八是推进评价制度改革，完善决策咨询成果激励机制。要加强对智库的管理，在时机成熟时设立相应的准入门槛，对智库、专家进行必要的资质认证；建立一套完善的决策咨询研究成果评价体系，由注重专家同行评价向注重政府和社会评价转变；探索建立决策咨询知识产权保护制度，设立决策咨询发明专利奖；加大对优秀决策咨询成果的奖励力度，推动设立政府决策咨询奖等。

九是加大多元投入力度，完善智库发展支撑保障机制。加大政府投入力度，鼓励社会企业投入；加大智库人才教育培养力度，推出一批有影响力的决策咨询专家和大师级人物；鼓励地方有实力的民间智库走出去开展对外合作。

三、加强江苏新型智库体系与相关方的互动

在强化传统的、行政性色彩较浓的沟通互动方式外，还要注重加快新型智库建设的市场化、社会化步伐，变财政拨款为项目资助，通过政府购买服务，充分发挥智库作为第三方在调查研究、方案设计、绩效评估等方面的专业优势。促进江苏智库与国务院发展研究中心、中国社科院等国家智库的合作，把更多的高端智库资源纳入江苏决策咨询体系。推进智库人才与党政人才的交流，构建富有中国特色的党政部门与智库之间人才交流

的"旋转门"机制。探讨智库与基层民意的对接模式，引导智库更加准确地反映民意、科学地引导民意、有效地启迪民智。

1. 实现政智互动、智民互动是实现智库体系影响力的核心所在。智库的价值和生命在于影响力。一个地区智库建设水平，从某种意义上决定着这个地区的智商。而能否实现党委政府与智库的互动，形成便捷的对接体系和参与机制、转化机制，在一定意义上决定着这个地区发展的情商。建立智库体系，对于加强新型智库体系与党委政府决策体系的衔接，增强智库与社会民众的互动，加强对社会思潮的引领，具有重要意义。

2. 探索江苏新型智库体系与党委政府决策体系的对接模式。建设智库不是目的，建设智库的目的是更好地发挥智库的功能和作用。实现这一目的的前提是智库体系与决策体系的良性互动。根据党的十八大和十八届三中、四中全会精神，探索党委政府决策体制改革的路径，找准决策体系与智库体系的契合点。在总结经验的基础上，使省领导圈阅重大课题、江苏发展高层论坛、江苏决策咨询研究基地成果报告、江苏智库论坛等制度化、常态化，加强各类对接平台后期的成果转化和跟踪研究力度。在强化传统的、行政性色彩较浓的沟通互动方式外，还要注重加快新型智库建设的市场化、社会化步伐，变财政拨款为项目资助，通过政府购买服务，充分发挥智库作为第三方在调查研究、方案设计、绩效评估等方面的专业优势。同时，完善科技镇长团等专家学者到行政机关挂职和领导干部到智库培养锻炼等制度，将智库人才纳入到交流体系中，推进智库人才与党政人才的交流，构建富有中国特色的党政部门与智库之间人才流动的"旋转门"机制。

3. 探索江苏新型智库体系与社会公众的对接模式。智库之智，既是智库专家智慧的结晶，也是民间智慧和民意的集中。启迪民智、引导舆论、平衡分歧也是智库的重要功能，江苏新型智库体系要上连省委、省政府决策需求，下接民意和地气。重点研究智库如何准确地反映民意、科学地引导民意、成功地启迪民智，扮演好党委政府与社会公众联系的桥梁角色。运用智库优质资源，对各类讲堂、论坛进行优化，加大智库与新型媒体的合作力度，在主动设置议题等方面发挥重要作用。

4. 探索江苏新型智库体系与国家智库和国家在苏研究机构、研究平台的对接模式。以江苏新型智库体系为主要载体，探索与国务院发展研究中心、中国社科院等国家一流智库合作的方式、路径；充分利用国家在苏各类分支机构、协同创新中心、社科类重点研究基地众多的优势，探索促进其更多的为江苏地方提供服务的现实路径。同时，加强与国际智库的合作，研究鼓励江苏智库走出去的相关政策，提升江苏智库的国际影响力。在此基础上，参照国际国内智库评价标准，构建江苏智库影响力评价指标体系，对江苏智库及其在全国的影响力进行评价。

第三章　江苏党政机关智库建设

江苏党政机关智库，是指直接为省委、省政府科学决策提供智力支撑的专业研究机构，也是中国特色新型智库体系的重要组成部分。由于其存在于党政体系内，处于经济社会发展战略谋划和决策中心、全社会思想理论创新以及政策解读与评估的前沿，具有贴近发展实际、熟悉决策过程、便于研究成果转化等优势，因此，党政机关智库在资政辅政、启迪民智、平衡分歧、聚贤荐才等方面，具有不可替代的核心地位和至关重要的引领作用。

第一节　江苏党政机关智库的发展现状

江苏党政机关智库与江苏省委、省政府相伴而生，并始终致力于为省委、省政府决策提供智力服务。但是，真正现代意义上的党政机关智库，则是应运而生于改革开放，并在不断适应改革开放需要的过程中，逐步成长壮大、走向成熟。

一、发展历程

新中国成立后，随着党和政府各项工作机构的不断健全，各级党政机关的工作职能也逐步完善，特别是党委和政府的办公厅，致力于围绕领导决策开展文字服务工作，信息收集、调查研究、起草文稿、出谋划策等工作日益增多，为领导决策提供智力支撑逐渐成为一项不可分割的重要职责。

20世纪80年代，面对推进改革开放的迫切需要，"智囊团"、"思想库"和"顾问机构"等概念纷纷从发达国家进入我国。各级党委、政府决策层逐步认识到决策咨询的战略意义。在这个背景下，江苏省委、省政府先后成立和恢复了省委政策研究室、省政府政策研究室和省政府参事室等智囊型机构，加强党委、政府的调查研究和决策咨询工作。以江苏省政府研究室为例，1980年，江苏省委、省政府决定成立省政府政策研究室，以加强省委、省政府重大政策的调查研究工作。1982年，为贯彻落实好国务院发展国民经济的"十条方针"，切实提高经济效益，省政府成立经济政策研究中心，协调整合省级各方面经济研究机构力量，分工协作，为省政府重大经济战略决策当参谋。1983年3月到1984年1月，根据省级机关机构改革要求，省委撤销省政府政策研究室，在省政府经济政策研究中心的基础上组建省经济研究中心，作为省政府直接领导下的经济研究机构。与此同时，省委、省政府倡导省级机关各部门、各市县党委政府大兴调查研究之风，建立健全调研机构，开展政策理论和实践研究，做好经济工作统计资料、调研材料、专题论文和经验总结等工作，吸引大量专业知识人才进入省、市、县各级政策研究机构，参与决策调研和咨询服务，由此奠定了江苏党政机关政策研究与决策咨询组织机构的基本构架。

上世纪90年代，邓小平南方谈话启动新一轮改革开放，国民经济高速增长，民营企业遍地开花，国企改革全面展开，加上开放进入"入关"谈判新阶段，驱动党政机关研究机构不再像上世纪80年代那样仅关注政策性理论研究，而是把目光更多的投向深入推进改革开放与现代化建设的新思想、新理论、新机制、新举措、新办法等方面，在发展战略、产业政策、科技进步、对外开放、民营经济发展、科教兴省等重大课题研究方面，取得了显著成效。各研究机构在推动江苏经济社会发展的同时，注重引入智库建设先进理论和科学机制，为江苏党政机关研究机构向现代智库机构转变，积累了实践经验，丰富了理论基础，有效推动了现代智库在江苏党政体系内逐步形成。

进入21世纪以来，面对国内外复杂多变的新形势、新问题、新任务，江苏党政机关智库紧贴党委、政府中心工作，围绕改革开放、江苏"两个率先"战略性、全局性、综合性问题以及经济社会发展中的热点、难点问题，深入调查研究，集中民智，集思广益，形成许多进入领导视野，引领社会理念，影响党委、政府决策的重大研究成果，也逐步形成了一支政治可靠、相对客观独立、有一定专业研究能力的智库队伍，发挥了参谋助手和智囊作用，成为江苏智库体系的核心力量，为省委、省政府推进战略规划和开展重大决策提供了智力支撑和有效服务。

二、主要构成

从体系构成上看，江苏党政机关智库主要可以分为两类：一是党委所属智库，主要包括省委办公厅、政策研究室、省委宣传部等省委部门下设的研究室和各市（县、区）委研究室等；二是政府所属智库，主要包括省政府办公厅、研究室、参事室、省政府所属部门下设的研究机构和各市（县、区）政府研究室等。

1. 省委、省政府办公厅。办公厅是江苏省委、省政府的办事机关，直接为党政主要领导、省级机关各部门和省内各级党组织和政府机构服务。办公厅日常工作繁重，下设处室类别齐全、业务庞杂，人员综合素质高、能力强，是党政机关智库的重要群体。特别是在文稿文件起草、事项落实评估、议案提案办理以及调查研究、决策咨询、信息报送等智库功能方面，有效发挥职能作用，对事关全省改革开放和经济社会发展重大问题和战略性问题，提出了很多视野开阔、眼光长远、行之有效的对策建议，为服务省领导科学决策做出了积极贡献。各省辖市和县（市、区）办公厅（室）构成与职责履行基本参照省委、省政府办公厅设置。

2. 省委政策研究室。省委政策研究室是江苏省委的专设研究机构。经过多年的发展，特别是根据省委重大决策的需要，目前，省委政策研究室内设8个职能处室，即秘书处、改革协调处、综合处、经济处、城乡处、社会处、党群处和信息处。拥有业务人员70余名，专业力量强，业务水平高，承担了大量的政策研究和文稿起草工作。省委政策研究室成立以来，始终围绕省委中心工作，对全省全局性、战略性的重大问题和实践中出现的新情况、新问题，牵头组织力量，开展对策研究，提出决策方案和对策建议，得到省主要领导的充分肯定。日常工作中，定期为省委领导提供省内外、国内外经济、政治、文化等方面的重要信息，及时沟通省委与社会各界专家学者的联系，反映专家学者的意见和建议，对全省党委系统调查研究工作进行业务指导和人员培训，为推动调查研究和决策咨询工作，引领江苏新型智库建设作出了重要贡献。

3. 省政府研究室。省政府研究室是江苏省人民政府的专设研究机构。根据省政府决策服务等工作需要，内设秘书处、综合研究处、经济研究处、社会研究处和经济发展研究中心，共 5 个职能处室，从事研究工作的业务人员 20 余人，来源广泛，专业多元，经验丰富。省政府研究室成立以来，紧贴省政府工作中心，围绕全省经济社会发展战略、目标、措施，深入组织调查研究，及时做好专题研究报告，积极提出对策建议，发挥了很好的参谋助手作用，得到省领导的高度认可。与此同时，认真组织每年省政府决策咨询重点课题研究和评审工作，积极做好省政府政策研究和决策咨询的纵向和横向联系工作。2013 年以来，积极开展江苏新型智库建设研究工作，配合国务院发展研究中心落实中办国办有关工作督查要求，精心组织力量，对江苏落实中央新型城镇化等重大决策部署的情况，进行第三方评估，为促进江苏新型智库体系建设创造了许多有利条件。

4. 省政府参事室。省政府参事室是江苏省人民政府的直属机构，是一个以民主党派成员、无党派人士为主体的具有统战性、咨询性的工作部门，设秘书处、参事业务处和文史业务处，共 3 个职能处室。现有 32 名参事，涵括近 20 个专业领域的知名专家学者。其主要职责是围绕省委、省政府中心工作，组织参事参政议政，调查研究，了解和反映社情民意，参加各种学术探讨和学术交流活动，对重要法律法规草案及其他重要文件草案提出意见和建议，开展同国外政府咨询机构的交流与合作，在政府工作中发挥咨询作用。近年来，省政府参事室围绕宏观调控、城镇化建设、金融改革、高等教育综合改革、公共文化服务、新型农业主体培育等重大课题，提出了很多有价值的意见和建议，不少成果成为省委、省政府决策的重要依据。

5. 省哲学社会科学规划办公室。简称省规划办，是智库建设的牵头单位，日常工作由省委宣传部直接领导，具体负责编制全省哲学社会科学五年研究规划和年度项目计划，组织基金项目的申报、评审和推广，联络各学科专家组并指导专家组经常性的工作。近年来，省规划办与省委政策研究室、省政府研究室共同研究提出了"一个核心、四大平台、多种机制"的智库架构，在促进江苏新型智库体系建设方面发挥了重要作用。

6. 省委、省政府所属部委厅局智库。江苏各部委厅局基本都拥有自己的研究机构，除了部分主要从事技术领域的研究，很多也进行相关领域的公共政策研究，属于智库范畴。部委厅局智库，在各自行业，拥有强大的专业力量，掌握各自行业的完整情况和详细数据，具有长期跟踪研究优势，而且深度融入部门决策过程，是党政机关一支重要的智库力量。从机构设置看，江苏各部委研究机构多为处级行政处室，厅局研究机构多为直属或附属的处级事业单位。从人员构成看，各研究机构人数多为8至20人不等，人员学历较高，任职经验丰富，专业水平较强。省部委厅局研究机构的职能，主要包括以下几个方面：一是负责本部委厅局重要政策的综合研究，起草有关文件，规划、协调、审核业务工作有关法规；二是负责本系统改革的综合研究和宏观指导，组织相关发展战略研究；三是负责对本系统内的新情况和突出问题进行调研，提出意见；四是负责组织信息资源收集、加工与服务、信息数据开发应用和管理支持服务等。

7. 地方党委、政府研究室。此类研究室多为参照省委、省政府研究室成立，主要职能与省委、省政府研究室类似。各省辖市委、市政府研究室大多设置2至5个处室，主要包括综合处、经济处、社会处、农村处等。人员构成上，大多规模不大，人数居于6至15人之间，基层工作经验丰富，实际工作能力较强，综合素质较好。

三、地位与作用

江苏党政机关智库在经济社会发展全局中的特殊地位与作用，主要表现在以下六个方面。

一是提供决策咨询服务。党政机关智库大多贴近党委、政府决策层，属于"近水楼台"，既能适时了解决策需求，又掌握各自领域、行业的情况，拥有各自领域独一无二的数据信息资源，能够相对准确地开展前瞻性、预判性研究，并切身站在党委、政府立场，综合各方面、各层次的意见建议，深度参与决策的前、中、后期全过程，提出科学合理的意见建议。如发改委研究室对发改委审批的各个项目、各个产业都有长期跟踪研究，经信委研究室对各行业企业的数据都实时掌握，能够根据需要及时向决策层提供政策方案、决策草案、战略研判、发展规划等咨询服务。

二是引导社会舆论氛围。党政机关智库在社会公众心目中能够代表党委和政府发声，所以天然具有与社会大众沟通的桥梁和媒介作用，适合开展政策解读，反馈社情民意，营造良好氛围。譬如省政府研究室，与媒体、大众有着畅通的联系纽带，可以对重大政策、重点项目、重要规划及时进行宣传，积极发挥智库的公共政策解读和社会舆论引导等作用。

三是实施第三方评估。部分党政机关智库处于相对客观独立的地位，便于对经济社会发展规划、改革方案、重大政策以及实施情况等进行可行性评估和成效评估，并在政策项目出台、实施、调整等过程中对利益相关方进行协调。如省委、省政府研究室，与各职能部门既相对独立且无直接利益关系，又具有专业力量且深度贴近决策规划，能够比较客观公正地承担起第三方评估和平衡分歧等重要作用。

四是聚集专业智力人才。党政机关智库由于有行业系统资源的支撑，都拥有各自行业的优秀专业人才，综合研究力量较为强大。如财政厅财科所的研究人员大都是财政金融领域的专家学者，商务厅国际经济贸易研究所拥有一支专门研究外经外贸、涉外谈判、国际经济方面的专家，科技厅科学技术情报研究所网罗了一大批科技领域研究人才，有效实现了智力人才的规模化集聚，能够很好地为科学决策提供智力支撑作用。

五是推动智库体系建设。江苏党政机关特别是省委宣传部、省委政策研究室和省政府研究室，近年来充分利用贴近决策、围绕中心的优势，加强战略谋划与引导，对加快推动江苏新型智库体系的建设发挥了积极作用。特别是在实践中注重及时向省主要领导报告中央领导指示精神和国家新型智库建设动态，积极探索和优化智库组织形式、管理方式和运行模式，形成了一些有价值的研究成果，有力推动了全省智库建设协调机制的建立，初步打造了江苏新型智库体系。

六是整合社会智库资源。党政机关在对重大政策、重点项目和重要规划等进行专题研究时，常常通过所属智库发包研究项目、整合研究力量、汇集研究成果，协调和调动全社会重要力量为决策服务，既引领了各类社会智库的发展，也推动了全省决策咨询研究水平的提高。

四、矛盾和问题

目前，江苏党政机关智库建设还存在许多有待解决的矛盾和问题，突出表现在以下几个方面。

1. 职能定位"模糊不清"。从江苏省实际情况看，党政机关智库建设还处于探索阶段，定位和目标缺乏清晰界定。一是功能职责边界不清。党政机关智库，大多身兼"文稿起草、调查研究和决策咨询"三个职能于一体，既是机关部门又是智库机构，行政职能与智库功能交叉，这种双重性往往会模糊二者的边界，导致智库功能特别是对战略导向的研判以及评估论证等重点功能弱化。二是目标定位不高。建设新型智库已成党政机关共识，但受发展基础和发展视野等条件制约，智库工作目标对政策的阐释、宣传成分居多，"新型"和"特色"不够鲜明，自主性、建设性"研究、解读、评估"的成分较少，前瞻性、战略性、综合性和创新性研究有待加强，国际知名、国内一流的智库在江苏还是空白，与北京、上海、广东、海南等兄弟省市差距较大。

2. 运行机制"缺位滞后"。江苏党政机关智库在薪酬制度、人事制度、科研制度、外事制度等方面，完全参照行政管理部门的制度，与智库运行的规律尚不完全符合。一是外部机制缺位。在智库建设上，还未形成短期建设目标和中长期发展规划；在智库参与决策上，还未健全规范有序、渠道畅通的长效运行机制；在智库交流合作上，还未构筑上下统筹、内外联动的综合平台。二是内部机制滞后。现代智库内部运行机制的显著特征是对"人、财、物"的科学高效管理，而党政机关智库在这方面大多沿用旧有机制，统得过死，缺少灵活性。在人员选用上，囿于招录制度、体制性质等因素，"选人口子窄、育人通道少、留人引力小"，人才流转不畅，待遇与智力劳动不相匹配。在经费筹集使用上，囿于决策咨询市场不发达和缺乏法律依据等因素，经费来源单一、数量不足、使用受限，只能维持机构日常运转，战略研究和基础建设等方面经费很少。在研究组织架构上，囿于部门分割和学科类别等因素，纵向分组多，横向联合少，影响了研究成效。在成果应用转化上，囿于思想观念和隶属关系等因素，注重党委、政府影响多，关注社会影响少；注重短期效应多、关注长期导向少；依靠传统渠道多，依托现代媒介少。

3. 能力建设"差强人意"。从省内情况看，由于受大视野、大格局、洞察力、判断力和学科结构、信息支撑等制约，现有党政机关智库机构规模较小，实力较弱，知名度较低，影响力较小，在国内外能叫得上号、拿得出手的"江苏品牌"智库微乎其微。一是战略视野不开阔。江苏虽不缺乏各领域的一流学者，但目前党政机关智库的"承接型"课题选择、"纵向型"组织架构，在很大程度上制约着其研究局限于短期、单一、战术性的应对，少有体现敏锐洞察力、深刻判断力和创新活力的精品之作。二是知识结构不均衡。党政机关智库在学科搭建、业务人员配备上，往往是社会学科居多，自然学科偏少，专业研究人员多，复合型人才偏少，工程技术人员、系统分析专家严重不足。三是辅助支撑不完善。党政机关智库大多对辅助支撑缺乏足够重视，信息库、数据链、门户网站等现代化技术手段运用不多。在信息资源的发布、共享、处理上效率较低，在系统研究的方法、手段、途径上技术单一，严重削弱了党政机关智库研究质量和影响力的提升。

4. 人才队伍"捉襟见肘"。从整体上看，江苏作为科技大省、人才大省，具备较好的智库建设基础，但从党政机关智库现状看，人才队伍分布较散、数量较少，大多处于各自作战的状态，集聚效应发挥较差。一是相对总量小。以政府核心智库为例，兄弟省（市）都是"双雄并立"，设立省政府研究室的同时，建有参照公务员管理、厅级建制的政府发展研究中心。而江苏政府决策咨询专业智库由省政府研究室独立承担，经济发展研究中心为处级全额拨款事业单位，编制仅8人，只是研究室一个内设机构。省政府研究室从事研究的业务人员也只有20多人，仅4个业务处，机构建制与兄弟省（市）有很大差距。其他党政机关智库也只是吸纳了人才总量的很小一部分。二是研究力量散。由于内外部运行机制不健全，各智库很难打破"门户障碍"，大多是"单兵作战"或是"单兵种作战"，无法形成优秀人才的"联合作战"，在一些难度大、视野宽、集成度高的课题面前，

"好钢用不到刀刃上"，发挥不出"拳头力量"的优势，致使研究水平、成果质量与江苏人才大省的实际能力不相匹配。

第二节 江苏党政机关智库的功能定位

新的形势下，推进江苏党政机关智库建设，既要做到有利于集中智力资源，为省委、省政府科学决策提供全局性、综合性、战略性、长期性问题的智力服务，也要做到有利于引领各类智库发挥专业及特色优势，为全省经济社会各领域、各行业提供更为专业化、多元化、精细化的咨询服务，切实为科学决策提供高质量的智力支撑。

一、职能定位

1. 确立两个目标：一是成为江苏新型智库体系的核心。主动承担聚智辅政、聚贤荐才等重要功能，主动完善参与决策、参与评估等制度机制，主动构建信息资源、协同合作等交流平台，主动筹谋智库体系建设、长远发展等战略规划，主导共建合作研究，与各部门、各地区、各行业各领域合作，持续扩大智库在高层决策中的影响力，建立起学术界与决策界之间的信息桥梁，使党委机关智库在决策咨询服务中切实起到凝聚力量、提升内涵、拓宽渠道等核心主导作用。二是引领江苏新型智库体系建设。充分运用党政机关智库群体的独特优势，按照"各有侧重、各有突破"的思路，采取有力措施，率先建设几家能力过硬、运行合理、成果显著、影响广泛的一流智库，代表江苏乃至中国学术前沿和学术学派，主动参与全球智库的国际合作与竞争，引领全省新型智库建设方向，引导社会各类智库有序发展，培育客观理性的智库群体，扶持和鼓励真正服务群众利益的智库机构发展壮大，推动新型智库体系形成既整体多元又合理分工互补的特色。

2. 履行六项职能：其一、组织重大调研活动。根据省委、省政府要求，开展对改革、发展和稳定的重大政策问题进行专项调查研究，提交研究成果、方案设计和咨询意见。其二、开展专项评估论证。受省委、省政府委托，对重大改革方案和重要试点方案进行论证；对重大经济社会政策、改革举措的落实及实际效果进行第三方评估，提出评估意见和具体政策建议。其三、做好决策咨询服务。向省委、省政府提出江苏经济社会发展重大政策问题的研究意见；根据政策研究需要，以合作、招标、委托等方式组织有关研究力量参与重大项目研究，提出对策建议。其四、引导社会舆论导向。开展重大方针政策解读工作，形成客观、权威、高端的政策研究与解读位势和品牌，传播社会知识，扩大社会认同基础，为政策决策争取舆论支持。其五、推进智库体系建设。推进"智库"学科建设，深化政府、企业与公众对智库的认识，明确智库建设的体制机制等内容；组织协调广泛的社会力量参与江苏新型智库体系建设；做好研究领域的专业基础建设和人才队伍建设，培养江苏决策咨询研究领域的领军人才和研究骨干。其六、加强智库交流合作。积极建立多种渠道的国际、国内研究交流合作机制，建设集聚各种研究力量的平台，开展国际、国内高水平合作研究，吸收社会各界研究成果，集中全民智慧，为党委和政府科学决策提供高质量智力服务。

二、总体要求

从新的时代要求和江苏实际看，建设江苏党政机关新型智库，最根本的要求是，高举中国特色社会主义伟大旗帜，以十八届三中全会决定和习近平总书记重要批示和讲话精神为科学指导，以贯彻落实即将出台的《关于加强中国特色新型智库建设的意见》为重要契机，以服务省委、省政府重大决策和社会健康发展为根本追求，坚持正确方向，坚持问题导向，坚持改革创新，坚持开放合作，推动党委、政府智库与民间智库各展所长、优势互补，努力形成以"国家一流智库"为依托、以各类智库联盟为基础、以党委、政府新型核心智库为龙头、官方智库为主体、非官方智库有机结合的新型智库体系，充分发挥党政机关新型智库在重大问题调查研究中的主导作用、协调作用、成果转化作用和人才培养作用，真正成为省委、省政府重要文稿的主创、政策研究的主谋、总结反思的主导和绩效评估的主体，切实为省委、省政府科学决策提供高质量的智力支撑。

具体而言，就是要以党政机关新型核心智库为重要平台，构建综合优势明显、咨询能力突出、服务链条完善的政策研究体系，形成"文稿起草、调查研究、决策咨询、政策解读与评估"一体化的决策服务功能，建立科学的管理机制，打造高端的专业队伍，不断增强综合研判和战略谋划能力，切实为党委、政府科学决策、民主决策和依法决策提供高质量的智力支撑。通过5～6年努力，建成在省委、省政府重大决策中不可或缺、国内有重要影响力的新型核心智库；市县党委、政府相应建成本级党政机关核心智库，成为省委、省政府新型核心智库的重要支点和创新实践基地。

三、基本特征

1. 紧贴决策中心。这是党政机关智库有别于其他智库的典型特征。党政机关智库必须立足中国特色社会主义制度，始终坚持正确的政治方向，始终维护国家和民族的根本利益，围绕中心、服务大局，着眼于江苏经济社会发展全局和推进全面深化改革事业，努力提升智库建设水平。以高度的社会责任担当，在公共政策研究和社会舆论引导中发挥有利于协调各方、凝聚力量、推动创新、促进和谐的积极作用，切实承担起"江苏软实力重要组成部分"的责任和角色。

2. 着力服务发展。这是党政机关智库履行工作职能的根本追求。党政机关智库必须始终围绕江苏经济社会发展大局开展工作，坚持全心全意服务人民、服务国家建设，坚持求真务实、"不唯书、不唯上、只唯实"，以加快经济转型升级、提升政府治理能力、提高人民生活水平为己任，为江苏各级党委、政府主动把握和积极适应经济发展新常态，协调推进全面建成小康社会、全面深化改革、全面推进依法治国、推动改革开放和社会主义现代化建设迈上新台阶，提供有价值决策参考。

3. 强化问题导向。这是党政机关智库凸显自身价值的核心途径。党政机关智库必须始终强化问题导向，瞄准发展中重大疑难问题，深刻剖析中长期战略性问题与当前重点难点热点问题，既要准确把握和深入研究江苏经济社会发展和改革开放中全局性、综合性、战略性、长期性问题，也要跟踪现实、瞄准前沿，针对经济社会发展中的突出问题及时调整研究重心，适时提出切实管用的政策建议。

4. 坚持创新合作。这是党政机关智库不断发展壮大的活力源泉。党政机关智库必须始终坚持改革创新和开放合作，敢于突破传统智库相对封闭独立、体内循环的体制机制，充分借助新媒体、新技术、新业态，提升决策研究水平和公众影响力，从组织形式、管理方式、课题组织、人才使用、经费支持、激励约束等方面，建立起一套行之有效的新型智库管理制度。充分发挥党政机构贴近决策、直接服务、综合研究、权威解读的独特优势，通过合作交流、信息共享、人才流动、成果集成等方式，协调各方面优秀人才和优势资源参与决策咨询研究。

第三节　江苏党政机关智库的建设路径

推进江苏党政机关智库建设，必须全面贯彻落实十八届三中全会和习近平总书记关于智库建设的系列重要批示及讲话精神，紧贴省委、省政府重大决策的服务需求，更加注重问题导向，更加注重制度创新，更加注重资源整合，更加注重成果转化，努力打造有中国特色、江苏特点、现代特征的核心智库。

一、着力增强综合研判和战略谋划能力

增强综合研判和战略谋划能力，是习近平总书记对建设新型智库的最新要求，也是党政机关智库能力建设的根本遵循。江苏党政机关智库要打造成为一流的现代智库，必须着力增强综合研判和战略谋划能力，以能力的全面增强促进服务能力的全面提升。

一是加快转型升级。面对经济社会发展和智力需求相互激荡的时代变革，党政机关智库既要保持稳步发展，更要融入现代元素，努力实现能力和作用上的"四个转变"：即由侧重文稿起草向注重出谋划策转变，变"刀笔吏"为"高级幕僚"；由被动式受领任务向主动式靠前服务转变，变"站桩式"为"运动式"；由研究具体问题向研究战略问题转变，变"士兵"为"军师"；由单纯决策咨询服务向"调研、论证、咨询、解读、评估"一体化集成服务转变，变"单打一"为"组合拳"。通过转型发展，推动人力资

本、知识资本、智慧资本的集成与优化，促进思维方式和服务方式深刻转变、思维层次和服务能力全面提升。

二是加强研判谋划。准确研判形势发展，科学谋划政策举措，是服务决策的现实需求，也是现代智库的基本功能与必备素质。党政机关智库要大力培养战略思维、全局思维、辩证思维、底线思维，在做好决策需求分析的基础上，坚持问题导向和趋势导向相结合，积极前移研究关口，拓展研究领域和范围，及时跟踪全球范围的新趋势、新问题。要坚持用马克思主义的基本立场、观点和方法，定性分析与定量分析结合，纵向比较与横向比较并用，借助成熟的理论和分析工具，以翔实的数据和充分论据为基础对形势进行研判，避免决策咨询的"空洞化"、"符号化"和"背书化"。要在现状分析的基础上加强趋势判断，在短期分析的基础上进行长期谋划，确定政策建议的基本取向、重点和政策组合，提出正确的趋利避害对策，提高规划谋划的预见性、针对性和有效性，从政策的论证者、解释者逐步成为政策制定的前瞻策划者、战略引领者。

三是加大创新力度。党政机关智库要真正发挥思想库、智囊团的作用，变目前阐释性智库为创新型智库是当务之急。既要创新理念，又要创新组织形式，不拘一格办智库，集思广益谋发展。要勇于打破传统模式和旧有机制的桎梏，广泛运用新思路、新途径、新载体，建立完善适合国情省情的新型智库治理结构和运行模式，为提升党政机关智库的创新能力提供制度保障与动力源泉。要以敢于引领思想潮流的巨大勇气，在提升服务决策水平的同时，不断产生质量高、影响深远的思想和智慧，及时提供高水平、可行性的发展思路或政策方案，不断发表有深度、有影响、有标志性的优秀学术成果、代表作，努力成为理论创新、机制创新、成果创新的重要思想平台。

二、着力完善管理体制和运行机制

创新智库运行机制对迅速提高智库水平和影响力至关重要。江苏党政机关研究机构亟须进行系统性的制度设计和体制机制创新，以全方位的开放性姿态，借鉴他山之石，努力探索一条适合党政机关智库转型发展的新路。

一是完善组织运行体制。创新党政机关研究机构组织体系、制度框架和管理结构，遵循智库研究的特点和规律，紧密结合"省情"和智力资源现状，在组织管理、机构设置、人员评聘、科研活动安排等方面赋予更大自主权，推动各单位由部门的单一机构向现代智库的综合架构转变。创新决策参与和评估机制，对江苏经济社会政策、重大改革方案、重点建设项目的合理性、可行性进行研判，对落实及实际效果进行评估，构建"谋"与"断"的合理分工，使智库咨询成为重大决策的必备环节和必要程序。制定党政机关智库建设中长期发展规划，配套倾向性政策，构建综合交流平台，提升整体实力，扩大影响力。建立科学完备的智库体系评估标准和评估程序，对智库运行进行评估，推动和增强智库间的竞争，提升党政机关智库的公信力和影响力。

二是完善科研管理机制。建立科学选题制度，根据适度超前、问题导向与趋势导向相结合、选择对国计民生有重大影响的研究课题的原则，积极拓展选题思路，研究规划党委、政府年度重大和重点课题选题。实行重点课题立项招投标制度，对重点课题项目的信息要公开发布，通过规范的招投标，择优选取研究团队，促进重大课题研究的竞争与合作，推动智库研究与经济社会发展紧密结合。推行决策咨询服务购买制度，将公共决策的通用课题研究、经济社会发展专项课题研究、项目评估服务等纳入决策咨询服务购买范围，推动党政机关智库扩大再生产能力。建立智库奖励激励机制，推动设立"江苏省决策咨询研究成果奖"等重大问题研究成果奖，将质量导向、奖励的要求与标准体现到课题研究、政策咨询、项目评审、人才评价等各个方面，调动智库建设和研究人员的积极性，进一步凝聚各方面的研究力量。

三是完善政策保障措施。探索引入现代智库经费使用管理制度，加大对战略研究、课题调研、学术交流、基础设施建设等工作的资金支持力度。优化经费支出结构，提高人力资本和间接费用支出比例，实行绩效奖励，促进智力劳动与收入待遇合理匹配。加强经费管理和审计，提高经费使用效益。引入信息化、数据化技术支撑手段，注重传统载体和现代信息媒体的有效结合，逐步建立完善"全、准、新"的数据库（链）和有效可靠的决策咨询研究网络信息系统平台，统筹管理各类智库资源，提供信息发布、成果交流、资料检索、人力资源以及国内外涉苏信息汇集等服务。

三、着力打造优秀团队和领军人才

人才是新型智库的"第一资源"。坚持广纳贤才、才尽其用，在人才选取、培养、使用上，注重以"勤学、肯干、善思、能谋"为选人标准，以"专业精湛、博学多能"为育人目标，以"善于领军、勇于创新、甘于奉献"为用人导向，不断改善人员梯次结构、知识结构，建设一支高质量、高层次的研究队伍。

一是优化选拔任用途径。党政机关智库在人才选用上既有优势，又有劣势。优势在于平台吸引力大，劣势在于人事录用制度死板。对此，要结合党政机关工作特点，科学规划人才总量、结构和学科布局要求，建立机制灵活、程序规范、标准更高更严的人才引进机制。通过公开选拔选聘、人才专项计划等多种途径，引进领军人才和研究骨干，集聚一批政治立场坚定、研究水平高、善于理论联系实际、熟悉政策制定的高端人才。特别是对紧缺、急需和有号召力、影响力的专家型人才，要想方设法创造条件纳入队伍。此外，可通过建立开放型研究中心等形式，引进国内外优秀人才和智力。鼓励研究能力强、经验丰富的退休和在职机关干部到智库工作或参与相关重大课题研究，不断壮大研究团队力量。

二是拓展培养交流渠道。不仅要重视人才的吸引和选用，也要重视培养和提高，特别是要千方百计为领军人才和优秀团队创造全方位的有利条件，拓展平台，提升影响。要定期联合党校、社科联、社科院等智库机构举办决策咨询骨干培训班、专题研修班或召开专题会议，提高江苏决策咨询人才的业务能力。要经常性选派研究人员到国务院发展研究中心、国内外高水平智库机构、大学、企业和国际组织，开展访问研究和学术交流，在与全球化高水平咨询团队的竞争与合作中打造助力江苏发展的特色决策咨询队伍。要探索建立智库人才交流使用"旋转门"制度，勇于打破行业藩篱、部门"壁垒"，着力探索实行研究人员到实际部门挂职锻炼、到基层和一线单位蹲点调研等制度，让业务人员身份在决策者、执行者与研究者之间转换，不断提升研究队伍决策咨询和综合研究的专业能力。

三是营造良好用人氛围。首先，创新人才激励措施，积极探索既符合党政机关规定又有利于智库发展的制度体系，主要包括科学公正的业绩评价体系、规范合理的收入分配制度和准确有效的职业发展规划，激发研究人员工作热情。其次，推行人员流动制度，根据智库建设和业务发展需要，不断调整优化人才数量和结构，把有先进思想、有实践经验、有研究能力的专业人士，吸纳到研究队伍中来，始终保持智库旺盛的思想和生命活力。再次，不断改善基础设施，积极创造有利条件，科学配置研究资源，用心搭建优质平台，营造拴心留人环境，激励研究人员尽责尽力、全心全意、持续不断地贡献聪明才智。

四、着力强化主导地位和引领作用

在服务党委、政府决策中充当资政辅政的核心主导，在整个智库体系中发挥组织协调的引领作用，这既是省委、省政府对党政机关智库建设发展的具体要求，也是党政机关研究机构建设成为一流现代智库群体的奋斗目标。

一是夯实核心主导地位。党政机关智库作为江苏新型智库体系的重要组成部分和战略规划者、推动者和服务者，其核心主导地位需要内在实力的提升和外在功能的发挥作支撑。具体讲，就是要在三个方面下功夫。一是切实在强化核心要素上下功夫。要不断优化调整管理体制，科学配置资源力量，严格规范运行机制，大力拓展渠道平台，切实以良好的基础条件推动党委机关智库建设。努力建成综合优势明显、决策服务能力突出的一流智库品牌，形成机制充满活力、程序严格规范的一流管理体系，培育素质全面、能力过硬的一流研究队伍，产出效益明显、影响广泛的一流精品项目，使党政机关智库成为党委、政府的核心智囊，成为江苏新型智库体系中政策咨询的权威机构。二是切实在把握研究导向上下功夫。要深入领会党委、政府的决策意图，带动江苏各类智库把研究重点集中到抓好事关江苏全面深化改革典型性、紧迫性和战略性问题上来，加强对江苏率先实现现代化过程中遇到的一系列重大问题进行系统研究，努力形成一系列具有前瞻性、战略性和针对性的战略思路和对策建议，做出更具独创性和重要性的、更高质量的知识贡献、思想贡献。三是切实在扩大社会影响上功夫。要把"加强国际传播能力和对外话语体系建设"这一要求作为党政机关智库的重要责任，带领和推动江苏各类智库，在一些关键领域和重大公共政策中树立话语权，在全面建成小康社会、实现中华民族伟大复兴"中国梦"的广阔舞台上，更加响亮地发出"江苏声音"，鲜明地提出"江苏主张"，成为主导"江苏思想"的核心力量。

二是发挥引领协调作用。党政机关智库建设早、发展快、实力强、作用大，有能力、更有责任在智库建设中发挥好引领发展、协调关系、凝聚力量等作用。一是引导智库体系建设。按照"定位明晰、特色鲜明、规模适度、布局合理"的要求，科学谋划建设体系、发展规划、制度机制等内容，为江苏新型智库体系建设提供理论依据。主动发挥资源优势，在形成自身特色优势和拳头产品的基础上，深入探索中国特色新型智库建设路子，先行先试，为江苏新型智库体系建设提供实践经验。积极推动建立智库间的协同合作机制，既要加强体系内的专业协作，要拓展体系外的互动交流，并在合作的基础上展开竞争，相互促进，推动江苏各类智库共同发展、共同提高，形成新型智库建设发展大繁荣的良好格局。二是整合社会智力资源。打造专家网络平台，积极探索"小实体、大网络"模式，广泛建立各领域专家资料库及日常工作联系，为开展交流合作提供便捷条件。拓宽信息采集渠道，在省内各地各领域各行业，有针对性地建立相对固定、代表性强、长期跟踪的调研网络，及时掌握第一手信息。开展委托及合作研究，根据全省经济社会发展需要，积极组织相关高校和研究机构智库开展课题研究，充分发挥"外脑"队伍不同领域研究力量的专业优势。加强研究成果转化，积极搭建智库成果汇集平台，对各类研究机构提供的研究成果进行综合提炼、对比分析，为省委、省政府的决策提供多层面智力支持。

第四章　江苏社科院智库建设

社科院是我国哲学社会科学研究的重要机构，在促进哲学社会科学事业繁荣发展、推动经济社会发展中发挥着重要作用。近年来，江苏省社会科学院在全面推进各项工作的同时，进一步突出决策咨询服务职能，正逐步向建设现代新型智库转变。

第一节　江苏社科院的发展现状

社会科学院是中国特色智库的重要组成部分。建设现代智库已成为国内各级地方社会科学院"智库办院、智库兴院、智库强院"的共同认识、共同话题和共同方向。多年来，江苏社会科学院高度重视现代智库建设，不断拓展应用性哲学社会科学研究领域，大力开展智库平台建设，形成了自身的学科优势和决策咨询研究的优势，积累了一定经验，取得了明显成效。

一、江苏省社科院的基本情况

江苏社科院成立于 1980 年，前身为 1958 年成立的中国科学院江苏分院历史研究所、经济研究所以及 1960 年成立的哲学研究所，1961 年三所合并为中国科学院江苏分院哲学社会科学研究所，1962 年改为江苏省哲学社会科学研究所，1980 年正式成立江苏省社会科学院。经过 30 多年的发展，目前全院在职人员 215 人，其中专职科研人员 140 多人，高级职称 96 人（正高 44 人，副高 52 人）。现有 11 个研究所和 2 个研究中心，7 个职能处室，4 个科辅机构。研究所有：经济类研究所 4 个，分别是经济研究所、农村发展研究所、世界经济研究所、财贸研究所；社会与政法类研究所 4 个，分别是社会学研究所、社会政策研究所、法学研究所、马克思主义研究所；人文类研究所 3 个，分别是哲学与文化研究所、文学研究所、历史研究所；2 个研究中心为区域经济发展研究中心和社会发展研究中心。拥有《江海学刊》、《学海》、《现代经济探讨》、《世界经济与政治论坛》、《明清小说研究》、《世界华文文学论坛》等国家核心学术期刊 6 个。

二、江苏省社科院智库建设的做法成效

江苏省社会科学院成立 30 多年来，在省委、省政府的正确领导下，努力发挥马克思主义理论阵地作用，强化智库功能，在理论研究、决策咨询、知识传播等方面取得了丰硕成果，为推进江苏省经济社会发展做出了重要贡献。

1. 关注江苏发展战略，服务党委政府决策。江苏社科院坚持始终围绕省委、省政府的决策需求，以"创造社科新知，阐释创新理论，建设现代智库，引领社会未来"为使命，以"政府满意，学界认同，社会欢迎"为目标，着重开展具有前瞻性、长期性、全局性的战略问题研究。在完善决策咨询平台建设的过程中，"贴近社会，贴近现实，贴近政府"，以江苏为主要研究对象，兼顾区域性经济社会发展热点问题，所提出的对策建议具有较强的实践性和可操作性。同时，江苏社科院与江苏党政机关智库之间有着独特的信息沟通平台和渠道，在科研成果获得领导批示后，转化为相关政策与法规，体现了研究价值和实践意义。

2. 实行优质资源重组，着力打造综合平台。江苏省社会科学院分别于 2011 年和 2012 年设立专门为省委省政府提供决策咨询服务的区域经济发展研究中心和社会发展研究中心。这两个中心依托全院多学科、综合性研究力量，着力打造集开放性、共享性、实践性于一体的研究与咨询平台。其主要任务是围绕江苏经济社会转型发展中的重大现实问题，开展面向"两个率先"的理论创新，把握国际国内前沿动态及其相关问题，总结国际国内相关经验和发展趋势，充分调研江苏经济社会发展现状，对江苏经济社

会发展的政策性问题进行超前研究和跟踪研究，提出对策建议，服务省委、省政府决策。近三年中，中心以占全院 1/10 的人力，完成占全院 1/5 的决策咨询任务，取得了占全院 1/3 的省领导批示。

3. 加强调查研究工作，研究成果下接地气。深入基层、深入一线，进行长期的、持续性、长效性的跟踪调研，通过实地调研了解省情实情，是形成高质量研究成果的重要前提，也是江苏社科院从事科研工作的优良传统和重要基础。特别是省社科院承担的课题，大都是党委、政府部门和其他相关单位的委托课题，更要求兼有理论性和实践性。2014 年度出台了《江苏省社会科学院省情调研管理办法》，从组织机制、经费保障等方面，鼓励与推动全院科研人员做好基层调研，努力使决策咨询成果"上接天线，下接地气"。

4. 重视政策宣传解读，引导启迪民众。江苏社科院十分重视对中国特色社会主义理论、中央重大决策和省委、省政府重要政策部署的解释和宣传工作，及时发布权威的深度分析和解读信息，使公众及时了解中央和省委省政府的重大决策，避免公众对有关的误读。江苏社科院与新闻媒体有良好的合作关系，对新闻媒体具有很强的影响力，是重要新闻信息的权威性来源，发挥传播先进理念、政策权威解读、引领社会舆论、提供社会正能量等重要功能。

5. 承接纵横向课题研究，主动服务社会。江苏社科院建院以来，共承担了 63 项国家社会科学基金资助课题，208 项省社会科学资金资助课题，出版了 1000 多部学术著作，发表了 15000 多篇学术论文，获得国家有关部门和省政府哲学社会科学优秀成果奖 230 多项，获中宣部及省委宣传部"五个一工程"奖 16 项。此外，江苏社科院较多的承担了地方政府和企业的横向课题研究，科研人员工作精力的 1/3 都放在横向课题的研究中，充分发挥了江苏社科院服务社会的职能。

三、江苏省社科院建设现代智库的优势

从智库建设的角度看，江苏省社科院具有如下优势：

第一，专业优势。江苏省社会科学院现有经济与社会法政专业的研究人员占了全院科研人员的 80％以上。经济、社会、法律学科在社会主义市场经济理论、江苏经济发展战略、现代化、农村工业化、城市化、社会保

障、新社会阶层、WTO 法规等领域的研究中，形成了较大的学术优势；人文学科在马克思主义、哲学、邓小平理论、东西文化比较、明清小说、中国古代美学、现当代文学评论、六朝史、民国史等领域逐步建立了学科优势方向。这些学科优势正成为江苏省社会科学院智库重点建设的方向。

第二，平台优势。从 20 世纪 90 年代以来，江苏省社会科学院以"政府满意，学界认同，社会欢迎"为建设标准，着力打造为省委、省政府服务的五大决策咨询服务平台。一是"江苏经济运行研讨会"与"江苏发展高层论坛"（与南京大学、省社科联合办）；二是"书记省长圈定课题"，每年年初根据国家发展战略新动态与江苏发展新热点提出课题清单报省领导确定，最终研究成果以《江苏发展研究报告》形式报省领导参阅；三是《决策咨询专报》，刊发由我院专家提供的研究报告，报副省级以上领导和有关部门参阅；四是"现代智库论坛"，分经济、社会、人文三个专题，邀请有关领导与院内外专家共议江苏发展大计；五是出版江苏经济社会发展蓝皮书，编撰年度江苏经济社会发展的研究报告集。近年来，通过五大平台推出的大量成果得到省领导肯定，一批研究成果直接转化为各级党委、政府的政策、法规或规范性文件。

第三，品牌优势。江苏省社会科学院是从事哲学社会科学研究、经济社会发展决策咨询服务的专门机构，是省委、省政府的"思想库"和"智囊团"，具有为江苏经济社会发展提供智力支持和决策服务的职能。江苏社科院有优良的建院传统、丰富的研究资源，具有区别于高校和民间智库的天然优势。根据 2014 年 1 月上海社科院智库研究中心发布的《中国智库报告》，在地方社科院系统影响力排名中，江苏省社会科学院排名第四。

第二节 江苏社科院智库的建设思路

一、建设社科院现代智库的瓶颈制约与外部挑战

建设现代智库，江苏社科院即具有明显的优势，也面临着一些内部的

瓶颈制约和外部挑战。从内部瓶颈看，一是科研队伍青黄不接阻碍人才梯队结构完善。目前江苏社科院有正高职称专家 44 人。其中正高二级专家只有 8 人且有 3 人即将退休。伴随着老一代专家的渐渐步入退休年龄，江苏社科院高水平在职专家日趋减少。其次，青年人才队伍培养出现断档。在近些年的博士生招聘中，合适专业的优秀人才越加难以招聘到，经常出现所招聘专业无人报名现象。在青年人才队伍中，目前具有正高职称的"70后"学者只有 1 人，具有副高及以上高级职称的 70 后学者也只有 16 人，仅占高级职称比例的 16.7%。随着一些研究所所长的退休，将面临着无将可用的境地。二是科研专项经费投入不足影响科研人员积极性。江苏省社会科学院作为省级科研事业单位，为省财政全额拨款单位。近些年来，科研工作无论从数量还是质量上来说都在不断提高，但是省财政经费投入却没有明显提高。从 2014 年东部沿海发达省份的省级社科院的财政拨款支出预算看，江苏省社科院的财政拨款总额和人均财政拨款在沿海四个省级社科院中最低，即低于山东、浙江、广东。这与作为全国经济总量排名第二的省份极不相符。过低的财政拨款直接影响在职工作人员的积极性。目前，江苏省社科院每个研究员的年度人均科研经费仅为 20000 元左右。经费不足严重制约了江苏社科院研究人员的科研积极性。三是硬件设施落后与现代智库建设不协调。江苏省社科院办公条件简陋，设施维护经费较少，是江苏省级机关单位中硬件设施最差的单位之一；同时，图书馆建设明显落后科研发展的要求，近年来江苏社科院图书馆新书购买经费严重不足，馆藏图书增长缓慢。此外，没有专门的电子阅览室和数字图书馆，在社科院院内网站中收录的中文数据库较少，英文数据库几乎没有，难以满足院内科研人员的日常科研需要，更难以实现与地方高校在电子数据库方面的竞争。

从外部看，江苏社科院要建设成为现代智库，也面临一些来自外部的挑战。一是面临党委、政府决策需求升级的挑战。党政部门是江苏社科院决策咨询服务的主要需求者。当前，随着党政部门决策科学化、民主化和法治化的深入，对决策咨询服务的需求，无论是数量还是质量上，都处于需求升级的状态，由此催生了"智库热"。一方面，随着江苏经济社会发展水平的提升，党政部门所要解决的发展问题也越来越繁重、复杂，对决策咨询成果的需求越加旺盛，在出台政策文件之前进行决策咨询也成为"常规动作"。另一方面，随着江苏干部年轻化、专业化、知识化水平的提高，党政领导干部把握问题能力、判断分析能力和决策能力也不断提高，因而对决策咨询服务的质量要求也进一步提高。决策咨询服务需求在数量和质量上的同步升级对江苏社科院的决策咨询服务质量和水平提出了更高的要求。二是面临与高校"非对称性竞争"的挑战。在"智库热"中，江苏省内高校纷纷把"教学、科研"双重功能扩展到"教学、科研、咨询"的三重功能，依托其学科专业、人才队伍和重点学科建设资金优势，增加决策咨询服务、增强智库功能，在资金、政策、人才等方面优势凸显。社科院与高校在决策咨询研究中形成"非对称性竞争"态势。近年来，各类智库机构，包括地方党委和政府的政策研究室、发展研究中心、党校行政学院的决策咨询工作快速发展。社科院在智库建设中处于官方智库的外围，多方竞争压力巨大。三是面临缺乏基层社科院支撑的挑战。在十三个省辖市中，除南京市外，大部分市没有设立社科院。近年来，省社科院先后在泰州、连云港和南通等三市成立了省社科院分院，虽然形成了一定的支撑，但从总体上看，基层社科院研究力量缺乏，支撑能力偏弱，无法形成一个上下联动、有效合作的社科院智库体系。

二、江苏社科院智库的功能定位

从智库建设的角度看，江苏社科院智库的主要功能包括：宣传党和国家政策、阐释江苏重大发展战略、服务江苏经济社会发展、汇聚哲学社会科学人才。目标是建设党委政府"信得过、用得上、靠得住、离不开"的现代智库。

1. *研究宣传：坚持理论研究与思想宣传相结合，丰富发展中国特色社会主义理论。*深入研究和广泛宣传中国特色社会主义道路、理论和制度；深入研究和广泛宣传中国特色社会主义的江苏创新实践，解读和宣传省委、省政府重大战略政策，架设党委、政府与社会公众相互沟通的桥梁。同时，开展有江苏特色和区域发展优势的理论研究，审视新问题、探求新知识、创造新理论，促使社科院的理论研究成果更好地引领社会主流意识与思潮。

2. 资政辅政：准确把握江苏经济社会发展现实需要，做好决策咨询服务。围绕江苏省经济社会发展的重大问题，开展应用对策研究，为省委、省政府的科学决策提供科学理论支撑和决策咨询参考。依托专业的、稳定的专家团队，长期、持续地对江苏经济社会发展中的长期性、全局性问题进行前瞻性思考。同时，在理论和实践结合的基础上，为党委政府战略性决策提供可操作性强的政策建议和解决方案。

3. 服务社会：为社会组织与企业提供管理或经营所需要的咨询服务。发挥智力优势，强化社会服务，是省社会科学院的又一职能，也是省社科学院扩大社会影响、服务地方经济社会建设，提高科研水平的重要途径。省社会科学院可以通过协议方式，就发展、管理、规划、经营等问题，为市、县各级政府及政府职能部门、企事业单位、社会团体等提供解决方案。此外，还可以参照国外智库建设经验，通过教育培训等方式，为党委、政府部门和社会输送具有丰富专业知识、决策咨询能力的后备人才，培养高层次的决策参与者或决策者。

三、江苏社科院智库建设要正确处理好三个关系

1. 正确处理智库建设与学科建设的关系。学科建设是社科院从事科研工作的基础，重视应用研究，重点研究党委、政府关注的实践问题是社科院科研的工作重心，但这并不意味着社科院不需要基础理论的支撑。因此，现代智库建设要求江苏社科院重视应用研究，也应当同时处理好理论研究和应用研究的关系，通过构建合理的学科布局，夯实社科院科研的理论基础。根据实际情况和科研条件，逐步将学科建设的重心向理论性较强的专业和研究方向转移，形成以应用研究方向为主，理论应用研究兼备的学科架构，将理论研究规范贯穿于应用研究，多出理论与实践意义兼备的高质量成果。根据江苏社会经济发展需要，及时创立与实际联系紧密的应用学科建设，重点推进新兴、交叉学科建设，拓展学科的分支方向，深化学科建设，带动应用对策研究的新发展，逐步形成重点突出、结构合理、特色鲜明的学科体系。

2. 正确处理思想库与智囊团的关系。社科院不仅是党委、政府的智囊团，而且是引导社会发展的思想库，需要平衡理论与应用研究，兼顾理论

深度与对策操作。坚持智囊团与思想库相结合的办院理念，既要突出资政功能，也要宣传党和国家政治主张，把握意识形态话语权。将江苏社会科学院办成既有官方影响又有独立思考能力的综合性研究中心，在政策阐释与战略预测中寻找契合点，在理论研究与应用研究中寻找结合点，在独立判断与引导决策中获得平衡点，既要论证决策思路和行动方案，又要提供战略设计和政策主张；既要有政治理性，又要有理论创新的勇气，从而为经济社会发展提供有高度的战略论证、有效度的咨询服务、有力度的理论支撑。

3. 正确处理决策咨询研究即时性与前瞻性的关系。当前，我国正处于全面深化改革的关键时期，改革已进入攻坚期与深水区，新矛盾、新问题不断涌现，如果应对失当，必将阻碍经济社会发展。地方智库作为为地方党委、政府提供决策咨询服务的专门机构，为地方经济社会发展出谋划策是其义不容辞的重任。地方智库要充分发挥新型智库职能，必须切实提高决策咨询服务的时效性，即重点做好即时性研究，通过深入基层、深入一线调研，及时发现、科学分析、准确把握全面深化改革进程中出现的新矛盾、新问题及其成因，进而提出行之有效的对策建议。同时也要兼顾前瞻性研究，即深入研究、准确把握地方经济社会发展的趋势、前景等宏观问题，提出具有前瞻性的高质量研究成果，以此影响地方党委、政府决策，促进地方经济社会良性发展。

第三节 江苏社科院智库的建设路径

江苏社科院智库建设，要以完善科研体制机制为突破口，将社科院的科研重心向应用性研究转移，实现传统的科研体制向多元化、应用化和国际化转变，积极促进科研成果转化，形成鼓励创新和支持创新的良好科研氛围。

一、坚持问题导向，发挥智库作用

牢固树立起现代智库的服务意识，以党委政府的研究需要为依据，服务江苏经济社会发展。

1. 加强对国家重大发展战略和政策的阐释，发挥政策宣传堡垒作用。中央的政策具有宏观性和全局性，一些针对江苏的政策，比如区域发展规划，同样具有宏观性和整体性。中央相关政策在江苏以及基层的具体落实过程中，往往存在一定的执行迷惑和政策释义的问题，需要各类智库加强研究，找到中央政策与江苏实际的最佳结合点，做好落实这篇大文章。特别是近年来，中央陆续出台了与江苏发展相关的一系列区域发展规划，迫切需要进一步加强研究和阐释，为江苏党委、政府科学决策提供依据。

2. 关注江苏经济社会发展中重大现实问题，发挥决策咨询服务作用。江苏社科院系统在研究江苏经济发展实际问题，服务党委、政府中心工作过程中具有特殊的作用。江苏社科院关注和研究的问题和主攻方向是本地区经济社会发展中的现实问题，而国内省际经济社会发展差异明显，不同省级党委和政府关心的社会经济发展问题因此会有所不同。这种"横向"和"纵向"的差异性决定了江苏社科院研究问题的多样性，同时也要求社科院的科研工作要体现定向性，即必须贴近省级党委、政府的工作中心，坚持问题导向，研究领导关心的问题，以此为切入点的研究，更易受到党委、政府的重视，其政策建议也能够较多地得到党委政府的采纳。

3. 重视企事业单位横向课题研究，发挥服务社会作用。与江苏企事业单位合作的横向课题研究也是江苏社科院科学研究中的重要领域。现代市场经济中的核心和主体是企业和非政府机构。随着市场经济体制的完善和发展，江苏企事业单位需要对单位自身的发展进行战略规划部署。江苏社科院了解江苏经济发展特点，熟悉政策环境，具有承接企事业单位相关课题的研究经验，应当充分发挥优势，积极参与横向课题研究，充分发挥服务社会的作用。

二、加强实地调研，掌握一手资料

重视实地调研，及时获取江苏经济社会发展的第一手资料，是江苏社科院工作的重要组成部分，也是江苏社科院智库科研工作区别于高校智库的特色所在。

1. 加强调研基地平台建设，把脉江苏经济社会实践。江苏社科院的研究，以应用研究为主，实地调研是社科院进行应用研究的素材和资料来源。深入基层、深入生活、深入实际的调研工作是积累第一手研究素材，实现应用研究重心下移的核心环节，也是掌握国情省情的重要基础性工作。因此，社科院应当发挥自身优势，建设一批调研基地，深入实地进行调查研究，以便更好地把握经济发展态势和社会发展走势。

2. 注重调研立项管理，提高调研的效率。在实地调研工作中，要避免"为了调研而调研"，使调研工作流于形式。在进行实地调研时，要进一步注重调研立项管理，加强对调研的前期立项审核，加强对调研过程的跟踪检查，加强对调研成果的跟踪问效。因此，建设现代智库目标下的社科院，应当更加注重调研的组织效率，以国内省内重大现实问题为抓手，真正在实地调研中找准问题，解决问题，提出有实际意义和可操作性的对策建议。

3. 完善调研团队管理，实现调研常态化。以往社科院调研主要是基于某一个研究所或研究中心进行一定时间段内的集中调研。这种调研方式，能够在短期内集中优势力量进行调查分析，但往往因为只关注某一个领域的数据和资料收集，很难达到各学科融合的现代社会科学的研究要求。因此，社科院应当发挥院内调研优势，集中各个研究所的研究力量，组成调研小组和由专家带头的调研团队，加强调研的综合性与协调性。同时，要将实地调研作为常态化和长期化的工作任务，建立调研的长效机制，系统有效的组织调研工作。

三、完善科研机制，激发内部活力

课题研究是江苏社会社科院工作的核心，是关系江苏社科院生存和发展的重大问题。为提高社科院研究成果的质量以及科研人员工作的积极性，必须完善推进社科院系统科研的长效机制。

1. 打破机构界限，集中优势力量攻关。在传统科研体制下，江苏社科院内部各科研所和研究中心之间存在一定的机构设置壁垒，在遇到党委政府关心的重大应急课题时，往往难以整合社科院内部研究力量。因此，必须尽快出台社科院课题应急管理办法，建立课题导向的部门间科研协同机制和机构间科研组织协调机制，打破机构界限，充分调动相关科研人员的积极性，在短时间内拿出高质量成果，利用多种渠道上报党委、政府参阅。

2. 完善专家和学科带头人负责制，打造"科研品牌"。传统科研机制下，江苏社科院往往出现同一课题多个负责人牵头，重复研究，重复工作的低效率现象。不同专家牵头下也会增加课题的协调成本和信息浪费，不利于社科院科研管理和研究效率的提升。因此，必须充分利用社科院固有的学科优势和专家科研力量，从课题申报环节强化课题负责人管理制度，完善课题负责人的资格审核和课题监管工作，提高学科带头人和知名专家的课题负责数量，利用科研专家的业内影响力打造"科研品牌"，多创精品项目。

3. 整合科研"产业链"，提高科研效率。江苏社科院承担的国家级纵向课题、省级纵向课题以及企事业单位横向课题等众多课题研究任务，课题承接、课题研究以及课题立结项等环节的工作重点都存在差异，需要相关人员在科研"产业链"过程中发挥不同的作用。因此，江苏社科院需要充分发挥不同科研工作人员的积极性，建立科研过程不同环节的协同工作机制，协调本单位相关科研人员及时成立科研专项小组，整合科研课题承接、科研人员安排以及科研成果发布等环节工作力量，避免重复劳动，提升科研运行效率。

4. 加强课题立结项跟踪监管，确保出高质量精品成果

从科研立项的源头抓起，强化对学术活动、基层调研、学科建设以及科研考核和成果审查等环节的监管。创新科研组织工作，采用"第三方"监管和评价机制，独立客观地对院内课题的立项、中期考核以及结项管理等工作进行评估考核，提高科研各个环节的审核监管力度，确保科研成果的质量和水平。

四、创新激励机制，完善绩效考评

在依托全额财政拨款的条件下，社科院科研行政人员的工作积极性不高，难以形成良好的科研氛围，亟须改变现有的科研运行机制，完善科研人员的绩效考评。

1. 结合自身科研特色，完善成果界定和分类评价机制。社科院不同于党委、政府研究室，也不同于高校，以服务江苏经济社会发展为主线的社科院系统在科研工作中的主要精力是放在对江苏经济社会实际问题的研究

上的。因此，在建设现代智库的过程中，应当充分考虑江苏社科院的科研成果特色，在进行成果的评价和界定时，不能过度地追求成果的学术性和理论性，应当突出决策咨询、政策参考以及实地调研报告和年度经济社会发展报告等形式成果的考核比重，确保优秀成果得到应有肯定。

2. 加大对高水平科研成果的奖励，鼓励多出思想性、前瞻性成果。建立对不同水平成果的分类管理机制，加大对精品成果和高质量成果的奖励力度，特别是对有一定社会影响力和得到领导肯定性批示成果的奖励力度，鼓励多出具有重大经济社会效益，具有一定原创思想和前瞻性的科研成果，发挥好"思想库"和"智囊团"的作用。要在认真总结相关经验的基础上，把在科研管理中积累起来的重要经验和措施，以院内文件、规定、管理办法等形式加以规范，出台并完善科研激励政策，以规章制度的形式，明确科研成果奖惩办法，调动科研人员的积极性和主动性。

3. 建立成果导向的绩效薪酬制度，淡化行政层级薪酬差异。建设现代智库必须解放思想、勇于创新，通过引入竞争机制，增强社科院院内科研人员的忧患意识，改变在传统财政支持下出现的"等靠要"思想，在院内形成良好的科研竞争环境，激励科研人员的工作热情。在基本工资制度的基础上，实现绩效工资的薪酬管理制度，用课题数量、完成质量以及成果社会影响作为科研人员年终奖励的重要依据。淡化行政级别对科研人员薪酬的影响，避免行政级别差异对薪酬的过度影响。通过薪酬管理形成"能者多劳，多劳多得，不劳不得"的良好的科研氛围，调动青年科研工作者的积极性，充分发挥其科研潜力，营造良好、规范、有序的科研环境和氛围。

五、拓宽成果转化渠道，提高社会效益

科研成果转化率不高，科研成果的转化速度不快等问题，是困扰江苏社科院的重要问题。建设现代智库要求江苏社科院把握研究重心，促进成果转化。

1. 建立健全与党委政府相关部门的沟通机制，完善成果反馈制度。与省委研究室、省政府研究室以及有关部门保持良好的合作关系，畅通沟通渠道，及时沟通科研选题，优化课题研究结构，联络课题研究进度，提高科研效率；同时，完善科研成果的报送渠道，建立科研成果的反馈机制，及时呈送最新调研报告、政策建议，为党委政府领导提供决策依据。

2. 创新科研成果发布渠道，确保成果及时得到运用。根据研究成果的不同性质，分别建立以决策咨询、省情调研报告、学术报告、政策宣传、专项课题研讨等多种形式的成果发布渠道。在江苏电视媒体、网络传媒以及微信微博等现代媒体上发布社会热点问题的研究报告成果，多渠道、全方位地将社科院系统现代智库的形象展现给社会大众，促进科研成果及时得到决策部门、企事业单位和人民群众的了解和认可。

六、加强科研团队建设，汇聚各方英才

科研团队建设是建设现代智库的关键，要加强科研团队建设，营造吸引人才和人尽其才的良好氛围和环境，创造让优秀人才脱颖而出的机会，培养一支富有创造性、思想性、前瞻性的人才队伍。

1. 重视人才培养，搭建科研人才团队。人才队伍建设是影响社科院科研水平的重要因素。社科院应当重视院内科研人员的培养，充分发挥专家"传帮带"的作用，由专家牵头，指导中青年科研人员的科研工作。在中青年科研人员中发掘人才，并培养学科带头人，在各研究部门建立老中青合理的科研人才梯队。同时，定期安排中青年人才出国交流访问，为他们创造继续深造、培训以及进修等条件，提升科研能力和研究积极性，打造坚实的后备人才队伍。

2. 打破部门界限，实现人才资源共享。要打破传统的部门和单位界限，坚持课题导向，实现基于人才的科研体制创新。紧紧围绕课题目标导向，在获得相关研究课题后，应当组织相关科研人才参与，从学科和专业特长出发，在全院内组织科研人员协同合作，也可以联系院外高水平专家共同参与课题研究，实现科研人才的共享和协同创新机制，提升科研效率和成果质量。要建立多平台的人才共享机制，汇集各方面人才，充分利用社会优秀人才资源，与兄弟单位和江苏高校联合创办研究中心，组织高水平学术活动，开展联合调研和合作研究。

3. 加强人才流动，形成良性循环机制。加强社科院人才与外部人才的互动交流，"引得进来、走得出去"，形成人才的良性循环。一方面，以高薪和高激励的方式引进高层次人才，重视高层次人才引进后的待遇问题，

使高层次人才愿意进院，进院后能够留得住；另一方面，进一步完善人才"旋转门"机制，重点推出能够在党政部门和基层政府挂职和任职的人才，促进社科学者与党政机关干部交流任职，实现理论与实践相结合。

七、坚持开门办院，提升社会影响力

建设现代智库要求江苏社科院积极在参与经济社会发展的实践中，通过"开门办院"，深化与有关方面智库的联系和交流，吸收兄弟单位的先进科研思想和理念；参与学术活动，提升在业内的学术地位；积极与江苏媒体合作，扩大社会影响力，为科研人员开展应用研究提供平台。

1. 以人才"旋转门"机制为突破，实现院内资源与院外资源交流互动。社科院应当积极参与江苏各级政府经济社会发展规划的制定工作，参与江苏企事业单位的发展战略制定。充分发挥江苏社科院战略性、前瞻性的研究优势，建立社科院与江苏党政部门、企事业单位之间人员的"旋转门"机制，定期选调院内科研骨干到政府和企事业单位挂职锻炼；同时，吸收政府和企事业单位人员进院工作，实现以人才流动为主线的科研交流机制。通过人才的相互流动提高社科院对江苏经济社会发展的熟悉程度，提升科研水平和成果转化率。

2. 积极主办高层次的学术交流活动，扩大在业内的学术影响。江苏社科院应当定期举办在省内国内有一定影响的学术交流活动，打响高层次学术论坛和科研研讨会品牌。加强与省内外高校智库、政府、企事业研究单位的研究机构进行合作，沟通，互通有无，开拓学术视野，了解行业动态前沿；同时，应当注重学术活动成果的转化，对在学术活动中有价值、有影响的科研成果要及时通过相关渠道上报，供党委、政府参考。

3. 重视与现代传媒的合作，增强社会影响力。建立与媒体合作的长效机制，充分利用广播电视、报纸刊物、网络媒体以及微博、微信等现代通讯工具，扩大宣传力度，打造社会科学的精品成果和专家队伍，特别注重对有突出贡献和重大社会影响的专家学者的宣传和推介工作；同时，加强对社会关注的重大现实问题科研成果的定期发布，逐步建立与经济社会发展紧密相关科研成果的推广应用机制，积极拓展科研成果的转化渠道和途径，提升服务经济社会发展的水平，树立良好的社科研究形象。

第五章　江苏党校行政学院智库建设

习总书记关于建设中国特色新型智库的重要讲话，对党校行政学院智库建设提出了新的要求，确立了更高的标准，开辟了广阔发展空间，对党校行政学院新型智库建设具有重要的指导意义。

第一节　江苏党校行政学院智库的发展现状

一、党校行政学院智库功能的强化

党校行政学院智库建设和作用的发展，与党校行政学院职能定位的不断明确紧密关联。根据党校行政学院的定位，党校科研工作的目标方针最初是"三个服务"，胡锦涛同志 2002 年 12 月 18 日在同中央党校校委委员座谈时，增加了"为推进理论创新服务"，从而完整地形成了"四个服务"的党校科研工作目标方针，即"为推进理论创新服务，为提高党校教学质量服务，为党委和政府的决策服务，为社会主义物质文明、政治文明、精神文明建设服务"。2008 年《党校工作条例》和 2009 年《行政学院工作条例》的颁行，进一步明确了党校行政学院发挥思想库作用的要求，为推进党校行政学院思想库建设工作的科学化、规范化、制度化提供了法制保障。根据《党校工作条例》、《行政学院工作条例》的要求，2009 年 7 月，江苏省委召开全省党校工作会议，出台了《中共江苏省委关于贯彻落实〈中国共产党党校工作条例〉的意见》。意见提出：积极发挥科研资政作用。充分发挥学科和人才优势，紧紧围绕党委、政府工作大局和决策部署，深入开展调查研究，为党委、政府决策提供服务，切实发挥在科研资政中的重要作用。各级党委、政府要重视、支持党校科研工作，提出研究课题，下达调研任务，支持党校教研人员参加社会调查实践活动，充分发挥党校科研在党委和政府决策中的思想库作用。江苏省委党校认真贯彻省委《意见》和省委省政府领导的要求，出台了《加强党校行政学院智库建设》的意见。并于同年创办了《党校直通车》，作为党校行政学院报送载体。

"十二五"时期，特别是党的十八大以来，江苏党校行政学院校委更加重视党校智库作用的发挥。以推动科研发展方式转变为主线，大力倡导科研转型发展理念，引导教师用好"三支笔"，说好"三种话"（用好写专业学术著述的笔，说好内行话、学理性的话、学术圈内人懂的话；用好写理论宣传文章的笔，说好直白话、深入浅出的话、老百姓听得懂的话；用好写调研咨询报告的笔，说好实在话、务实管用的话、为决策服务的话），着力加强决策咨询与理论宣传的组织工作，有力推动了全省党校系统智库建设。2011年，省委党校省行政学院出台了校（院）"十二五"科研规划。《规划》强调，要按照《条例》的要求，坚持"四个服务"，坚持两手抓，实行学术科研与决策咨询并举。一手抓学术科研带动学科建设，一手抓决策咨询提升在全省工作大局中的影响力和贡献度。学科建设、党的理论创新、思想库建设，是我校（院）科研建设的重点和方向，一定要常抓不懈，务求抓出成效。规划提出了实施"四大工程"的工作思路，其中之一就是思想库建设工程。既包括在党的理论创新上有新的贡献，也包括在服务省委、省政府决策上有更大的作为。既要充分发挥我校在马克思主义基本理论学科上的优势，深化对马克思主义基本理论的研究，深化对中国特色社会主义理论体系的研究，深化对社会主义经济建设、政治建设、文化建设、社会建设以及生态文明建设和党的建设重大问题的研究，努力作出有根据、有分量、有新意的论述和回答，为繁荣全省哲学社会科学事业贡献力量，为建设社科强省作贡献。又要适应思想库建设的新形势，进一步加大我校思想库建设的推进力度，充分发挥我校的学科优势与基础理论研究的优势，加强对江苏省情、江苏问题、江苏经验、江苏特色以及江苏创造的研究，多讲江苏话，多想江苏事，多结江苏果，推出一些有分量有价值有影响的成果；努力做到支撑决策、服务决策、影响决策，使决策咨询成果进入高层次决策圈。这为推动科研转型，着力推动科研制度创新，为智库建设发展提供了良好的体制机制保障。

二、江苏党校行政学院智库建设的主要成效

围绕"四个服务"的方针，全省党校行政学院科研工作者不断深化对马克思主义中国化最新成果和我省经济社会发展重大问题的研究，完成了党委、政府交办的重要课题研究，形成了以"新苏南模式"研究为代表的一批高质量科研成果，为党委、政府决策发挥了重要的智库作用，在强化科研"四个服务"上取得新进展。

第一，努力探索建立资源整合、团队攻关机制、重大项目协调机制，进一步提高智库建设的组织化程度。智库建设是一项组织程度高、协作要求高、专业交叉广、涉及多方面配合的系统工程，必须加强资源整合。在工作中，把大力推动智库建设组织方式的改革与创新作为重要抓手，着力建立智库建设的工作协调机制，整合党校行政学院智库建设资源，提升智库建设水平。一是实施校领导项目制。由校领导牵头，加强与党委、政府研究部门以及省内主流媒体的深度合作，提高党校科研服务党委、政府中心工作的能力。二是大力推进校地合作。近年来，省委党校行政学院先后与南京市委、宿迁市委等单位签定战略合作协议，在调研基地建设、深化课题研究等方面开展深度合作，努力提高党校智库建设的贴近度。三是坚持系统科研协作。注重整合全省党校系统的力量，在重大课题研究上合力攻关。坚持一年一度的全省党校系统科研协作会议，通过发布课题，交流成果，将重要成果汇编出版，有效提升了全省党校系统决策咨询的影响力。与此同时，学习借鉴中央党校和兄弟省、市党校好的做法，采取委托方式对重大课题进行研究，采取公开招标方式开展校级重点课题研究，加大资助力度，整合全省党校系统资源，加大重大课题的攻关力度。在全校范围组织精干力量，成立重大课题研究组，进行策划论证、组织协调、资源整合、集体攻关，努力提高研究的组织化程度。鼓励组织团队开展科研攻关，引导教研人员紧紧围绕省委、省政府工作中心，主动承担重大科研任务。

对符合党校行政学院建设方向、党校行政学院特色鲜明的研究成果加大资助力度。

第二，着力强化队伍建设，建设一支以学科带头人和中青年教师为主体的决策咨询骨干队伍。推动智库建设，队伍是关键。一是着力打造高水平决策咨询名师和团队。以一级学科和省重点学科为平台，推动更多的学科名师同时成为高水平决策咨询名师。同时，以学科带头人为中心，在全校（院）范围整合相关学科方向教研人员，着力培育有较强竞争力的高水平学科团队。二是更加注重对中青年学术骨干的培养和使用。在主动给青年教师压担子、交任务的同时，加大对青年骨干老师的培养使用力度。每年举办一期全省党校系统科研和决策咨询骨干培训班，针对共性问题强化培训；启动青年教师挂职锻炼计划，选派优秀青年博士赴基层挂职锻炼，为他们的成长提供更好的发展平台。三是充分发挥主体班学员在智库建设中的作用。大力推行主体班学员教学改革，将学员调研列入主体班教学计划。围绕党委、政府中心工作确定调研选题，同时选派优秀指导教师全程跟踪指导，科研处与学员处协力做好服务保障，共同推进学员调研课题研究。四是强化各级责任。省委党校把推动智库建设作为重要职责，既注重发挥科研部门组织协调作用，又着力强化教研部门和学科群在智库建设中的主体作用。2013年底，为加强理论宣传工作，学校成立中国特色社会主义理论体系研究中心，通过创新组织运行模式，着力打造理论宣传的组织、协调、服务机构和中青年教师的锻炼培养平台。江苏省委党校"中特中心"的现象已经引起了有关方面的关注，在推动成果、快出成果、服务中心工作方面发挥了明显的作用。

第三，着力探索建立有效的动力机制，大胆推进科研考核评价与激励制度创新。出台《贯彻"十二五"科研规划实施细则》，对智库建设成果提出了明确的考核要求和对高端成果给予奖励的政策。经过深入调研，出台《进一步推进智库建设的意见》。出台《科研评奖制度改革办法》，针对学术研究、决策咨询、理论宣传的不同特点、不同要求，分别制定评价标准、考核方法。同时加大了对决策咨询和理论宣传成果的成果认定和政策激励力度。通过导向制度改革，引导更多教研人员把研究的重心转向决策咨询和理论宣传研究。

第四，着力打造决策咨询成果转化平台，提高决策咨询服务的质量和水平。为推进成果转化，省党校行政学院 2012 年创刊了《研究报告》，将课题研究成果报送省委、省政府领导和有关职能部门，为决策咨询成果提供转化平台。一是提高重要课题选题的针对性。每年根据省委常委会工作要点，瞄准省委、省政府中心工作，站在理论和实践前沿，前瞻性设计选题，组织本校、全省党校系统专家开展有关重点课题研究。二是做好重点课题的跟踪服务。职能部门每年认真梳理学校承担的各类重点课题，有重点地做好服务保障，推动各类重点课题成果转化为研究报告。三是加大学员调研课题转化力度。在指导教师把关的基础上，组织有关领域专家对学员调研报告进行进一步的加工提炼，努力提高调研成果的质量。同时通过省内外有关决策咨询载体，积极向有关部门推荐采用，使这些报告尽可能转化为工作指导，更好地发挥服务、支撑和影响决策的作用。

第五，进一步加大投入力度，努力探索科研与学科建设的投入保障机制。尊重智库建设的客观规律，根据学校财力状况，建立逐年增加经费的保障机制，千方百计加大对科研与学科建设的投入力度，为"十二五"各项科研目标的顺利实现、确保学校科研继续走在全国省级党校先进行列提供有力的保证。据不完全统计，"十二五"期间，围绕党委政府中心工作，省党校行政学院共承担省部级及以上课题 137 项，近 20 项成果获得省委省政府领导批示，60 多篇研究报告转化为有关部门工作决策。围绕学习习近平总书记系列重要讲话和十八大、十八届三中、四中全会精神，在省市重要媒体发表了 120 多篇理论宣传文章，有效地扩大了党校理论宣传的声势。

三、新形势下党校行政学院智库建设面临的主要问题

虽然省党校行政学院在智库建设上推出了一系列的举措，取得了一定的成效，但由于科研转型起步时间不长，智库建设的基础还比较薄弱。一是高质量决策咨询成果不多。近年来，省党校高度重视决策咨询研究，采取了一系列措施重点推进，广大教研人员积极承担各类重要课题，取得了一定的成绩。

近五年各类重要课题统计

年份	国家社科	省社科	中央党校	省政府	教育厅	省市软	合计
2010	5	3	4	3	3	4	22
2011	6	6	7	2	8	5	34
2012	6	7	6	1	7	6	33
2013	11	7	12	2	6	6	44
2014	5	13	3	3	3	6	33

但总体来看，我校的决策咨询研究还处在起步的水平。虽然近年来承担的课题不算少，但从课题研究的成果来看，真正形成有一定分量和影响的成果不是很多。每年报送给省委、省政府领导和相关职能部门成果较少，得到省领导重视的研究报告基本上没有超过 10 篇。2013 年以来重点推进的学员课题调研，转化率不高，在服务决策、支撑决策、影响决策方面，党校的作用发挥还不够明显。

二是有重大影响的理论宣传成果不多。近年来，省党校行政学院以中心组和课题组名义在新华日报、群众杂志发表了一系列文章，形成了一定的影响。但总的来看，有重大影响的成果不多，特别是针对党和国家、省委省政府重大决策，反应不够及时，没有形成党校理论宣传的声势，影响力有待于进一步扩展。

近四年理论宣传成果统计

年份	人民日报	光明日报	学习时报	新华日报	群众	唯实	小计
2010			5	11	26	26	68
2011	3	5	5	11	28	25	77
2012			4	20	27	12	63
2013		2	6	12	27	22	69

反映出来的问题主要有以下几个方面：

1. 适应教学、学术研究、决咨研究、理论宣传"四位一体"要求的高素质教师较为紧缺。新的形势任务对教师提出了更高的要求。但长期以来，省党校撰写过决策咨询报告和理论宣传文章的教师不到 50 人（占教师比例不到30%），有较高理论素养、在省内外有一定知名度的教师人数更少。在有限的教师师资中，不少人科研任务繁重，有的承担3个以上课题，再加上繁重的教学任务和没有相应的科研团队支撑，教师科研负担过重，不利于精品的产出。此外，大部分教师教学、科研只重视理论研究，思想上还没有真正转型，部分教师对决策咨询和理论宣传存在畏难情绪，有的干脆放弃科研。

2.组织协调机制还不够科学。一是没有形成科学的课题选题机制，没有形成固定的与有关领导机关的对接机制。研究选题对党委、政府关心的问题贴近度不够，决策咨询课题选题的前瞻性不够，理论宣传选题的超前性不够。省委、省政府重大部署和重要决策出台后，由于敏感性不强，对上对下的衔接不够，造成反应往往慢半拍的结果。二是抓落实力度不够。组织协调满足于一般的开会动员，跟踪落实不够。如在群众路线教育实践活动中，召集有关人员进行了动员，但最后能够形成成果的不多。课题形成以后，满足于开会布置和一般性的检查督促，跟踪服务还不够细致。虽然确定了教研人员的研究方向，但对于教研人员是否按照研究方向来进行研究，缺乏有效的督促机制。三是团队建设不够。虽然建立了三个学科群，但是各自为战的情况比较普遍。学科带头人没有相应的政策支持，能够支配的资源很有限，学科团队难以形成。四是专业管理队伍人手不足。自增加《研究报告》和《科研动态》编辑任务以来，一直以来没有比较专业的工作人员从事具体编辑工作。一些研究成果后期加工精力有限，课题转化工作推进不够有力。

3.激励政策效果不明显，政策导向有待于进一步明确。现行的政策对课题立项配套力度大，但对成果结项要求不高。每年学校科研投入中，用于科研配套的经费占到科研经费的60%以上。但从实施的效果来看，配套的课题中，能够提供高层次决策咨询和理论宣传方面研究报告的很少。有必要进一步设置政策配套门槛，在结项上提出更明确的要求。

4.部分教研部的积极性主动性没有能够充分调动。总体来看，通过多年的推动，学校教研部在推动科研发展方式转变上，做了不少工作。特别是设置科研工作组织奖以来，教研部对科研组织更加重视。但长期以来，机关包办代替的现象比较普遍，造成教研部更像行政机关的附属部门。不少教研部负责人认为，教研部有责无权，不管钱、不管物，对调动教师科研的积极性缺乏抓手。

第二节　党校行政学院智库建设的经验借鉴

如何加强江苏党校行政学院智库建设，全国各级党校行政学院在智库建设上形成了一系列的经验做法，值得认真学习、研究和借鉴。

一、党校行政学院智库是新型智库体系的重要组成部分

长期以来，我国的党校、行政学院系统，不仅在党员干部教育培训和党的理论研究、宣传等方面具有特殊的地位，而且随着改革开放的不断深化，党校行政学院系统的理论研究也开始逐渐转向，越来越关注经济社会发展的战略、政策、措施等方面的研究，在我国的官方智库体系中发挥着重要作用。2008年9月党中央颁布的《中国共产党党校工作条例》要求各级党委发挥党校在党委和政府决策中的思想库作用，2009年12月颁布的行政学院工作条例进一步强调了教学培训、科学研究、决策咨询"三位一体"的职能和办院特色。其中，对决策咨询工作单列一章表述，这直接赋予了党校、行政学院参与决策咨询工作的职能，进一步规定了决策咨询工作在学院发展格局中的重要作用，奠定了其在中国新型智库体系建设中的重要地位。

从建国前的马列主义宣传教育，到建国后的干部培训，再到近年来明确把决策咨询作为党校行政学院的主要功能之一，充分体现出新时期党校行政学院自身功能和使命的不断拓展。从国家行政学院来看，一是学院对上有为党中央、国务院提供决策咨询服务的正式渠道，对下有全国行政学院系统的正常联系网络，能够及时了解和掌握经济社会发展的相关信息，以及党和政府政策制定与实施情况，为学院开展决策咨询工作提供了信息搜集、调查研究和意见反映的重要条件。二是学院的学员来源广、层次高，

有理论水平和实践经验，对于贯彻党的路线、方针和政策有感受、有体会、有认识，能够反映经济社会发展中的深层次问题和矛盾，对于开展决策咨询工作非常有利。三是学院实行开门办学，与国际和国内教学研究机构有着广泛联系，形成高层次的院外兼职教师队伍，建成一批多种形式、贴近实际的教学科研基地。

国家行政学院的工作优势，其实也是全国各级党校行政学院所共同具备的优势与特色，这是开展决策咨询工作，提升党校行政学院综合实力和竞争力的重要保证。从近年来的实际发展情况看，各级党校行政学院的智库功能不断得到强化，在承担经济社会发展重大课题研究、解读、宣传党的创新理论和路线方针政策，搭建决策咨询服务平台，以及培养应用研究人才等方面发挥着重要作用，在服务各级党委、政府科学决策上展现出了重要的影响力，已经成为中国特色新型智库的重要组成部分。

二、国内有关省（区、市）党校行政学院智库建设的主要做法

近年来，从中央党校、国家行政学院到各地党校行政学院，对决策咨询的重视程度前所未有。在建设新型智库实践中，探索出不少可资借鉴的经验。天津市委党校加强"两个对接"。由校领导出面，加强与市委、市政府领导分工的对接，了解分管领导的主要工作思路；加强与市委办公厅、市政府办公厅的对接，了解市委、市政府重点关注和急需解决的重大问题。通过"两个对接"把握调研的关键和重点所在，有针对性地开展课题立项与调研工作。上海市委党校启动了围绕上海自贸区建设的校级重大调研课题。课题由副院长郭庆松牵头，整合全院教学、科研资源开展实地调研，研究成果直接为课程开发服务，最终成果转化为咨询研究报告报送相关领导。浙江省委党校由常务副校长牵头，围绕"实施创新驱动发展战略"主题，先后赴全省各地创新型企业和省有关职能部门进行深入调研。组成"贯彻落实中央全会精神，推进浙江全面深化改革"课题组开展专题研究。通过大型学术调查和研究，深入实际，加强联合攻关，加强学科交流，提升科研人员理论联系实际能力。河南省委党校对以"河南省中特研究中心"名义在《人民日报》等中央报刊发表的理论文章资助 1 个 3 万元的研究课题，对在河南主要媒体上发表的理论文章资助 1 万元的课题，效果显著。

2011 年以来分别在《人民日报》、《光明日报》和《经济日报》发表理论文章 6 篇，在河南主要媒体《河南日报》、《党的生活》发表理论文章 15 篇。湖北省委党校提出探索"协同创新"路径，解决"智库"建设的"通道"问题，目标是将校协同创新中心做成学术创新基地、拔尖人才培养摇篮，做成湖北的"第一智库"。探索"系统创新"路径，解决"智库"建设的"平台"问题，目标是将校系统创新平台做成有"湖北特色"的咨政平台、党校系统重大调研课题研究交流平台，形成省级党校系统的新型"智库"模式。湖南省委党校根据科研团队研究领域和研究性质不同，建立分类评价体系。对从事基础研究的团队，评价指标以学术的原创性为主；对从事应用研究的团队，评价指标以经济效益和社会效益为主。科研评估体系改革，体现了对科研工作规律的尊重，调动了科研人员积极性。贵州省委党校根据岗位和专业技术职务高低，明确规定了相应的科研任务，完不成科研任务的，在年度考核等次确定和目标考核中都要体现。科研工作可以折抵教学工作，教学工作不能折抵科研工作。此外，对发表高层次学术论文每篇奖励 1 万元，决策咨询性成果得到认可的每项可奖励 2 万元。

三、党校行政学院智库建设的主要做法和经验

在国内党校行政学院系统中，上海、天津、浙江、湖北等省、市（直辖市）的做法，充分结合了地方经济社会发展实践，各具特色，成效明显。归结起来，其主要经验体现在四个方面：

一是加强顶层设计，为搞好决策咨询工作提供制度保障。可以看到，各级党校行政学院都充分认识到了加强智库建设，做好决策咨询服务工作的重要性。通过结合自身实际，制订并完善了决策咨询研究、成果转化、奖励等制度机制，有效规范和保障决策咨询工作运行，提高教研人员开展决策咨询研究的积极性。

二是搭建信息合作平台，为报送决策咨询成果建立顺畅渠道。充分发挥党校行政学院的系统优势，积极加强与党政相关部门的联系与合作，能够及时掌握领导关心的重点和难点问题，从而提出高质量的决策咨询建议。通过自身建立的信息平台、内刊系统等，能够及时将决策咨询成果报送到领导手上，为研究成果进入决策视野，实现理论成果向实践成果的转化打

下坚实基础。

三是建立教学、科研对接机制，充分发挥党校、行政学院资源优势。由于自身干部培训的职能，各级、各部门参与党校行政学院学习和培训的学员，成为做党校行政学院教学培训和应用科研对接的重要优势。通过充分利用与学员的交流与合作，党校行政学院能够充分了解经济社会发展各领域、各地区的实际情况，为深入开展调查研究、掌握一手数据，有的放矢开展研究提供了较好的便利。

四是发挥党校行政学院系统的整体优势。党校行政学院系统，横跨党委、政府和教育科研部门两大领域，能够有效对接党委、政府决策需求和教育科研部门的人才、科研优势。通过多领域、多部门、多层次的交流合作，整合了决策咨询研究中理论研究、工作实践以及转化渠道等多方面的优势力量，形成了推进决策咨询服务发展的工作合力。

第三节　江苏党校行政学院智库的建设路径

面对新形势、新任务、新要求，党校行政学院系统要进一步提高认识，把加强智库建设作为学习贯彻党的十八届三中全会精神、全面深化改革的重要方面，作为学习贯彻习近平总书记系列重要讲话精神的重要方面，作为推进治理体系和治理能力现代化的重要组成部分，作为提高江苏软实力的重要组成部分，作为繁荣和发展全省哲学社会科学的重要内容，作为推进党校行政学院建设的重要内容，改革创新，采取措施，进一步加强和推进党校行政学院系统智库建设，更好发挥党校行政学院在党委和政府决策中的智库作用，更好履行党校行政学院职责，在"四个服务"中更好地发挥党校行政学院的优势。

一、进一步明确党校行政学院新型智库建设的定位

国外的思想库，有非常明确的特点和研究优势，不同思想库之间的研究是不一样的，但是定位都非常明确。党校是党的哲学社会科学研究基地，

行政学院是开展社会科学研究和决策咨询的机构。《中国共产党党校工作条例》和《行政学院工作条例》指出，"发挥党校在党委和政府决策中的思想库作用"、"行政学院应当发挥政府决策咨询的思想库作用"。建设党校行政学院新型智库，重点在发挥理论优势服务理论创新上。同时，突出为党委、政府决策服务上，为党委、政府决策发挥作用。要发挥江苏的地缘优势，探索中国梦江苏篇章实践中的重大理论与现实问题。党校行政学院智库建设主要聚焦以下研究领域：（1）中国特色社会主义理论、道路、制度的丰富和拓展性研究；（2）当前我国改革和发展中的重大理论和现实问题研究；（3）世界发展大势及我国中长期发展战略研究；（4）中央领导集体治国理政的基本思路与总体框架研究；（5）党和国家重大活动和重大举措出台前的专项研究；（6）党校（行政学院）教育规律和干部成长规律研究；（7）各级党委、政府交办的其他重要研究任务。

二、进一步突出党校行政学院的优势和特色

相对于高校而言，党校（行政学院）具有政策传导的快捷性、调查研究的便捷性、学科重点的突显性、成果反映渠道的畅通性等优势，因此科研成果更具应用性；相对于党和政府直属的其他研究机构，党校（行政学院）又具有学科门类齐全、研究队伍稳定、教员学员共同研究、不受部门利益影响等优势，科研成果彰显较强的系统性、前瞻性、客观性的特点。党校（行政学院）新型智库建设要依托党校的学科建设和基础理论研究，围绕党和国家事业发展中面临的热点、难点、重点问题，围绕党委和政府工作部署，跟踪国际国内形势变化，侧重于为党和国家全局性、长期性、战略性决策进行前瞻性研究，同时兼顾对策性研究，积极发挥理论支撑作用，积极主动为党委、政府提供决策咨询。要密切关注国内外形势的发展变化，加强对中国特色社会主义重大现实问题的研究，深化对马克思主义基本理论特别是中国特色社会主义理论体系的研究，为推进党的理论创新服务，为提高党校教学质量服务，为党委和政府决策服务，为社会主义经济建设、政治建设、文化建设、社会建设、生态文明建设和党的建设服务。要坚持党校姓"党"的鲜明导向。智库坚持正确导向主要体现在四个方面：一是在思想上、政治上和行动上与党中央保持高度一致，始终坚持党性原则，牢牢把握理论研究的正确方向。二是坚决贯彻党的基本理论、基本路线、基本纲领、基本经验，致力于深化对马克思主义基本理论特别是中国特色社会主义理论体系的研究，充分发挥推进党的理论创新的生力军作用。三是围绕党和国家工作大局和中心任务开展科学研究，充分利用党校（行政学院）的优势、突出服务大局特色，努力推动科研成果更多地转化为对党和政府的政策建议，发挥决策咨询、资政服务的作用。四是适应全党干部教育培训战略任务的需要，加强党校（行政学院）科研为提高教学质量服务的重要功能，充分发挥党校（行政学院）在理论武装工作中的重要阵地作用。

三、进一步加大智库人才培养的力度

智库建设，理念是前提，队伍是关键。要制定有吸引力的政策，给予决策咨询研究以更大力度的政策支持，营造良好氛围，引导更多教研人员把研究的重心转向决策咨询研究。一方面，要以学科为基础，推动更多的学科名师同时成为高水平决策咨询名师，发挥好党校行政学院的名师效应；另一方面，整合系统科研咨询力量，广泛吸收和组织校（院）外专家学者，组建结构合理、机制灵活的决策咨询研究骨干队伍。要充分发挥主体班学员在思想库建设中的作用，通过组织课题组、调研组、学员论坛、咨询会、笔谈会等多种形式，引导主体班学员开展研究，鼓励教师和学员联合研究。与此同时，加大对省市决策咨询骨干的培训。目前，部分研究成果质量不高，主要是一些成果缺乏足够的理论和实践依据，行文新八股，成果内容过于宏观空洞，而操作性政策设计方面则很不够。这既与研究习惯、表达方式有关，但更大程度上表现出智库的整体研究尤其是操作性整体研究的能力不足。因此，必须着力提升研究能力，强化理论和实践以及国内外经验的结合，突出操作性政策研究，强化比较分析和政策评估。应创造条件，在省委党校每年定期举办决策咨询骨干培训班、专题研修班，或召开专题会议以会代训，培育更多的江苏决策咨询行家能手。

四、进一步创新和提高决策咨询项目的组织化程度

完成决策咨询研究项目，往往需要组建不同学科背景的研究团队集体攻关。要进一步改革创新，大胆探索资源整合机制、团队攻关机制、重大

项目协调机制，加强团队建设，着力提高决策咨询项目的组织化程度。鼓励以教研部、学科或基地为单位进行团队协作，进一步调动教研部组织决策咨询研究的积极性主动性。鼓励部门之间合作组织团队攻关，鼓励以课题组为单位，由主要学术带头人领衔，人员实行"柔性流动"，组织跨学科团队攻关。鼓励加强内外合作，包括加强与党政部门的合作，与地方高校的合作及其他形式的合作，最大限度地引智借力。发挥好每年一度全省党校（行政学院）系统科研协作会的作用，努力打造全系统科研、决策咨询的平台。

五、进一步畅通决策咨询成果转化渠道

扩大决策咨询成果的影响力，着力推进决策咨询成果转化工作。决策咨询成果不能满足于领导批示，还要能够转化为工作指导意见，转化为决策部署或政策性文件，发挥支撑决策、服务决策、影响决策的作用。一方面，要突出研究的前瞻性、科学性、实践性、实效性，进一步提升决策咨询研究的层次与水平；另一方面，要着力抓好成果的转化环节，注重决策咨询成果转化的策划，包括整体策划、过程策划和管理策划。要努力搭建高水平交流平台，及时推出高层次决策咨询成果，使之进入党委、政府高端决策视野。同时要加大名师和最新教研咨询成果的对外宣传力度，进一步扩大省党校行政学院的决策咨询品牌和知名度，在更大范围发挥决策咨询成果的作用和价值。

第六章 江苏高校智库建设

无论是一个国家，还是一个区域，抑或是一座城市，其经济社会的发展已经离不开大学坚强有力的人才支持和智力支持。人们在解读美国的硅谷、日本的筑波科学城以及台湾新竹科学工业园区等经济发展"奇迹"的同时，不难发现这些"奇迹"的背后，无一例外的是屹立于其中的世界著名高等学府，如斯坦福大学、筑波大学和台湾清华大学等。以至于有人断言，一座有名的城市必定拥有一流的大学。可见，大学在现代经济社会的发展历程中拥有不可替代的重要地位，发挥着无与伦比的重要功能。

第一节 高校智库功能定位分析

一般认为，组织的功能决定于组织自身的结构。因此，我们讨论高校智库之功能定位问题，首先必须对大学功能和智库功能分别拥有清晰的认识。

一、现代大学功能分析

学界普遍认为，现代大学拥有人才培养、科学研究和社会服务三大功能。此三大功能不是大学与生俱来的"原生"产品，而是大学循序发展的历史积淀。1852 年，英国红衣主教约翰·纽曼（John Henry Newman）在其《大学的理念》一书中写道"大学是探索普遍学问的场所"①，"是所有知识和科学、事实和原理、探索和发现、实验和思考的有效保护力量"②。纽曼倡导"博雅教育"，他认为，大学是培育绅士的地方，"育人"是大学的主要目标。这种以探索普遍学问为主的"博雅教育"，对于后世大学的影响深远。学界普遍认为，这是现代大学之初始功能，即"人才培养"。19世纪，普鲁士教育部长威廉·冯·洪堡（Wilhelm Von Humboldt）提出了以"科学研究"与"个性与道德的修养"为主要目标的大学理念，强调"科研"与"教学"并重。这一理念对于后世研究型大学的萌生与发展具有开创意义。学界普遍认为，这是现代大学"科学研究"功能之发轫。时至20世纪初，美国威斯康星大学校长范海斯（Charles Richard Van Hise）认为，大学除了发展知识、传播知识，还应该促进经济发展和社会进步，即大学应该把服务地方经济社会发展作为自身的目标之一，要把学生培养成为具有知识专长的合格公民。这一理念被称为"威斯康星思想"，深受美国政府的推崇，美国总统杜鲁门曾指出"威斯康星思想是美国20世纪最有创造性的思想之一"。③ 斯坦福大学与"硅谷"的产生和发展就是"威斯康星思想"实施的成功典型，这也成为美国其他大学、甚至世界上绝大多数大学所效仿的榜样。

　　尽管现代大学之"三大功能说"已为学界和社会普遍认同，但从学理上看，这种观念仍有值得商榷的地方。从本质上说，"人才培养"和"科学研究"功能是一种理性主义大学理念，即对于知识和科学等学问的追求是以提高个人的修养、社会的格调、追求真理与人的自我完善为终极目的，这是古希腊哲学精神的一种延续与传承。而现代大学之"社会服务"功能则是一种实用主义的大学理念，这是大学理念发展史上的一个新阶段，这种观点对于大学的发展具有极其深远的影响。曾任哈佛大学校长的德里

　　①　Newman, J. H. *The Idea of a University：Defined and Illustrated* [M]．Chicago. Ill：Loyola University Press，1987：464.

　　②　Newman, J. H. *The Idea of a University：Defined and Illustrated* [M]．Chicago. Ill：Loyola University Press，1987：438.

　　③　沈国经：中外著名教育家事典，辽宁教育出版社，1995年版。

克·博克（Derek Bok）明确表达，当代大学的责任就是服务与引领社会。他认为，"现代大学已经不再是传统的修道院式的封闭机构，而是变成沟通生活各界、身兼多种功能的超级复合社会组织。"① 大学不再是远离社会的"世外圣地"，而是逐渐走向社会的中心，并演变为社会发展的力量。

通过对现代大学功能（尤其是社会服务功能）的分析，我们依稀可见现代大学的"智库痕迹"。可以说，大学智库是现代大学社会服务功能的一种具体表达与彰显，也是现代大学循序发展的历史产物。在本质意义上，这是实用主义大学理念的衍生物。

二、智库功能分析

为了更全面、深刻地了解高校智库的功能定位，我们再对"智库"的功能进行分析。人们一般认为，组织的结构决定组织的功能。因此，分析智库的功能定位必须从其"类型"入手。智库的形态多种多样，依据不同的标准，智库有多种分类。以美国智库为例，美国学者肯特·韦佛（Kent Weaver）和加拿大学者唐纳德·E·埃布尔森（Donald E. Abelson）从智库发展演变的视角，把美国智库分成四种类型：一是"受托型智库"，这类智库酷似"政府委托机构"，主要接受政府的委托，为政府提供研究服务。其运行经费的主要来源是政府的资金支持。如兰德智库、企业研究所、经济发展委员会和城市研究所等。二是"倡导型智库"，这类智库以"强烈的政策、党派或意识倾向与不达目的不罢休的推销员般地影响当前政策辩论的努力相结合"的推销或重新包装思想方式而著称，如传统基金会、经济政策研究所等。三是"遗产型智库"，这类智库是由渴望成功竞选公职的候选人（或他们的支持者）或卸任的政府官员创立的一种新型智库，如卡特研究中心、尼克松和平与自由研究中心等。四是"研究型智库"，这类智库是以学术研究为导向的机构，接受委托方之托请撰写研究报告，如卡内基国际和平基金会、布鲁金斯学会、胡佛研究所和对外关系委员会等。②

依据智库类型的分析结果，我们发现，美国智库的主要功能就是为政

---

① 姜文闵：哈佛大学，湖南教育出版社．1988 年版。

② 杨尊伟、刘宝存：美国智库的类型、运行机制和基本特征，《中国高校科技》2014 年第 7 期。

府提供决策咨询，以提高政府决策质量。具体来说，主要体现为四个方面：一是生产思想。美国智库的主要产品是专业知识和思想，人们总是形象地将智库比作"知识工厂"、"思想工厂"、"点子工厂"等；也有人将智库定义为"没有学生的大学"，是拥有明确的目标和坚定的追求，却同时无拘无束、异想天开的"头脑风暴"中心，是敢于超越一切现有智慧、敢于挑战和蔑视现有权威的"战略思想中心"。二是设计政策。智库通过研究为政府提供政策建议，在美国最为典型就是总统候选人和智库的密切合作，为总统候选人提供施政方案。三是塑造和影响公众舆论。智库利用其生产的专业知识和思想向受众群体宣传其政策见解，塑造公众舆论，影响民意取向。四是汇聚人才。作为从事公共政策研究的独立机构，智库的生存和发展无疑取决于人才这一核心要素。智库不仅是未来研究人员和决策者的培养机构、社会精英人物的俱乐部，也是政界和学界的"旋转门"。①

三、高校智库功能理解

基于上述大学功能和智库功能的分析，我们应该拥有这样几点认识：

首先，从形式来看，高校智库显然不属于"受托型智库"、"倡导型智库"和"遗产性智库"。假如将美国智库与中国智库之类型进行比较，我们发现，在现行体制条件下，中国高校智库之形式似乎更加接近于美国的"研究型智库"，江苏高校智库也不例外。

其次，从内容来看，无论是"生产思想"、"设计政策"，还是"塑造和影响公众舆论"和"汇聚人才"，大学的功能几乎"覆盖"了智库的全部功能，且大学功能的内容更加丰富。以"生产思想"功能为例，科学研究尤其是人文社会科学研究是"生产思想"的主要基础，大学教师不仅肩负着维系和传播人类文化知识的历史使命，同时也承担着探索未知的科学研究重任。换言之，大学教师本身就是相关学科或专业的学者和专家。以科研成果服务社会，不仅是智库的主要功能，也是大学的基本功能。大学科学研究的功能指向（或旨趣）不仅是为现实社会服务，更多的为人类社会的

---

① 杨尊伟、刘宝存：美国智库的类型、运行机制和基本特征，《中国高校科技》2014 年第 7 期。

发展服务，相对于智库"生产思想"而主要服务于现实社会而言，大学之科学研究功能无疑具有更深远的意义；再以"汇聚人才"功能为例，智库确实拥有为现实社会储备和培养了很多未来研究人员和决策者，而被人们称颂为"社会精英人物的俱乐部"，并且缔造出有名的政界和学界人才顺畅流动的"旋转门"机制。但考察大学人才培养功能，就不难发现，大学拥有一大批专业精英，这本身为智库乃至社会提供了坚强而现实的人才支持，而且还为社会可持续发展提供了强有力的人力资源后援。可以说，大学"汇聚人才"之功能效用也许没有智库直接和现实，但绝对比智库强劲和持续。因此，大学在"生产思想"、"设计政策"、"塑造和影响公众舆论"以及"汇聚人才"等功能效用方面，远比智库丰富和强大。诚然，这并不是说大学就是智库，也不是说大学可以完全替代智库，更不是说智库是大学的组成部分。作为一种独立存在的组织形式，智库在表现形态、运作机制等方面拥有自己的特征。事实上，"受托型智库"、"倡导型智库"和"遗产性智库"等智库无论在组织形态上，还是运行机制方面，都与大学存在着本质的差异。

再次，大学不同于智库。理性主义大学理念主导下的现代大学，将大学教育、科学研究与人自身的修养紧密结合，追求真理，追求人的全面发展。在这一背景下，大学与社会的联系几乎是"断裂"的，因此很难找寻到"智库"的"痕迹"。而实用主义大学理念主导下的现代大学，则主要强调大学服务社会的现实功用，强调将大学教育与科研转化为推进社会发展的力量。在这一时代背景下，大学从"象牙塔"走向了"世俗社会"，这无疑是大学经历社会化、世俗化和功利化的过程。也正是在这一过程中，大学社会服务功能通过"智库"的形式逐渐表达和彰显出来，事实上，人们也习惯地将大学比作为经济社会发展的"思想库"或"智囊团"。从本质上说，大学智库就是实用主义大学理念的产物。然而，大学还是大学，并没有因为其功能的增加而发生本质的变化。换言之，大学与智库之间存在着本质的差异。这种差异表现在四个方面：一是表现在"有无学生"。智库是一所"没有学生的大学"，而大学最本质的特征就是学生的培养。二是表现为科研成果表达的旨趣以及形式的差异。智库是将科学研究成果以"研究报告"、"咨询报告"呈现给政策制定者，以提高决策质量，而大学科研成果更多的是以学术论文或专著给予表达，直接或间接地影响社会发展和人类进步。三是大学服务社会的路径与智库不尽相同。智库仅仅依靠研究成果服务社会，而大学除了提供科研成果，还以为社会培养和输送人才作为自身的根本任务。四是大学与智库社会服务功能的时代意义不同。智库因主要服务于现实社会而表现出鲜明的实用性和功利性，相比较而言，大学服务社会的旨趣则更加长远、更为理性。因此，对于高校智库我们可以拥有这样的理解：高校智库不是将整个大学视为智库，而是大学拥有智库之功能，或者说，高校智库就是高校的智库。

第四，大学和智库尤其是"研究型智库"存在着密切联系。美国兰德公司创始人弗兰克·科尔博莫（Frank Collbohm）曾经有过十分精彩的描述，在他看来，"智库"就是一所"没有学生的大学"。对以学术研究为导向的"研究型智库"，一方面，其形式酷似大学，主要使命在于促进公众对困扰整个社会的政治、经济、外交等问题的认识；另一方面，"研究型智库"又不同于大学，他们主要通过举办研讨会、专题讲座、撰写研究报告等形式，为政策制定者提供决策咨询服务，服务的对象并非学生。[①]基于如此分析，我们可以做这样延伸描述：智库是一座"没有学生的大学"，而大学则是一个"有学生的智库"。

第二节　高校智库基本特征分析

分析一些发达国家智库尤其是美国智库，我们不难发现，智库最基本的特征有三：独立性、非营利性和现实针对性。应该说，任何一种形态的智库，都应该拥有这些基本特征，或部分拥有这些基本特征。否则，这一

---

① 杨尊伟、刘宝存：美国智库的类型、运行机制和基本特征，《中国高校科技》2014年第7期。

组织作为智库形态或智库名称存在的必要性和合理性必将遭遇到质疑。高校智库，作为一种特殊的智库形态，除"独立性"、"非营利性"和"现实针对性"等智库的一般性特征外，还兼具区域性、开放性、稳定性、包容性和广泛的社会影响力等特征，这些特征与大学本身定位密切相关。

一、高校智库"独立性"特征分析

高校智库的"独立性"特征在很大程度上不是源起于一般智库的特征规定性（即组织运行独立于政府），而是发端于现代大学的基本特质，这就是大学的"学术独立"和"学术自由"。一般地说，"学术独立"是指学术独立于政治意识形态。"学术独立"和"学术自由"不是大学所固有的特征，而是与教会或世俗政权进行不屈不挠的斗争争取而来的。欧洲几乎所有的古老大学无一例外地经历过这一艰苦卓绝的斗争过程。例如，巴黎大学在雏形时期，就曾为了取得自治权而展开斗争，为争取大学自治和学术自由，很多学生曾经流血甚至牺牲。直至19世纪初期，以柏林大学为代表，强调"大学独立与学术自由"、"科研是大学主要功能"为核心的"学术自由"理念才得以确立。所谓"学术独立"和"学术自由"，是指大学始终以真理探索为使命，学者只服从理性、服从科学，不服从任何政治和宗教。理性主义大学理念认为，现代大学既是向学生灌输知识的机构，也是创造新知的场所。教学与研究，或者说传授知识与生产思想，乃为现代大学的两大目标。可以说，"学术独立"与"学术自由"，是西方近代大学的基本特质或核心理念。在理性主义大学理念主导下的大学很难找寻到"智库"的"痕迹"。

当实用主义大学理念主导现代大学之后，"社会服务"便成为现代大学的又一主要功能。尽管现代大学正经历着世俗化、社会化、功利化的过程，但人们呼唤重塑"人文精神"和"大学精神"的声音依然不绝于耳。真正有历史担当的现代大学依然守护着"学术独立"与"学术自由"的精神家园，现代大学也许不可能再重新回到"象牙塔"时代，但也不该彻底沦为社会的"服务站"。

因此，高校智库的"独立性"不仅表现为一般智库操作层面的"独立性"，更多的是精神、理念层面的"独立"与"坚守"。

二、高校智库"非营利性"特征分析

对于智库"非营利性"（not-for-profit）特征的理解，人们认识上存在不少误区。有人认为，非营利就是不赚钱或不能赚钱；智库只是打着"非营利性"的幌子，事实上就是"唯利是图"；有人索性公开提出了"智库产业化"观点；①等等。显然，这些认识都是错误的，问题的关键在于此种观点持有者没有准确地把握智库的本质内涵。作为独立于政府部门之外的第三方非营利性研究机构，智库所具备的"独立性"和"非营利性"是区别于其他社会机构的最本质特征。"非营利"不是无利润，更不是不讲经营，而是指组织机构的经营、运作不以获取利润为目的。智库无疑可以营利（盈利），而且必须营利（盈利），因为没有强有力的经济支撑，智库作为独立存在的社会组织是无法生存和持续发展的。然而，我们不能因为智库的营利（盈利）便武断地否定智库"非营利性"这一本质特征。尽管智库从事营利（盈利性）活动，甚至可以"公司"冠名（如美国的兰德公司），但智库不是以营利为目的，也不直接代表某个（些）利益团体，而是以自身的研究观点和成果影响公共决策。否定智库的"非营利性"特征，甚至认为智库就是企业或智库产业化，其实是混淆了智库的基本概念。众所周知，"以市场为导向、以效益为中心"是企业或产业化的基本内涵，其核心为追求效益最大化，因而带有鲜明的市场属性。相比较而言，智库强调决策服务的公共性，而企业或产业化则强调市场导向的效益性，两者之间存在着本质的差异。

与一般智库相比，大学本身的社会公益性质更为鲜明。因此，高校智库的"非营利性"特征可谓是一种"天性"。回顾高等教育发展历史，我们曾经历过"高等教育产业化"岁月，事实已经证明，这与大学本质和教育规律是相背离的。同理，在加强高校智库建设的过程中，我们应当努力规避这一误区。

诚然，智库尤其是高校智库在坚持"独立性"和"非营利性"的前提下，可以借鉴企业生产组织方式和市场化的资源配置机制，以社会需求为

---

① 李安方：智库产业化发展的基本特征与操作，《重庆社会科学》2012年第6期。

导向，合理运用市场手段，在提供专业化服务和科学化管理的同时，赢得政府、企业和社会各界的资源支持，进而提高自身的运作效率，不断发展和壮大自身的实力，这也是无可厚非的，但智库尤其是高校智库建设始终不能背离"非营利性"这一本质特征。

三、高校智库"现实性"特征分析

尽管智库工作的主要手段也是学术研究，但其与纯粹的学术研究机构仍存在着很大的差异。通常来看，学者之学术研究往往侧重于理论模型的建立，对具有普遍性的行为规律进行归纳，因而过于抽象和理论化。学者主要考虑的通常是"是什么"、"为什么"和"应该怎么办"，强调的是事物的机理、逻辑等事物发展之"应然"，而不太关心、很少考虑甚至不愿考虑事物发展之现实可能性，加之大多数学者对政府各项政策制定的目的、规则以及流程都并不清楚，即便有心提出建议，通常也不具备实践可行性。因此，在人们潜意识中，学者常显得"不合时宜"或"空洞"，总难免带有"理想主义"色彩。相比之下，政府官员更多的考量是"怎么办"、"谁来办"、"谁能办好"等问题，更多的考量是"实然"，一切都要从实际出发，求实效。此外，学者之学术研究常常持有"求异"思维，总是希望自己的研究成果表达新颖，不同于他人或前人，因此不仅在形式表达上求异取新，而且更倾心于内容上的与众不同。但政府某些官员更多的是"求同"思维，试图成就一番事业，必须赢得领导、同僚和群众的关注、理解、响应和支持，因为一味地求异，必定丧失成就事业的基础前提。智库强调以（公共）政策为研究对象，以影响（公共）政策为目的，因此智库关注的是当下，力图解决现实问题，而表现出务实、可行的特色。基于上述分析，我们发现，智库的工作路径和旨趣似乎更加"接近"于政府官员的思维。我们甚至可以将高校智库的"现代性"特征比较直观或形象地描述为"做好学者与官员之间沟通的桥梁，并为官员科学决策提供咨询服务"。确实，在"现实性"特征表达方面，高校智库极其容易陷入"偏学术研究"的误区，成功的高校智库其经验往往正是对这一"先天性缺陷"的有效规避，而绝大多数高校智库运转欠佳或失败的教训也往往是没有很好地应对和处理这一问题。

四、高校智库"区域性"特征分析

高校智库带有鲜明的区域性特征，而这种区域性特征必然影响其功能定位和效用发挥。智库是以公共政策研究服务现实社会的社会组织，学术研究是其核心。就其研究特点而言，智库的研究工作基本属于人文社会科学类型。与自然科学研究相比，人文社会科学研究不仅带有浓郁的意识形态色彩，还常常受制于文化传统的影响和制约。即使社会制度相同，由于风俗习惯、风土人情等文化传统的区域差异，而使得人文社会科学研究带有浓郁的地域色彩。以"区域"与"大学文科"的关系为例，大学文科的建设水平与其所在城市的政治、文化地位和定位高度相关。一定意义上讲，省会城市大学的人文学科一般不及首都大学的人文学科，而省辖市大学的人文学科也不及省会城市大学的人文学科。即便地方大学拥有着某种区域性研究的特色，但从总体水平来看，无论是学科层次，还是高级人才的聚集度，地方大学都将无法与地处国家政治、文化中心的大学相比拟。然而，也正是由于这种区域性制约，在客观上为地方大学提供了"凝练特色"的可能和机会。以江苏为例，无论是作为"985 高校"的南京大学等部属院校，还是作为地方大学的苏州大学等省属院校，其办学一方面因区域条件的局限而受到资源配置的制约，另一方面又因为地处沿海和长三角的经济发达地区，而拥有其他城市无法比拟的地缘优势。事实上，江苏"两个率先"、"沿江开发"、"沿海开发"、"苏南模式"等发展战略的凝练与提出，离不开江苏高校的智力支持和人才支持。这便是江苏高校智库的特色功能所在。可以说，在服务地方经济社会建设方面，所在地高校因为拥有着得天独厚的资讯、人脉等"天然"优势，其"生产思想"、"设计政策"、"塑造和影响公众舆论"和"汇聚人才"等功能的发挥很大程度可谓达到极致，相比之下，其他地区高校即便是著名高校，可以"他山之石"发挥一定的"攻玉"效用，但也会因缺乏"地气"而力所不能及。

此外，尽管智库事实上从事一些营利活动，但由于其本身的"非营利性"特征（或者说智库不是以营利为目的），智库与企业的运行模式和旨趣存在着很大的差异。企业的主要旨趣或目的就是最大限度地追求效益和利润，即便有些企业或企业家拥有社会责任感，将部分利润反哺社会公益事业，但这改变不了其"利润或效益最大化"之本质，因此，市场属性必然导致企业或行业之间在人才、资源、市场等方面的激烈竞争。而智库由于以独立服务公共政策为主要目的，以及独特的人才"旋转门"运行机制，智库之间虽然存在一定程度的竞争，但总体表现还是合作共赢、互惠共荣。相比之下，由于"学术独立"、"学术自由"之优势，高校智库在这方面的表现更为突出，除却一般智库之特征，高校智库还兼具更强的区域性、开放性、稳定性、包容性和广泛的社会影响力等特征，在此不再赘言。

第三节　江苏高校智库现状分析

正如本章开篇所言，在共和国演绎经济发展奇迹的伟大征程中，江苏尤其是苏南地区始终"走在前面"，"两个率先"、"沿江开发"、"沿海战略"、"苏南模式"、"张家港精神"、"昆山之路"、"园区经验"等一幅幅绚丽多彩的江苏发展蓝图和一幕幕振奋人心的江苏图强诗篇中，无论是理念的创新、图强精神的凝练，还是人力资源的支持和成功经验的总结，大学的"身影"和"痕迹"随处可见。可以说，"智库"尤其是"高校智库"的坚强支撑，虽然不是唯一的、却也是最重要或最主要的因素之一。

一、江苏高校智库之现状

作为拥有高校数最多的教育大省，江苏境内高校现有各类人文社会科学研究基地244个，其中教育部人文社会科学重点研究基地6个，省部共建人文社会科学研究基地7个，省级各部门与高校共建人文社会科学研究基地113个。特别需要说明的是，承应国家发展战略需求，2012年以来江苏省教育厅在高校建设了人文社会科学类15个校外研究基地和9个国际问题研究中心，此举对于高校文科教师强化问题意识，关注现实问题，拓展国际视野，起到了十分明显的促进作用，有效推动了高校学科建设和师资队伍建设。

然而，尽管江苏高校林立，基地建设如火如荼，但从大学"社会服务"

功能或智库视角来审视,真正能够有效支撑经济社会发展的高校智库却是乏善可陈。正如教育部副部长李卫红所言,我国高校智库存在着"小、散、弱",力量分散,定位不准,研究水平良莠不齐;高质量成果少,部分研究过于学术化,针对性、实践性不强,等等。这些问题对我国高校智库潜力的发挥形成了极大的制约。[①]在业绩显著且为数不多的江苏高校智库中,"江苏发展高层论坛"、南京大学"南海协同创新中心"、东南大学"道德国情研究中心"和苏州大学"东吴智库"应该是佼佼者。

1. "江苏发展高层论坛"

江苏发展高层论坛由南京大学长江三角洲经济社会发展研究中心、江苏省社会科学院、江苏省哲学社会科学联合会共同主办。1997 年 1 月,该论坛由时任江苏省委书记陈焕友和时任南京大学副校长的洪银兴首创,由南京大学江苏发展研究院(现为南京大学长江三角洲经济社会发展研究中心下属研究所)、江苏改革与发展研究会联合发起,迄今为止已成功举办 33 期,是江苏省委、省政府政策咨询的重要平台,有着"智囊团"、"思想库"之美誉。江苏发展高层论坛秉承"两个服务"的宗旨,即:为各级党委、政府的科学决策提供前瞻性咨询服务,为江苏企事业单位发展提供战略性咨询诊断服务。论坛每次围绕一个主题,以圆桌会议形式进行研讨,具有高度的开放性、民主性和针对性。十余年来,在陈焕友、回良玉、李源潮、梁保华、罗志军前后五任江苏省委书记的不断推动下,江苏发展高层论坛现已成为省委、省政府推进科学决策、民主决策、政策咨询的最高平台。近年来,江苏省委、省政府的重大决策,如"法治江苏"、"苏南现代化示范区"、"创新驱动"、"沿江开发"、"沿海开发"等重大战略的提出,都曾在江苏发展高层论坛上进行了广泛的咨询、论证和研讨。[②]

2. 南京大学"中国南海研究协同创新中心"

中国南海研究协同创新中心是国家认定的首批 14 家"2011 协同创新中心"之一。2012 年 7 月,在外交部、海南省、国家海洋局三个政府部门的

① 李卫红:高校在新型智库建设中的使命担当,《人民日报》2014 年 2 月 16 日。
② 郭奔胜、王勉:地方决策中的智库身影,《瞭望(新闻周刊)》2009 年第 4 期。

支持下，南京大学联合中国南海研究院、海军指挥学院、中国人民大学、四川大学、中国科学院、中国社会科学院等单位，共同组建了中国南海研究协同创新中心。该中心以国家重大战略需求为导向，以实现南海权益最大化为目标，构建了"文理协同、军地协同、校所协同、校校协同"的新路径，全面推动南海问题综合研究，服务国家南海战略决策。中心围绕基础研究、动态监测、战略决策等三大方向，构建"南海史地与文化"、"南海资源环境与海疆权益"、"南海法律与国际关系"、"南海航行自由与安全稳定"、"南海周边国家政治经济社会"、"南海舆情监测与国际交流对话"、"南海遥感动态监测与情势推演"、"南海问题政策与战略决策支持"八大研究平台，实施"南海维权证据链及基础数据仓库建设"、"南海问题话语权建设"、"南海预警及应急响应研究"、"南海战略决策支持"、"南海高端人才培养"五大工程，打造集学术创新体、高端智库、人才培养基地、国际交流对话四大功能与目标于一身的中国特色新型高校智库。[①]　近期，中国南海研究协同创新中心先后向国家海洋局等部门提交多份南海问题研究报告，召开"南海问题司法化应对"内部咨询会、"南海：《联合国海洋法公约》与国家实践"国际学术研讨会等，应对南海问题司法化困局，为决策部门提供依据。

3. 东南大学"公民道德与社会风尚协同创新中心"

公民道德与社会风尚协同创新中心由东南大学牵头，联合吉林大学、华东师范大学、中山大学、复旦大学、南京师范大学、中国社会科学出版社、《中国社会科学》杂志社、中国国测集团，以及伦敦国王学院、英国约克大学、美国密西根州立大学、台湾辅仁大学等单位共同组建，于2013年6月在东南大学揭牌成立。该中心的总体思路是将自然科学的实验研究、社会科学的实证研究，引入人文科学尤其是道德哲学的价值关切和思辨研究，形成人文科学、社会科学和自然科学三大领域的贯通，以此在学术和现实层面努力解决当代中国公民道德与社会风尚发展的前沿性问题。该中心致力于建成国内4个"第一"：第一个伦理实验室、道德国情调查中心、伦理

---

①　朱庆葆：以协同创新推进中国特色新型智库建设——中国南海研究协同创新中心建设谈，《中国高校科技》2014年第4期。

关怀中心和社会风尚研究与管理中心。"道德国情调查中心"将通过对公民道德状况、道德领域突出问题、社会风尚调查进行系统调查,每年小调查,两年大调查,五年描绘一次中国道德发展轨迹图,从而建立完整的道德国情数据库。[①]"伦理实验室"进行关于人的道德行为的科学实验,探讨道德行为的伦理情境与文化干预机制以及不同文化背景下人的道德行为规律。"伦理关怀研究中心"初期任务是进行关于弱势群体的伦理关怀尤其是物质关怀与精神关怀结合的关怀体系研究、"80后"群体婚姻关系的伦理关怀研究和独生子女与老龄化时代的老龄人口生命质量的伦理关怀研究等三大研究。"社会风尚与社会管理研究中心"将与政府联手,开拓关于社会风尚管理的理论与实践研究。[②]

4. 苏州大学"东吴智库"

苏州大学"东吴智库"全称是"苏州东吴智库文化与社会发展研究院"(简称"东吴智库"),其前身可追溯到成立于上世纪八十年代的"苏南发展研究院"。"东吴智库"是国内高校首家以"智库"形式注册登记的非营利性社会组织。在发展过程中,"东吴智库"充分整合了校内外、国内外各类优质资源,集中国家人文社科重点研究基地(教育部"中国特色城镇化研究中心")、省部级人文社科重点研究基地(吴文化研究中心、苏南社会研究院等)、省部级优势学科(政治学、艺术学)、省部级重点学科(应用经济学、中国语言文学、教育学、统计学等)、江苏高校协同创新中心("新型城镇化与社会治理协同创新中心")以及部分自然科学学科资源(如统计学、计算机科学等),以服务国家需要、地方需求为主旨,优化资源配置,广泛开展政策研究、管理咨询等业务,产生了积极的社会影响。东吴智库拥有人数众多的专兼职研究人员,主要涉及管理学、经济学、政治学、社会学、心理学、文学、教育学、法学、艺术学、统计学等学科领域。"东吴智库"通过开展"驻院研究"、"首席教授+团队成员"、"学术沙龙"等运行机制和管理模式的创新,产出了一批优秀成果。近年来,"东吴智库"多

---

① 许启彬、谈洁:东南大学将建"道德国情数据库",《南京日报》2013年6月24日。
② 袁涛:"公民道德与社会风尚协同创新中心"在东南大学揭牌成立,[EB/OL].http://news.ifeng.com/gundong/detail_2013_06/21/26672743_0.shtml,2013-6-21.

篇研究报告、咨询报告获得国家领导人、省部级领导的批示和认可，尤其是其举办的"对话苏州发展"年度论坛已经成为苏州、苏南发展重要的决策咨询基地。"东吴智库"的实践与探索，给大学（尤其是地方大学）办学提供了可靠的经验支撑：不仅突破了地方财政体制的束缚、完善了大学科研管理机制，而且促进了优质科研资源的整合、提升了大学学科建设水平，为中国高校智库建设提供了有益启示。

二、江苏高校智库之问题现实 ①

总体而言，江苏高校智库发展状况还是远远落后于江苏经济社会发展水平，个中原因除了中国智库整体发展水平落后于西方发达国家尤其是美国这一客观事实，还有自身的问题和原因。综合来看，江苏高校智库所存在的问题有以下几个方面：

1. 思想认识保守

保守的思想认识来自两个方面：一是政府部门。在一些政府官员的意识深处，认为大学远离社会实践，大学教师习惯于纸上谈兵，不能有效解决社会现实问题，因此对来自大学的意见或建议常常不屑一顾，甚至带有几份轻蔑。二是大学自身。在不少大学管理者和教师心目之中，大学是神圣的知识殿堂和精神家园，必须保持与世俗社会的距离，大学教师应恪守传道、授业、解惑之职责，面对现实问题，狭隘地将"是什么"、"为什么"视为己任，而将"怎么办"抛向了政府官员，这种保持清高、矜持的刻意中也不乏轻蔑之意。这两种极端的保守认识，无疑促使大学学术与社会实践的严重脱节和分离。

2. 运行机制制约

运行机制的制约同样来自两个方面：一方面，从政府运作机制看，由于高度行政化的管理机制，使大学应有的独立、自主、批判等优秀特质被有意无意地消解甚至埋没了，在"行政权力"与"学术权力"一次又一次的争论和博弈过程中，大学在某种程度上逐渐被边缘化了。另一方面，从大学运行机制看，由于大学分类、分级等人为的"标签化"管理模式干预，

---

① 田晓明：高校在智库建设中应有大作为，《群众·决策资讯》2014 年第 4 期。

大学管理者不得不使出浑身解数，甚至背离学理、不遗余力地追求一些建设指标（如学科、项目、论文等级别和数量等），使大学与真正的学术以及社会需求渐行渐远。

3. 形式主义作祟

由于大学独特的地位和功能，无论是政府，还是大学，都无法否认或不敢否认大学之于社会发展的重要作用。然而，由于保守思想认识的束缚、陈旧运行机制的掣肘，使得政府和大学在"社会服务"方面，都无法富有成效地开展深度合作。在这充满悖论的纠结中，形式主义便粉墨登场了。从政府层面看，一些官员为了彰显其政绩，便以"政产学研"名义与大学合作，于是，奠基、挂牌、剪裁等场景成为一种司空见惯的合作程式，但从内容看，却鲜有实质性的成果产生，在其眼中，大学充其量也就是一种"标签"或"招牌"而已。从大学层面看，一些大学管理者根本没有从科研管理体制、运作机制、制度设计等方面给予"社会服务"以必要的政策性保障，而是依然故我地重复"昨天的故事"，于是，便有了一种奇异乱象：一方面一些大学管理者们如数家珍般地孤芳自赏一些数据或指标，另一方面教师却沉湎于书斋而无暇他顾。现实中的大学社会服务之形象，要么是部分教师"跑单帮"或友情客串，要么是政府和大学的官员们心知肚明、徒有虚名的集体亮相而已。

在这些问题现实面前，高校社会服务功能的发挥受到观念、体制、机制等方面的极大掣肘。作为大学服务现实社会的主要阵地，高校智库的建设更可谓举步维艰。一方面，对大学而言，何以能在精心守护精神家园的同时，勇敢地推倒"物理围墙"，实现与社会的有效对接，还有很大的努力空间。另一方面，对各级政府而言，何以能还大学以高度的办学自主权，充分尊重知识和人才，并积极发挥大学应有的功能和作用，同样需要付出艰苦的努力。

三、江苏高校智库问题现实之成因分析 [①]

问题现实的背后一定隐含着种种社会的、心理的因素，试图有效解决

---

① 田晓明：高校在智库建设中应有大作为，《群众·决策资讯》2014年第4期。

这些现实问题，必须深入剖析这些问题的成因。

1. 管理体制的束缚

政府对大学的管理，某种程度上依旧沿袭着计划经济时代的传统，这种行政化的管理模式与大学特质之间存在着"天然"的鸿沟，随着国际化进程的推进，这种冲突日益凸显。在政府看来，政府是大学投资的主体，大学理应服从于政府，政府这种强烈的主体意识在大学办学的各个环节（如专业设置、招生人数等）中随处可见。换言之，政府严格按照行政化方式对大学进行管理。在大学看来，大学是人类文化传承与发展的重要场所和主要阵地，天生拥有独立、自由、批判等特性，政府任何行政化干预都是有悖于大学办学之道。大学的本质在于文化，而文化具有开放性和保守性两大特征。就其保守性特征而言，大学必须坚守"精神家园"，在这种坚守中传承文化，使学生获得文化启蒙、文化自觉和文化自信，进而鼓励学生文化创新。大学可以没有"物理围墙"，但不可没有"精神围墙"，大学必须小心、审慎地维护着与社会的距离。从文化的开放性特征看，大学又必须走出校园，服务社会，在服务社会中进一步创新和发展文化。但是，这种服务社会的开放性特征要求，应当体现为大学自发、主动、自觉的行为，而并非政府的强势介入和干预而导致的被动行为。可以说，寻求大学办学自主权，是大学办学者的共同心声。

管理体制的束缚还表现在现行的大学分级、分类管理制度。传统的计划经济管理模式，使得中国大学发展模式整齐划一而失去应有的个性与特色。为了消除这种负面影响，政府对大学实行了分类、分级管理，人为地给大学以"地方"与"直属"、"211"与"985"等"标签"。这种"标签式"的分类、分级管理模式，非但没有达成大学错位发展、特色发展等良好初衷，反而进一步强化了政府行政权力对大学学术权力的干预，背离了学术发展之规律，可谓事与愿违。因此，进一步理顺政府与大学之间的关系，是办好大学的前提条件。大学智库建设更不例外。

2. 政绩观的影响

传统的干部管理体制是政绩观的主要影响因素。"急于求成"的为官心态与"为政一届、造福一方"的传统、朴素的处世观念交融于一体，势必衍生出种种急功近利的"政绩工程"。从政府官员视角看，大学与机关、企业无异，"政府办大学"这一主体意识决定了其行政管理的基本路径和方式，很少关注大学之本质特色和学术之发展规律。古人云：失之毫厘，谬以千里。偏离了大学本质和学术规律，其办学结果必定令人失望。从大学管理者层面看，由于政府行政化管理模式的影响，大学管理者在世人眼中早已不是学术的象征，而成为具有行政级别的官员，其对"政绩"的考量和追求也与真正的学术渐行渐远，甚至背离了学术本质内涵和学术发展规律。现实中，他们所追求的往往是科研项目、论文、奖励之等级与数量等功利性指标的增长，在自觉或不自觉间，陷入了形式主义的泥潭。

3. 学术评价的偏差

反思教师原先的科研工作，基本都是闭门造车、出门不合辙，远离社会现实，仅仅是凭借个人兴趣爱好开展"书斋式"研究；即便偶尔开展横向研究，大部分也是"游离式"、"跑单帮"的单干。究其根由，大学学术考核和评价的偏差为主要原因。长期以来，大学科研管理中普遍存在着的"重纵向、轻横向"倾向，在职称评审、资格认定、考核奖励等人事管理环节中，大学对国家级、省部级科研项目、论文（著）和成果奖励等"纵向"指标给予很高甚至绝对的权重，而忽视甚至无视社会服务性指标。基于这样的指导思想，教师便不可避免地滋生出很多狭隘的先验意识。很多教师认为，社会服务而非真正的学术研究，并不需要真正的学术水平和学术能力。甚至有些教师担心，学校过分强调社会服务，是否导致学术研究的"退化"。因而很多教师对社会服务怀有一种不屑甚至排斥的态度。显然，大学学术评价的认识和行为偏差严重制约着大学社会服务功能的发挥。

第四节　江苏高校智库建设路径

随着中国社会发展的战略转型与升级，智库在促进党委、政府科学决策、谋划科学发展的"智囊团""思想库"之功能愈加凸显，社会影响逐步扩大，地位也得以逐步提升。在新型智库建设过程中，高校拥有独特的人才、智力和资讯等优势。作为教育大省，江苏新型智库的建设理应充分发挥高校应有的作用。

一、尊重中国国情

中华人民共和国《高等教育法》明确规定，普通高校实行"党委领导下的校长负责制"，这是中国大学区别于西方发达国家尤其是美国大学之体制特色。因此，在现行体制条件下，高校智库建设就必然面临着"独立性"与意识形态的关系处理问题。如何理性应对并妥善处理两者之间的关系，这是无法回避的现实问题。

高校智库的"独立性"主要表现在两个方面：一是大学本身强调"学术独立"和"学术自由"，在本质上排斥或拒绝其他因素的干扰；二是高校智库尽管也是以学术研究为核心或手段，但在工作性质、成果评鉴等方面区别于大学之"纯学术研究"。因此，独立或相对独立于大学主体，不仅是一般智库建设的客观要求，也是高校智库建设的主观诉求。相比较而言，第一层面的"独立性"意义理解更为关键。

我们认为，"独立"不等于"中立"。所谓"独立"，是指智库运行的程式或存在的方式，而所谓"中立"则是指智库的价值取向或意义问询。问题的症结就在于，现实中很多人要么把"独立"理解成"脱离"或"背离"社会主流意识形态，否定学术研究的"政治性"存在；要么混淆"独立"与"中立"的概念，强调所谓的"价值中立"。这些认识极其容易导致在实践中将"意识形态性"误读或异化为"意识形态化"。无论是一般智库建设，还是高校智库建设，在本质意义上都属于文化建设的范畴，而"文化"总是带有"意识形态性"，但"文化建设"绝对不能"意识形态化"。人类社会活动十分复杂，由于社会成员各不相同，故而很难找到简单、精确和普适的抽象理论或通用法则来解释这些复杂的社会事实和现象。这便是文化研究和文化建设的复杂性所在，这种复杂性可以从人文社会科学及其研究特点的分析或解读中得到清晰的理解。

与自然科学研究不同，人文社会科学研究的结论验证具有不可重复性，而且其实践的验证需要漫长的岁月。在人们的经历或经验中，自然科学研究的失败，不仅可以得到普遍的理解和体认，甚至还能赢得大家的称道与赞扬，但人们对于人文社会科学研究的"失败"似乎就没有了对待自然科学研究失败的"雅量"，面对人文社会科学研究的"失败"，人们习惯地认为研究者本人思想有问题、政治立场有问题，甚至整个人都有问题。显然，这是一种"意识形态化"的路径依赖。①或者说，人们总是习惯于给人文社会科学研究以某种政治判断或人为地贴上意识形态标签。

确实，与自然科学研究不同的是，人文社会科学研究无法摆脱"学术性"与"政治性"关系的纠结。人文社会科学所有的概念和范畴都产生于某种特定的社会现实，因而永远无法超越其赖以产生的社会现实本身。如何实现人文社会科学研究的学术性逻辑与社会意识形态的政治性逻辑之间的调和，便成为人文社会科学界无法回避的难题。这一逻辑冲突的根源在于价值论的矛盾。区别于自然科学研究，人文社会科学研究具有认识主体与客体"二位一体"的基本特点。从认识论视角来审视，自然科学研究与人文社会科学研究之间其实并无本质之差异，这也是两者在某些理论、观点、方法上具有相通性的根本性原因。但是，这种认识论上的统一性并不能遮蔽二者在价值论视角上的巨大分歧。人文社会科学在价值论上具有鲜明的政治性，否认政治性对人文社会科学领域的影响，而一味地追求所谓知识论上纯粹的"价值中立"，不仅使人文社会科学的"知识论"意义过度放大，而且也违背了人文社会科学两重性的逻辑特点，这无异于将人文社会科学完全等同于自然科学，其结果必将使得人文社会科学研究举步维艰；反之，将人文社会科学的价值意义推向极致的观点也有失偏颇，其后果必然导致"意识形态化"，从而给人文社会科学研究带上沉重的桎梏。②因此，试图有效调适学术性与政治性之间的关系，必须解决好人文社会科学研究的价值取向问题。价值取向的问题，不是单纯的理念层面的辨析和界定，更重要的是理性应对和妥善处理实践层面上的诸多问题。有效把握人文社会科学研究的价值取向或意义问询，

① 田晓明：文化建设的思考与隐忧，《苏州大学学报（哲学社会科学版）》2012 年第 6 期。

② 金太军：论哲学社会科学的评价困境，《苏州大学学报（哲学社会科学版）》2011 年第 2 期。

必须在实践中正确处理好现实与理想、科学性与意识形态、规范与自由等一系列关系问题。历史的经验和教训告诉我们，任何"意识形态化"的认知与行为在本质上都是狭隘的历史产物而必然带有时代局限性，"意识形态化"的路径依赖必然导致行为方式上的故步自封。

中国高校智库建设在应对"独立性"和"政治性"关系问题时，必须拥有两点清醒的认识：一是推进中国高校智库建设无疑需要学习和借鉴西方发达国家大学智库建设的先进理念和成功经验，但绝对不能脱离中国现行政治体制这一基本现实，全盘照搬西方所谓的"民主"观念，或脱离现实地无限放大大学"学术独立"、"学术自由"之特征，否则，智库建设尤其是高校智库建设必然会陷入教条主义之泥潭；二是加强中国高校智库建设需要尊重或遵循中国现实政治体制之意识形态，但在实践中不能随意或轻易给学术研究尤其是人文社会科学研究作出某种政治判断。换言之，我们不能因为人文社会科学及其研究之"意识形态性"特点而给予人文社会科学及其研究成果评鉴"意识形态化"。

因此，尊重中国国情，一切从中国实际出发，是智库尤其是高校智库建设的先决条件，江苏高校智库建设也不例外。

二、促进思想解放

所谓智库，必须有"智"有"库"。就本质而言，"库"只是一种形式或载体，而"智"才是内容和核心。然而，放眼望去，当下中国号称已拥有千余家所谓的"智库"，但收入眼底的真正智库又有几何？有"库"没"智"，正是中国智库发展窘境的真实写照。即便以生产知识、创造思想为己任的大学，也遮掩不住这一时代的痕迹与印记。

中国问题研究专家郑永年先生认为，一方面，"渐进式"的改革模式虽然在中国经济改革和发展中获得了相当的成功，但随着改革进程的不断深化，这一模式正在或已经演变成为"头痛医头、脚痛医脚"的僵化教条，这无疑成为新一轮改革的严重障碍。另一方面，中国改革太过依赖于行政机构，往往陷入无限的既得利益博弈，而使其成为各方争取更多利益的工具。除此之外，中国改革面临最为本质的危机便是"思想危机"，即缺少真正能够了解中国、有效解释和改造中国现实的思想。从表面来看，当下中国似乎并不缺少思想。然而，透过各种争论（更准确地说，是"争吵"），我们不难发现，这些所谓的思想具有几个特征：首先，这些思想多为缺少现实可行性的"舶来品"。这些思想的"拥有者"缺少甚至根本没有从中国的实际出发，而是仅仅从一些概念入手，试图用西方的理论来解释中国的问题现实。这种现象其实并不新鲜、也不陌生，早已被中国的历史证明为"教条主义"错误。其次，思想和权势的结合，"思想者"往往只为权势阶层说话。综观中国当下数以千计的所谓智库，那些具有行政级别、隶属于政府的"官方智库"不仅在经济上依附政府，而且在思想上也是绝对地"服从"政府，而没有真正有效发挥智库应有的"服务"功能。即便是以"学术独立"、"学术自由"著称的大学，由于缺少必要的办学自主权，也不得不从"象牙塔"走向"世俗社会"，于是，越来越多的学者、教授开始或已经沦为权势的"有机知识分子"（意大利新马克思主义者葛兰西语）。再次，思想的"极端化转移"。所谓"极端化转移"，就是仅仅从概念出发，按照现有逻辑进行脱离现实甚至背离事实的推演，并无限放大事物发展的结果。这种"极端化"推演方式势必将最初的追求演绎成极致或极端，其最终结果也必然走向初始意愿的反面。事实上，思想的"极端化转移"导致了两个极端：要么是覆盖经济和政治的"政府万能论"；要么是经济上"政府无用论"或政治上的"多党制"。这些思想及其特征走向恰恰表明了能够有效解释、改造中国现实的思想严重匮乏。

那么，如何有效改变这一令人担忧的现状呢？我们认为，解放思想依然是关键。对中国现实而言，可怕的不是"声音"，而是没有"声音"；可怕的不是"发声"，而是"发声"之后的戛然而止；可怕的不是"循声而去"，而是茫然地"循声"却又坚定地"而去"。改革开放已降，共和国以有效的思想解放实现了对从前改革禁区的突破，获得了经济发展奇迹。而今面对思想危机，我们可以说，解放思想依然是实现未来三十年乃至一百年可持续、健康发展的有力法宝。

如果说，作为中国先发地区和教育大省的江苏，在既往的改革发展历程中一直走在全国的前列，那么，在新一轮改革中，江苏理应提供更多的经验，继续保持先发优势。在中国面临"思想危机"时，江苏高校更应解放思想，有所作为，大有可为。

三、创新办学理念

尽管实用主义大学理念对现代大学具有极其深远的影响，使得大学不再是远离社会的世外圣地，而是从"象牙塔"走向"世俗社会"的中心，并演变为服务社会、引领社会的重要力量，但是，理性主义大学理念依然对现代大学拥有强劲的影响力，这不仅是文化传承的魅力，也是历史发展的"惯性"。现代大学一方面致力于发挥人才和智力优势，竭诚服务和引领人类社会，另一方面也在担忧自身在世俗社会的功利性影响下会"堕落"为社会的"服务站"，因而执著地守护自身特有的人文情怀和人文精神。面对这一充满张力的纠结，大学如何实现可持续发展，创新是大学生存的唯一选择，也是大学发展的不竭动力。

在现行教育体制下，地方大学（包括京城之外的部属高校和省属高校）的学术地理生态十分恶劣，相对于自然科学研究而言，人文社会科学研究则更是严峻。这种学术地理生态的严峻性主要表现在两个方面：一是国家根据中央和地方的需要层次，一方面强调对大学实行"分类管理"，采用人为的、标签式的管理模式，对大学进行分类和分级。另一方面，由于政府对大学的干预，大学没有足够充分的办学自主权，加之"计划经济思维"的大学评估模式，使得大学并没有实现真正意义上的特色发展和错位发展。这两方面的因素不仅导致有限教育资源的分配不公，而且还会造成有限教育资源的极大浪费。有学者曾做过这样的描述：就人文社会科学学科而言，中国80%的地方大学分摊着不足20%的高等教育资源，而20%的部属高校却"霸占"着80%多的高等教育资源。二是政府财政体制的制约，加剧了大学与其主办方的财政关联度，这种体制使得地方大学尤其是省属大学获得政府财政的支持极其有限。也有学者曾做过形象的描述：地处省城的大学不如地处京城的大学；地处省辖市的大学不如地处省城的大学。这种"区域性"差异必然导致大学发展的"马太效应"。因此，在现行体制条件下的大学，尤其是地方性大学，为了实现自身的可持续发展，必须大胆创新办学理念。

从现实来看，江苏虽是教育大省，但与北京、上海等城市相比，其部属高校（如"985"大学等）为数并不太多，绝大多数大学为省属高校。可见，在国家有限的高等教育资源分配中，江苏高校并没有十分明显的优势。然而，江苏经济社会与高校协同发展的成功事实，有力佐证了"理念创新"的巨大效用。

四、赢得政府支持

在新型智库建设进程中，高校拥有独特之优势，具体而言有三：一是高校作为新知识和新观念的发源地，其创造性思想不仅对人类社会发展具有深远意义，对促进政府科学决策、谋划社会和谐发展也具有现实价值；二是高校与政府之间存在着天然的联系。一方面，政府是绝大多数高校的投资主体，高校必须紧密围绕国家发展需求，确定自身的发展重点和方向。另一方面，与官方智库相比，高校智库建设具有较强的独立意识和宽松的学术氛围，可对政府的决策提出质疑和批判，[①]这无疑有利于政府科学决策；三是高校拥有全国近80％的社会科学力量、60％的"国家千人计划"人选者、50％的两院院士，以及规模庞大的研究生队伍，[②]不仅能提供充足的人才保障，还能依托自身雄厚的科研实力、丰富的数据信息、广泛的合作交流等优势，创造出既有战略性、前瞻性，又有操作性、针对性的研究成果，服务于国家和政府的发展需求。因此，无论是国家经济社会发展之客观需要，还是大学自身生存、发展之主观诉求，在新型智库建设浪潮中，大学应该有所作为，也能大有作为。

江苏经济发展位居全国之前列，且江苏作为教育大省，高校数量位居全国第一，江苏高校在新型智库建设进程中应当有所贡献。各级政府应当意识到，这不仅是智库建设的财富，也是推动经济社会可持续发展、继续保持全国领先地位的坚强后盾。具体而言，一方面，不仅在师资队伍建设、学科建设、资源配置、税收减免等方面给予必要而充分的物质支持和政策扶持，而且必须进一步解放思想，尊重学术规律；另一方面，最大限度地开放政府决策事项，以"购买服务"等方式，积极寻求高校智力和人才支持，努力使政府决策更加科学化、更为规范化。

---

①　陈斌：高校智库建设：服务社会的应然与实然，《高等教育管理》2014年第6期。

②　李卫红：高校在新型智库建设中的使命担当，《人民日报》2014年2月16日。

第七章　江苏社会智库建设^①

与国家、市场、社会三种组织形态相对应，智库也主要有三种组织形态，即官方或有着官方背景的智库、企业智库和社会智库。三种不同形式的智库均可服务不同的领域，但又各有侧重。当前，我国官方和大学附属型智库已经比较成熟，据美国智库研究专家詹姆士·G.迈克甘（James G. McGann）认为，中国社会科学院、上海国际问题研究所已进入世界前 30 位具有全球影响力的智库^②，而社会智库的发展相对较弱。由于中国的崛起与发展正面临着来自国内外日益增多的挑战，在推进治理体系和治理能力现代化的进程中，需要借助于更多的社会智库来广泛集中民智、综合民意，以进一步提升公共政策制定的科学化、民主化水平。

第一节　民间智库的产生及功能

习近平总书记指出，要统筹推进党政部门、社科院、党校行政学院、高校、军队、科技和企业、社会智库协调发展，形成定位明晰、特色鲜明、

① 本章是 2013 年国家社会科学基金项目"公共权力运行公开化路径研究"（项目编号：13BZZ032）的阶段性成果。

② McGann, James G. , 2007. The Global "Go-To Think Tanks," *The Leading Public Policy Research Organizations in the World*. Think Tanks and Civil Societies Program, Foreign Policy Research Institute. Philadelphia, PA, USA, Available from: www.fpri.org.

规模适度、布局合理的中国特色新型智库体系。社会智库是新型智库体系的重要组成部分。社会智库主要是相对于官方智库而言，在此之前更多的被称作民间智库或民营智库。一般研究者认为，我国的民间智库主要有三种形式：企业型智库、民办非企业单位法人型智库和社团性质智库①。在中国新型智库体系中，之所以改称民间智库或民营智库为社会智库，更加体现了现代社会治理模式下各类智库主体的平等地位，有利于社会智库更好地发挥作用。为便于表述，本章第一二节仍然沿用民间智库的概念，在第三节对策建议部分使用社会智库的概念。

一、民间智库的产生

民间智库，即现代政策研究组织（Unofficial or Non-governmental Think Tanks），主要是由民间发起成立的多学科专家学者组成的跨学科、综合性政策分析、政策研究和政策咨询组织，其突出特征是民间性、非营利性、独立性和志愿性。主要包括由企业、公司、个人创办的政策研究所、咨询公司、研究会等民间政策研究组织，如 1986 年成立于北京的中国管理科学研究院、1989 年成立于深圳的综合开发研究院（China Development Institute，CDI）、1993 年成立于北京的天则经济研究所（Unirule Institute of Economics）。上海法律与经济研究所于 2002 年 7 月在上海注册，发起和创立者是在民间社会影响甚大的吴敬琏教授、江平教授。依照他们的理解，市场有序化以及信用和规则体系的建立和健全迫在眉睫，法治和政治体制改革更是至关重要。认为民间社会的成长和参与对促成这一发展不可或缺的他们，催生了该民间智库。成立于 1992 年的北京零点调查集团（Horizon Research），是一家著名的独立民调机构。其业务范围为市场调查、民意测验、政策性调查和内部管理调查。2003 年，该集团对中国较高级别的政府首长进行了独立的民意测评，使民意调查超越了狭隘的商业领域。董事长袁岳②在其近来的两本新书《绝配：营销管理新主张》和《公道：公共管理

---

① 王辉耀、苗绿：大国智库，人民出版社 2014 年 8 月第 1 版。
② 袁岳初学法律，后执业机关，再建立零点调查从事独立市场调查与民意测验，于商、政两端的客户均有发展，再学社会学，再学公共管理，所创零点自调查研究开始，继以提供基于调查的管理解决方案。

新主张》中概括了他们的一些思考。后者的核心思想，在于发掘民意，用富有想象力的社会动员模式，建立具有广泛的公共道义基础的社会治理模式。这类机构具有独立性强，不受行政机制的制约，熟悉技术方法，直接体察民情民意，效率高等特点。

二、民间智库的兴起

1. 民间智库的兴起是第三部门发展的必然结果。诚如第三部门研究的权威学者赛拉蒙在1994年所指出的，人类正在经历的一场全球性的"结社革命"（associational revolution），对20世纪后期世界的重要性丝毫不亚于民族国家的兴起对于19世纪后期世界的重要性。其结果是，出现了一种全球性的第三部门即数量众多的自我管理的私人组织，它们不是致力于分配利润给股东或董事，而是在正式的国家机关之外追求公共目标。这些团体的激增可能永久地改变了国家和公民的关系，它们的影响已经远远地超过了它们所提供的物质服务。[①] 在世界范围的"结社革命"中，涌现出一大批民间非营利、非政府组织，它们促进了社会的多元化、民主化发展。在现代社会治理的背景下，更加需要科学决策与民主决策的结合，需要借助民间智库等外脑之力。民智和民意就是那些不能与国家混淆或不能被国家淹没的社会生活领域中的力量，需要有子产不毁的"乡校"。民间智库作为一种民间组织，在某种程度上就具有这种"乡校"的性质，是人们聚会并议论执政的地方。现代民间智库则不只是简单的议论执政，而是更加专业化的出谋划策即包括了公共政策分析、政策建议和政策方案的设计。改革开放以来，中国民间已经拥有较大的财富积累和一定程度的资源支配空间。同时，利益多元化、价值多元化、需求多元化的社会现实，在客观上为民间智库提供了生存发展的空间。

2. 民间智库的兴起也是提升国家能力的现实需要。自20世纪90年代以来，人们逐渐打破了国家-社会二分的分析视角和零和博弈的关系，而提出了"国家在社会中"、"国家与社会共治"、"公与私合作伙伴关系"等理

---

① Salamon，Lester，1994. *The Rise of the Nonprofit Sector*，Foreign Affairs，Vol. 73，no. 4（July/August）：109－122.

论分析框架，认为国家与社会存在合作与互补的关系，二者是互相形塑的。新型国家-社会关系的突出特点是以"国家自主性"为出发点，强调国家对社会的主导作用，强调国家能力。美国哈佛大学教授、回归国家学派的代表性人物之一西达·斯科克波（Theda Skocpol）把国家能力理解为国家贯彻自己的政策目标的能力，尤其是通过克服强有力的社会集团实际的或潜在的反对力量来贯彻这些目标的能力。① 乔尔·S. 米格代尔（Joel S. Migdal）把国家能力界定为国家领导人运用国家机器，控制社会民众，通过各种计划、政策和行动，实现其所寻求的社会变化的能力。国家目标、意志的实现，凭借的不是国家的身份，而是国家的力量。国家的力量是由国家实际掌握的资源转化而成的，而国家的资源又总是在国家的行动中不断的消耗着，因此，从社会抽取资源的能力也就成为国家最基本的能力。王绍光和胡鞍钢应该是中国最早关注国家能力建设的学者，他们借鉴了回归国家学派的相关概念工具对中国的国家能力问题进行了研究，并且将国家能力定义为"国家将自己的意志、目标转化为现实的能力"。他们认为国家能力主要指中央政府能力，而不是泛指公共权威的能力。他们明确提出，财政汲取能力是最重要的国家能力，主张以汲取能力和调控能力作为衡量国家能力的指标。其实，无论是国家能力或者政府能力，其提升的基础在于国家与社会的良性互动。这首先是指国家政策能力的提升，突出表现即国家的政策制定与政策执行能力，同时也表现在国家对民智的吸纳能力和对民意的综合能力。民间智库作为一种民间组织，为国家吸纳民智和综合民意提供了一种合适的通道。

3. 民间智库的兴起还是智库自身发展的内在逻辑和题中应有之义。"智库"作为现代政策研究组织，不仅研究和分析公共政策，而且储备、提倡并提供政策思想。美国研究智库发展史的学者詹姆士·A·史密斯曾指出，智库泛指从事公共政策分析和研究，并经常提出政策方案的非赢利性的研究机构。詹姆士·G. 迈克甘和 R. 肯特·韦弗将智库理解为"一个具有很

---

① Theda Skocpol. 1992. 'Bringint theState back In: Strategies of Analysis in Current Research', in Peter B. Evans, Dietrich. Rueschmeyer, and Theda Skocpol eds. Bringing the State Back In. NY: Cambridge University Press. pp. 15 - 18.

大自治性的政策研究机构，它独立于政府和社会利益，如公司、利益团体、政党。"① 安德鲁·莱克（Andrew Rich）也认为，智库是"独立的、不以利益为基础的非营利性的研究组织，它们生产并且主要依靠专家意见和思想以获得支持和对政策过程的影响。"② 中山大学教授任剑涛研究认为，民间智库与官方智库的并存，使得二者之间展开政策研究博弈，可促进国家政策制定过程借助更多的社会智力资源，提升政策决策的智力支持水平，保障政策决断的理性水平和政策决断与执行的质量。在中国，民间智库虽然只能拾遗补缺，但却不可或缺。

三、民间智库的功能

改革开放以来，我国新型民间智库不断有所发展，已成为我国新型智库的重要组成部分。民间智库主要的工作职能是进行政策咨询、政策宣传、政策评估和人才聚集等，帮助政府部门进行政策决策，以提高公共政策制定的科学化与民主化水平。民间智库的最大特点是具有较强的独立性和客观性，它熟悉技术方法，不为个人意志所左右，直接体察社情民情，既超脱又接近社会现实，研究成果更具客观性、准确性和有效性，因而在公共政策过程中发挥着重要的影响力，突出地发挥了政策咨询、政策宣传和政策评估等方面的功能。民间智库在政策研究和咨询服务中有两大优势：一是由于民间政策研究组织具有一定的社会性基础（socially based），在获取真实经济社会信息方面有较多优势和有利条件，可以克服行政性政策研究机构在搜集真实政策信息上的局限性；二是可以保持政策研究的连续性（continuity）和系统性，克服行政性政策研究机构因领导人更迭和领导注意力转移而影响政策研究课题和条件的弊端，有利于提高政策过程的透明度、开放度与民众参与度，对社会政治经济的稳定有积极意义。民间智库虽不直接参与政策制定过程，但其对公共决策过程的影响作用依然十分必要。

---

① McGann, J. G., & Weaver, R. K. (Eds.). 2000. *Think tanks and civil societies: Catalysts for ideas and action.* London: Transaction Publishers. p. 5.

② Rich, A. 2004. *Think Tanks, Public Policy, and the Politics of Expertise.* New York: Cambridge University Press. p. 11.

第二节 我国民间智库的发展现状

中国新型智库显著区别于西方智库和中国古代智库，形成了官方智库和民间智库多元主体共存共发展的特色。新形势下积极探索中国特色新型智库的组织形式和管理方式，需要处理好官办性与民间性、政治性与独立性、单一性与多元性等多方面关系，采取有效措施引导各类智库有序高效参与决策咨询，为提升国家软实力和国家治理能力提供智力支持。当前我国党政军、社会科学院、高等院校和民间等四大类智库中，正常运行且对公共政策形成和社会公众具有较强影响力的活跃智库大约有212家，主要在经济、政治、文化、社会、城市化、生态、国际关系、党建等领域为各级党委、政府决策建言献策。2014年1月，上海社科院发布的国内首份《中国智库报告》指出，2003～2012年，中国民间智库数量大幅增加，新型智库开始显现，专业性分工逐步加强。

一、江苏民间智库建设成就

近年来，江苏紧紧围绕率先全面建成小康社会、率先基本实现现代化的奋斗目标，以提高经济增长质量和效益为中心，以改革开放和创新驱动为动力，坚持统筹稳增长、调结构、促改革、惠民生，全省经济社会发展取得了新的成绩。江苏省委、省政府历来十分重视智库建设，在推进改革发展的每一个重要环节、每一个重要阶段都注重认真听取省内外专家学者的意见和建议，重视智库在江苏决策咨询中发挥独特作用，为打造江苏经济升级版提供强有力的智力支持。作为我国经济社会发达省份，江苏省近年来大力推动社科强省建设，于2012年底出台了《加快推进社科强省建设实施意见》，在全国率先探索通过协同创新推动新型智库建设的方法和路径。

20世纪90年代，所谓民间智库真正从事公共政策研究的并不多，大量的民间智库是"下海"经商的一种形式，多为商业咨询性质，如给地方政府做发展战略咨询项目。进入 21 世纪以来，国家和地方政府有关决策咨询课题的竞投标，经常活跃着民间智库身影。相对于北京和上海来说，江苏的民间智库数量相对较少，发展相对比较滞后。由于资料和数据获取的局限性，下面主要介绍江苏社科和科技类社团智库的发展情况。

目前，江苏有全省性社科类学会 147 家、市级学会 909 家，县（市、区）级学会 725 个，市和县（市、区）学会平均每年举办学术活动近千场。10 年来，省社科联学会部承办的学术活动 30 次，课题立项 450 项，编辑出版学会学术成果汇编 7 部，资助学会学术成果出版 29 部，其中全省社科界学术大会学会专场共收到论文近 5000 篇，在学会专场上作学术交流的学会专家近 2000 人，内容涵盖哲学社会科学各学科。近年来，许多社科类学会特别是应用学科学会，充分发挥思想库智囊团作用，紧密结合江苏经济社会发展热点和行业发展焦点等问题进行课题研究，一批成果得到省领导和有关部门的肯定和采纳。10 年来，90％以上的全省性社科类学会每年都开展形式多样的活动，其中具有一定规模的学术活动 800 余次，学会组织的课题研究结项数 2000 余个，编辑出版的学术书籍 400 余部，见诸报端、网络宣传的学会学术活动近 500 次。2014 年以来，省社科联进一步强化学会的决策咨询服务功能，以"稳定经济增长与扩大国际市场出口"、"江苏加强金融支持实体经济政策研究"、"协同创新与中国制造业转型升级"和"江苏民营经济发展热点问题"为主题的江苏经济热点观察系列学术沙龙成果，通过《决策参阅》上报省领导和有关方面。

江苏省科协有 100 多个省级学会、27 万会员，汇集全省各行业科技专家、学者和自然科技工作者达 330 万人。2013 年 3 月，江苏省科协提出建立 10 个科学智库，对一些重大科技问题进行研究，为党委、政府提供决策服务，或针对经济社会发展中的一些科技难点热点问题，开展调查研究，提出有针对性、可操作性的建议。同时，江苏省科协还计划根据小微企业、基层医院、农业合作社等基层单位的科技需求，选派学会的 100 名首席专家或工程师与之对接，帮助基层一线解决制约其发展的技术和管理问题。在部分企业、特色园区、基层医院和农村，专家们还将建立科技服务站，提供长期服务。

二、民间智库存在问题分析

在我国，党政军智库、社会科学院智库、高校智库占据绝大多数，仅5%左右为民间智库，在一些地方存在"只有国家队、没有民间队"的现象。民间智库在不同时期活跃程度不一，但真正以服务公共决策为己任的仍然比较少，政策咨询能力也比较弱。由于受各种因素的制约，民间智库在发挥功能方面还存在种种问题。

1. 政策咨询功能的弱化。智库的一个重要目标就是要影响公共政策的制定。但是，目前民间智库的问题突出表现在其政策影响力弱。一方面，由于认识上的偏差，一些地方政府决策人员在公共政策制定过程中，一般比较重视官方智库，往往忽视甚至无视民间智库的政策分析和政策建议。这使得民间智库的政策方案规划和政策分析成果因缺乏市场和环境而落入"英雄无用武之地"的尴尬。另一方面，由于一些民间智库本身也缺乏足够的政策设计能力和政策市场营销渠道，导致民间智库的政策影响力一般较弱。在政策咨询市场上，充当内部咨询的政策分析专家往往都是官方智库成员，包括服务于各级政府的政策研究中心（研究室）的政策研究和政策分析人员，他们通常是属于政府公务员编制或者是政府机关事业编制，更容易获取经费的支持和有更多的机会影响决策。民间智库则由于体制壁垒所限往往经费来源不足，加上研究条件的局限以及研究方法的落后，往往难以进行充分的调查研究，因而其政策设计能力常常无法满足政策制定的现实需要。

2. 政策宣传功能的不足。相较于成熟的官方智库、半官方智库而言，民间智库尚处于发展初期，无论其数量还是影响力都非常薄弱。从现实情况来看，民间智库在当下中国社会中承担的主要功能除了政策设计和影响政府决策之外，或许更为重要的是宣扬政策理念，宣示政策主张，传播政策思想，通过政策思想的宣传和政策分析成果的传播，既教育社会公众，启迪民智，也影响决策者，并在国家与社会的互动中发挥桥梁作用，在政策网络中实现自己的准确定位。但是，由于民间捐赠机制的缺失，以及信息孤岛、信息壁垒所造成的政策信息沟通不畅，导致民间智库没有足够的政策宣传动力和能力，未能很好地担当起政策宣传功能。一些民间智库目前还尚未形成自己稳定的政策理念和明确的政策主张，在研究过程中难以及时、准确地获取政策信息，加上研究经费紧张、人手短缺，无法形成有影响的政策研究报告和政策分析成果，因而缺乏足够的政策宣传能力。

3. 政策评估功能的虚化。政策评估是智库的一项基本功能，但是，这一功能的实现依赖于相应的经济、制度、法律和政治文化环境。[①] 政策评估是指对政策运行过程和结果的分析和评判。因此，政策评估涉及对公共权威机关及其决策的监督和评判，是社会监督的一种形式。从这个意义上说，没有社会组织的发育和成长，没有对公共权力的制约、监督和责任追究，任何政策评估都只能流于形式。在现代社会中，民间智库受委托进行政策评估其实是民主社会中代替公众对政府及其政策进行民主、公正和客观评判的一种机制。从目前看，国家推行的第三方评估才刚刚起步，民间智库参与的机会有限，另一方面，民间智库自身也缺乏全面、客观进行公共政策评价的能力。

4. 人才聚集功能的缺失。民间智库不同于传统智囊的地方，就在于其高度的团队协作能力，良好的流程管理，持续的筹资能力和灵活的用人机制。由于新型民间智库面对的是各种各样的复杂政策问题，具有高度综合性特征，涉及众多学科领域和社会生活的方方面面。因此，智库需广泛采用跨学科、跨领域的研究方法，强调多学科合作。可以说，研究人员构成的多学科性是现代智库的重要特征。西方智库在开展课题研究时，通常把有关各个学科的专家组合在一起，开展协作，以便起到互相补充、拓宽思路的作用。我国民间智库由于缺乏足够的空间、人力、资金和制度支撑，不仅严重影响了其研究团队的形成和发展，甚至使其举步维艰，不得不为生存而疲于奔命。同时，由于工作环境较差、社会地位和物质待遇不高，甚至连住房、医疗、退休等都缺乏必要的保障，特别是研究成果不受重视，更是挫伤了部分政策研究人员的积极性和创造性。再加上人们传统观念上的"公有制单位偏好"依然存在，导致民间智库往往难以吸引并留住优秀

---

① Josef Braml. *2006*. *US and German Think Tanks in Comparative Perspective*. *German Policy Studies*. Volume 3，Number 2，pp. 222 - 267.

政策分析人才，有些民间"智库"几乎演变成了几个"思想者"在苦苦支撑。

第三节　江苏社会智库的发展路径

面对经济社会深刻转型发展，面对更加纷繁复杂的国内外形势，公共政策决策更加需要和更加依赖智库。针对社会智库的发展现状、功能限度和目前存在的问题，应进一步深入考察社会智库发展的现实路径，包括法律保障、制度支撑和民间道路等，并切实采取相应对策，推进社会智库的发展，服务于公共决策科学化和民主化的实际需要。

一、法律保障

就是要从法律上确保社会智库的独立生存空间及其与官方、半官方智库的同等法律地位和政治地位。社会智库的出现，使政府的公共政策决策有了更多的选择。改革开放的深入、民主政治的发展，使得政府由统治转向治理，"善治的过程就是一个还政于民的过程。善治表示国家与社会或者说政府与公民之间的良好合作，从全社会的范围看，善治离不开政府，但更离不开公民。""没有公民的积极参与和合作，至多只有善政，而不会有善治。"① 在治理的背景下，先前由政府部门垄断的政策思想、政策主张、政策诉求和政策方案规划，都可以在政策网络中形成，即相关政策是各利益攸关方共同参与，合作、博弈和妥协的结果。社会智库在其中发挥重要的民智聚集和民意综合的功能。因此，应以法律手段、依法保障社会智库的合法地位以及其功能的正常发挥。在公共政策过程中，则应该把研究和决策即"谋"与"断"的两个职能和业务范围区别开来。社会智库应具有在法律允许范围内自由研究政策问题、表达政策主张和设计政策方案的权利，而党政领导机关的职能主要是决策。

----

① 俞可平：《治理与善治》，社会科学文献出版社 2000 年版。

　　西方智库的发展中有一条成功的经验，就是只有让社会智库能够进行相对独立的研究，才能充分彰显智库的功能，保证决策研究和决策咨询的科学性。虽然自 1998 年民政部将"社会团体管理司"更名为"民间组织管理局"后，民间组织正式获得了官方认可的合法性。但是，按照我国现行的法人组织管理办法，民办非企业法人型智库应在民政部门登记注册为非政府组织（NGO），而《民法通则》规定的四类法人（机关、企业、事业和社团）中并没有与民办非企业法人型智库对应的法人形式的相关规定。这导致了民办非企业法人型智库的相关民事责任规定无法明晰。[①] 此外，按照现行法律法规，注册登记为非政府组织（NGO）还必须有一个官方或半官方的业务主管部门。然而，如果一个社会智库找到一个官方或半官方组织作为其业务主管部门，也就很难成为真正意义上独立的社会智库。为此，一些机构干脆转到工商部门登记注册。总之，社会智库要真正实现其独立性和民间性，必须要从法律上对社会智库的地位、性质、作用、经费来源作出明确规定，明确其独立地位和多元化的经费来源。

　　二、制度支撑

　　社会智库的良性发展不仅需要法律保障，而且还需要相应的制度支撑。从现实情况来看，至少需要构建以下几个方面的制度体系。

　　其一是资金捐赠制度。西方国家的智库非常重视标榜自己的"独立性"，并且把独立性看作是信誉的象征。其研究经费一般靠自筹或由基金会、大企业资助，在组织上独立于其他任何机构。而其资金来源的多元化是实现相对独立性的重要基础。在中国，按照改革开放总设计师邓小平的设想，就是让一部分人先富起来，最终目标是逐步实现共同富裕。共同富裕的基本逻辑就是先富起来的人能够拿出一部分资金回馈社会，其中当然包括直接把钱捐出来给穷人，或者捐助大学、科研机构和社会智库。但是，更为重要的是要有一种制度化渠道，基本的制度设计应该包括完善的资金捐赠制度、规范的基金会管理制度等。在国家-社会关系的新格局中，政府

---

　　① 薛澜、朱旭峰："中国智库"：涵义、分类与研究展望，《科学学研究》2006 年第3 期。

也意识到单靠自己的力量不可能包办一切事务，借助社会力量不但必要而且可能。在"后总体性社会"的背景下，特别是在现阶段我国财力有限而民间自"市场化改革"以来在"自由流动空间"中已经积累了相当可观的可以自由支配的资源，① 应当逐步完善社会捐助体系，为社会智库接受捐赠创造良好的社会环境，实现全社会对社会智库的支持。

其二是人才交流制度。由于"官本位"体制和传统政治文化的根深蒂固，社会中还普遍存在国有单位偏好。现在看来，深层次的改革正是要彻底打破这种"单位依附"和"单位层化"的物质基础，让蕴藏和消耗在国有单位中的丰富人力资源和人才资源释放出来。通过制度改革和人才交流机制的建构，在人力资源方面为社会智库提供支持。通过制度改革，还可以进一步动员专家、学者、离职、退休政府官员，建立、参加社会智库。他们能够给社会智库带来在政府内任职的宝贵经验以及丰富的阅历和见识。这有利于使社会智库不只做像牙塔内的学问，而是做经世致用的政策研究和政策分析，并且科学、民主、规范而有序地影响政府决策和政策制定。通过构建和实施政策专家-政府官员的交流互动机制（中国式"旋转门"机制），建立起社会智库与决策子系统和官方政策研究组织的制度化联系，建立起强大的决策咨询后盾，同时也促进社会智库政策分析和政策方案设计能力的不断提升。

其三是信息公开制度。美国政治学家查尔斯·林德布洛姆（Charles E. Lindblom）指出，"如果没有基于信息的讨论和专门的职业性研究的帮助，一个政策制定者（a government functionary）通常总会感到无所依据。"② 实际上，信息是政策分析的基础。从这个意义上说，任何智库功能实现的前提条件都在于能够获得准确全面的政策信息。因此，信息公开制度对于智库的存在与发展是至关重要的。全社会的信息资源总量中有 80％ 是掌握在行政机关手中的，但是，在民主公开的法治社会中，公众有权获知政府

---

① 孙立平等著：动员与参与——第三部门募捐机制个案研究，浙江人民出版社1999 年版。

② Lindblom，Charles E. & Edward J. Woodhouse. 1993. *The Policy Making Process* (3rd Ed.). Englewood Cliffs，NJ：Prentice Hall. pp. 13 - 14.

如何运作、如何行使权力等相关的政务信息。所以，信息公开主要是指行政主体在行使职权时，除涉及国家机密、个人隐私和商业秘密外，凡与行政职权有关的事项，必须向行政相对人及社会公开。在美国等世界上信息公开制度比较发达的国家，"以信息公开为原则，以不公开为例外"，任何公民都有权了解与政府管理有关的信息。2008 年 5 月 1 日，我国《政府信息公开条例》正式在全国实施。这对于落实宪法赋予公民的言论自由和保障公民对行政权力运作的知情权无疑具有划时代的意义。与此同时，还需要全面规范政务公开工作，具体制定政府信息公开目录。在《政府信息公开条例》的实际执行过程中，还应加快研究制定省级政府信息公开规定，保障公民的知情权，增加政府工作的透明度，强化监督。在具体的政策研究服务上，还需要进一步健全社会化的政策信息中心及其覆盖全社会的信息网络，并且一视同仁地对官方、非官方以及社会智库同等开放。虽然，如前文所述，社会智库由于其社会性基础好而在获取真实有效信息方面具有其优势和有利条件，但是全局性的信息资料则有赖于政府的权威统计部门和社会化的政策信息网络。此外，信息源的准确性与可靠性即信息是否有效至关重要。如果通过现有途径无法获取现成的数据以及其他信息，则需要结合问卷调查、访问、专题考察以及利用机构记录来进行监测。① 总之，能否及时得到准确而全面的政策信息，并对其进行及时有效的处理，是社会智库成功进行政策分析、设计决策方案的必要前提。在这方面，社会智库特别需要有信息公开制度的支撑。

三、民间道路

社会智库的出现与发展，既是政府决策科学化和民主化的现实需要，也是社会组织成长和社会力量发展的必然。因此，依靠公众参与和社会力量支持，走民间道路，就是社会智库发展的自然选择。

首先，资金来源的民间渠道。诚然，在资金来源问题上，社会智库需要政府扶持，在课题立项、委托研究等方面打破官方智库和半官方智库的

---

① Dunn，William N. 1994. *Public Policy Analysis：An Introduction*（2nd Ed.）. Englewood Cliffs，NJ：Prentice Hall. pp. 335 - 337.

垄断，对社会智库同等开放，公平竞争。政府通过鉴定合同、委托研究等方式，实行有偿服务。但是，社会智库的资金来源不能依赖政府扶持，社会智库的主要资金来源渠道应该是社会，既来源于公益基金、民间捐赠，也来源于社会服务，包括方案设计、政策咨询、项目评估以及市场调查等。美国布鲁金斯学会中国研究中心研究主任李成认为，中国经济拥有巨大潜力，随着新一代民营企业家的发展壮大，民间资本赞助智库的热情也会日渐明晰，中国或许将成为甚至比美国更加富饶的培育智库的土地。当然，资金来源渠道应该是多元化的，但是，这需要培育相对成熟的政策咨询市场。比如，对于一些涉及国计民生等重大问题的决策研究，政府可以把一些相关课题向全社会公开招标，基于公平竞争的机制，通过政策咨询市场"购买"所需要的各种方案，择优选用。所谓"购买"，就是拿出钱来，委托社会上的专家、咨询系统进行专题研究，提出决策方案①。从这个意义上说，社会智库越是发达，政策咨询市场越是成熟，政府政策决策的选择范围也就越大。这对于提升政府政策能力和实现国家治理现代化来说，无疑也是有益的。

其次，政策研究的民主路径。众所周知，智库常常被誉为西方社会中的"第五种权力"（the fifth power）甚至是"第四种权力"（the fourth power），②联合国开发计划署（UNDP）则将智库看作是"知识与力量之间的桥梁"③。然而，过于依附于权力势必使其丧失地位上的独立性、判断中的客观性、政策方案规划的准确性，以及信息来源的广泛性。依靠专家进行政策方案设计是公共政策制定科学化的题中应有之义，也是提高政策制定质量的必然要求。可是，政策制定的科学化绝对不是以牺牲政策过程民主化为代价的。相反，政策制定的科学化恰恰是建立在政策信息采集的及

①　宁骚等主编：《现代化与政府科学决策》，经济科学出版社 2000 年版，第 56 页。

②　Jean-Louis Gergorin. 1970. *Systems Analysts versus Radicals：An Essay of Appraisal of the Future Role of Action Intellectuals in American Government*. Available from：http：//www. rand. org/pubs/papers/2008/P4344. pdf.

③　Stone，Diana. *Think Tanks and Policy Advice in Countries in Transition. How to Strengthen Policy-Oriented Research and Training in Viet Nam*，*Asian Development Bank Institute Symposium*. Hanoi，31 Aug. 2005.

时性、可靠性和全面性的基础之上的。正如德洛尔早在 1980 年代就已经观察到的,现代智库的一个重要特点是基于精英统治论(meritocratic elitism):智库是由高素质专业人士团队组成精挑细选的机构,致力于为政策制定作出首要的贡献。这并不意味着其他群体就没有对公共政策制定作出至关重要的贡献。可以说,公民参与、民意测验、政治家、高级公务员与智库之间的适当结合,就是需要专门讨论的事情,并且有一系列可行的办法。① 社会智库的生命力就在于其草根路径和民主选择。

最后,服务目标的民本取向。社会智库从民间生成,在民间成长,理应走民间道路,坚持民本取向、民主价值,服务于民生目标。社会智库由于其具有选题自由、研究面宽、联系广泛、超脱政府及其职能部门之外的特点和优点,而成为公共决策的科学化和民主化的重要一环。在决策民主化、科学化呼声日益高涨的背景下,大力发展社会智库具有更加重要的现实意义。因为,社会智库不仅是国家-社会良性互动的重要机制之一,而且是使政府更多从公共利益的立场出发来思考整个国家与社会的发展思路的现实制约机制之一。社会智库的最高目标,就是坚持民本取向以及对公共利益的价值关怀与现实追求。

总之,社会智库虽然已经有了长足的发展,并在政治、经济、文化生活各个领域日益发挥着重要作用,但由于种种因素制约,其功能尚未充分发挥,还远远不能适应公共决策科学化和民主化的实际需要。此外,社会智库的成熟也需要时间。一方面,社会智库还需要修炼内功,增强实力;另一方面,政府部门和整个社会大环境的支持也是其良性发展的必要条件。

---

① Dror, Yehezkel. 1984. *Required Breakthroughs in Think Tanks*. Policy Sciences 16:pp. 199 - 225.

第八章　江苏地方智库建设

江苏新型智库体系的构建，关键是各类不同智库主体的合理分工、要素整合、密切协作。从横向上看，江苏新型智库体系，包括党政机关智库、社科院智库、党校行政学院智库、高校智库、科技、企业与社会智库等。从纵向看，江苏新型智库体系还包括省级层面、省辖市级以及县（市、区）层面的智库，以及不同层面智库之间的贯通与合作。本章主要选取南京、苏州和淮安三地，对省辖市层面以及为省辖市服务的地方智库进行探讨分析。

第一节　南京新型智库

进入新世纪以来，围绕现代化国际性人文绿都的城市定位和战略目标，南京着力打造资政服务的"最强大脑"，新型智库体系建设获得了较快的发展。通过资源整合，不断推进智库建设的特色化、专业化、国际化与集成化，在现代新型智库体系建设方面走在了全国同类城市前列，为地方智库更好服务于党政决策，提供了新的经验和启示。

一、南京新型智库建设的基本实践与探索

南京市委、市政府积极响应中央和省委号召，于 2004 年提出了建设社科强市的奋斗目标。继 2012 年江苏省出台《加快推进社科强省实施意见》之后，南京市也于 2014 年出台了《加快推进社科强市建设的实施意见》，提出到 2020 年把南京建设成国内一流的社科强市的新目标。近年来，南京

社科界集中各方面智慧和力量，积极投身南京科学发展、和谐发展、率先发展的伟大实践，围绕中心、服务大局，成果丰硕、人才辈出，在推动南京"两个率先"和党委、政府科学决策、民主决策中较好地发挥了"思想库"、"智囊团"作用。

1. 服务党政决策，对策研究为要

决策咨询是智库建设的核心要务。南京社科界确立把应用对策研究作为学术研究的主攻方向，着眼于南京现代化建设新的实践和新的发展，加强科研工作的前瞻性、战略性和针对性，让更多的学术科研成果进入领导视野、进入党政决策。经过不断地探索实践，2005年起，南京市社科联（院）率先组织实施市领导命题研究制度。每年初由市委、市政府主要领导圈定当年的重大决策咨询课题，科研人员按照要求和规定时限，深入开展调查研究，及时拿出研究报告。近十年来，先后完成了《提升江苏文化产业竞争力的路径》、《南京特色科学发展道路研究》、《苏南现代化指标体系研究》、《美丽中国标志性城市的监测评估与建设战略》等200多项省、市主要领导下达的重大社科咨询课题，特别是牵头完成了《大报恩寺佛顶骨舍利综合论证报告》，参与了南京青奥会申办论证、申办报告撰写以及《后青奥南京城市影响力提升研究》等一系列重大研究项目，承担和参与了南京"十一五"、"十二五"发展规划中多项重大规划的编制工作。此外，近五年来还完成了近200项市委、市政府、市政协等领导临时交办的各项研究任务，一大批研究成果发挥了重要的决策咨询作用，许多研究工作已直接融入了全市中心工作，得到省、市领导肯定和好评。有的研究报告还被领导批示列为全市领导干部学习会的参考材料。特别是南京市社科院作为专门的科研机构，先后与省委省政府、市委市政府以及各区（县）众多部门开展了广泛深入的合作，完成了一系列发展规划拟定、重大决策论证项目，推出了一大批高质量的研究成果。与此同时，注重把学术活动作为资政的重要平台，通过举办一系列以服务发展为主题的学术论坛和研讨活动，聚集国内外专家，为南京发展建言献策。连续16年组织"南京发展高层论坛"，连续8年举办"宁镇扬区域协同发展论坛"，连续5年举办"南京社科系统学会学术年会"。这些固定的论坛活动已成为科研资政的重要品牌。

2. 强化学科整合，夯实智库之基

高水平智库产品的背后，必须以厚实的学科建设和理论积淀为支撑。加强学科建设和基础理论研究，是智库建设长期可持续发展的重要保证。南京充分发挥驻宁高校云集、基础理论研究力量强大的优势，在哲学社会科学学科建设工作中大力加强重点学科和特色学科建设，在巩固加强哲学、经济学、社会学、教育学、史学等传统优势学科的同时，大力培育和发展区域经济、生态经济、空间规划、城市文化、和平学等一批新兴学科、交叉学科，并取得了重要进展，不少学科已跻身全国先进行列。城市综合竞争力研究、流动人口研究、南京史研究、社会治理研究等逐步形成特色。市社科院、市委党校、市属高校等先后出版了《市情与市策研究丛书》、《南京文化研究丛书》、《新世纪南京发展论丛》、《和谐社会与城市现代化研究丛书》、《中国城市转型研究》等数百套（部）有影响的理论研究丛书和学术专著。市社科联（院）主办的《南京社会科学》学术杂志，办刊水平位居国内前列，在副省级城市社科联（院）主办的期刊中各项指标持续保持第一，也是国家社科基金资助的唯一的城市社科期刊。

积极承担国家和省级社科规划研究项目，通过开展重大基础研究提升理论研究能力和水平。2007 年南京市恢复了社科规划研究工作，进一步带动了基础理论的研究。南京市社科院还被确定为江苏文化强省建设研究基地。近年来，南京社科研究涌现出了一大批学术精品，获省部级（含南京市）社科优秀成果奖 100 多项，获省应用研究精品工程奖 30 多项，获省市"五个一工程"入选作品奖 23 项。

3. 推进交流合作，提升智库实力

南京及周边地区具有丰富的研究资源，为智库建设提供了非常有利的条件。为此，南京在智库建设中坚持开放式的发展模式，面向更大范围整合利用优势资源，以基地为平台、以项目为载体、以人才为结点，整合多方资源，建立起立足南京，集聚周边，推动政、产、学、研一体的发展格局，逐步形成南京都市圈及长三角地区社科资源交互合作、高效利用、协调发展的良性生态。

首先，大力开展与省内外高校、研究机构之间的合作，打造协同创新平台。南京市委、市政府与河海大学共建了"中国（南京）人才发展研究中心"。南京市社科联（院）先后与南京大学、东南大学联合成立"中国（南京）城市发展战略研究院"，与上海国际问题研究院联合成立了"长三角国际经济文化研究中心"，与南京大学、市委宣传部联合成立了"南京历史文化研究中心"，还与扬州市历史文化名城研究院、南京大学城市科学研究院共建了"宁镇扬协同创新研究中心"，等等。这些平台的构建，大大拓展了发展空间，促进了区域化科研协作，提高了智库建设水平。

其次，注意加强与各级实际工作部门的合作，将研究的触角向基层延伸、向一线拓展。南京市社科联（院）先后与建邺区政府联合成立了"河西新城发展研究院"，与江东门纪念馆联合成立了"国际和平研究所"等一大批研究基地和中心，还在基层街道社区、中小学校、大型纪念场馆等地建立了19家社科普及基地，不仅为自身发展丰富了来自基层一线鲜活的研究素材，更为基层发展直接提供了系统的智力支持。

再者，认真学习借鉴国内外智库建设的先进经验，服务于南京的城市发展。及时关注和学习中国社科院率先实施的哲学社会科学创新工程，多次参加上海社科院每年一度的国际性"新智库论坛"，与韩国釜山大学、新加坡国立大学等多家国外院校建立了长期的互访关系，与广州、武汉、杭州、沈阳等地社科界进行广泛的互访交流。南京市社科院还建立了外聘研究员制度，面向省内外聘请了100多名不同领域的专家学者，共同开展研究合作。

4. 拓宽资政渠道，推动成果转化

智库作用的发挥在于科研成果及时高效地转化运用，这需要构建形式多样的相关平台和载体。为此，积极鼓励广大专家学者作为单个流动的理论成果载体，主动融入到实际工作中。大批社科理论工作者在市、区的人大、政协以及各种专家咨询委员会担任代表和委员，利用不同的时机和场合积极建言献策，推介研究成果。据不完全统计，近年来在南京市人大、政协担任代表和委员的社科专家学者，围绕南京发展中的实际问题和广大人民群众的呼声，递交提案、议案近百项，有力地促进了一些重大现实问题的及时解决。

注意优秀成果的集束包装转化。南京市社科院每年召开驻宁各大媒体参加的课题研究成果发布会，把当年市领导命题研究和其他重大课题研究成果进行中集中宣传；每年出版一本《南京经济社会发展蓝皮书》，在"两会"上发放，作为代表委员的工作参考；从 2014 年起，出版《金陵智库从书》、《南京社科学术文库》，集中展示南京社科界当年的重大理论研究成果，形成全国性的品牌。积极发挥专报的短平快作用，把学界最新理论研究成果和学术前沿动态报送市领导参阅。市社科联（院）的《资政专报》、《理论内参》、《城市跟踪》、《民调专报》等内刊，及时为市领导提供动态信息。

二、南京新型智库建设的特点与主要启示

1. 服务决策是智库建设的根本，要在服务中心基础上融入中心

智库建设最直接的目的就是服务决策，这是智库价值的根本体现，也是智库建设的出发点和落脚点。实践表明，科学理论不服务发展、服务决策是没有出路的。当前，智库建设已上升到国家战略高度。推动科学决策、民主决策，推进国家治理体系和治理能力现代化，迫切需要智库提供强有力、高质量的智力服务，这是智库建设最大的使命和担当。现代智库的核心功能主要在于：以服务党委、政府与经济社会发展为宗旨，以重大战略问题、现实问题和政策问题为重点，以构建党委、政府和社会的"思想库"、"智囊团"为目标，为党委、政府科学决策提供强有力的智力支持和智慧服务。围绕中心、服务大局是现代智库工作的基本要求，而围绕中心、服务大局中的"贴近度"与"契合度"则反映出一个智库的实力与品质。

南京智库在建设与发展过程中，在突显围绕中心、服务大局这一基本工作取向的同时，注重从围绕中心转向融入中心，从服务大局转向服务全局。这种"融入"与"转向"不是简单地做党政决策的阐释者、发布者，而是做党委、政府的"最强大脑"，从方案布局、政策议程到决策评估等多方面与党委、政府工作实现无缝对接，全面打造现代智库的地方样本。对党委、政府的重大决策部署，智库努力做到思考在前、研究在前。新世纪以来，在推进"三个文明"协调发展特色区域建设、和谐南京建设、全面

小康社会建设、率先基本实现现代化、现代化国际性人文绿都建设、苏南现代化示范区建设等重大战略部署中，南京智库均发挥了重要作用。为更好推进智库融入中心，市委、市政府、市人大还分别出台《关于加强"三重一大"事项决策和监管的意见》、《南京市重大行政决策程序规则》、《南京市人民代表大会常务委员会讨论决定重大事项的规定》等重要文件，进一步明确智库在重大战略决策中的地位。此外，市委、市政府还出台《关于强化"智库"支持功能提高决策科学化民主化水平的意见》，从南京智库建设的基本原则、职能定位、组织架构以及运行机制等四个方面，对南京现代智库建设进行全面部署。官方、准官方、官非结合、非官方等咨询机构的有机整合，有效贯通现代智库运行系统，在最大程度上实现智库服务决策的资源整合与平台整合，实现智库与决策中心的有效链接。

2. 健全决策咨询制度是智库建设的关键，要在做强核心基础上做大外围

智力资源的发挥，既需要高水平的智库、高质量的成果，同时也需要在智库与决策部门之间建起有效沟通的桥梁。南京多年来的智库建设中之所以能较好地发挥资政作用，就是因为逐步建立起了多种形式的资政渠道，通过不同的方式将智力成果输送到决策部门。传统意义上智库的核心主要指党政部门研究机构、社科院、党校行政学院、高校、部队院校等"五路大军"。从"五路大军"总体情况来看，南京作为教育名城，高校云集，高校及科研机构的溢出效应非常明显。除了聚力打造南京智库联盟外，以南京市社科院为纽带，南京市委、市政府分别与南京大学、东南大学等高校联合成立中国（南京）城市发展战略研究院，与河海大学联合成立中国（南京）人才发展研究中心等重要外围智库。为更好地借力"外脑"推进城市共治，南京市政府还专门组建法律顾问团、成立城市治理委员会、南京城乡规划委员会，专门出台《关于聘请外国人担任南京市人民政府经济顾问的若干规定》，聘请在海外经济界、科技教育界有实力、有地位、有造诣、有声望的实业家、管理专家、著名学者和其他知名人士担任"南京市人民政府经济顾问"。以社科院为核心，以智库联盟为中轴，以"五路大军"为外围的现代南京新型智库体系架构逐步完善。

3. 创新体制机制是智库建设的动力，要注重在科研资政基础上服务社会

制度建设管长远、管根本。在大力推进新型智库建设的过程中，必须不断地进行机制创新，通过建立健全激励、竞争、合作、监督等机制，把各地区、各类别智库组织的比较优势充分释放出来，不断增强智库发展的生命力，提升智库建设的核心竞争力。

现代智库在做好服务决策的同时，还需做好服务社会工作，要"领导批示"，更要群众满意。从客观上讲，智库只有把研究报告"写在大地上"，真正扎根基层，这样的研究才能"接地气"，才能有不绝的源头活水。马克思主义指导下的哲学社会科学和其他哲学社会科学的根本区别也在于，它必须把人民群众的伟大实践作为检验科学研究成果的最高标准，把为最广大人民群众谋利益作为科学研究的出发点和落脚点，把人民群众作为评价科学研究价值的最高裁决者。南京市社科院认真贯彻中央和省、市有关调研的工作要求，坚持"贴近实际、贴近生活、贴近群众"，广泛开展调查研究。在组织开展重大研究课题时，组织调研组深入到社区、高校、企业、社科类社会组织，开展调查研究。同时，还大力推进基层、基础、基地"三基"工程，形成有效机制和平台载体。与区县、部门、街道社区、学校共建一大批研究基地、合作研究院、研究所、研究中心等，进一步拓展与基层沟通的平台。

4. 在完善体制基础上聚合人才，注重提升智库服务的专业化水平

人才资源是第一资源，也是智库建设的基石。当今时代，智库研究跨部门、跨学科、跨文化融合已成为大趋势。任何经济社会和区域发展问题，仅靠单一部门、单一学科或单一个体已无力穷尽和根本解决。对一些重大的问题，需要打破机构、部门、学科边界。为此，必须力争通过体制机制创新，加强合作、聚合人才，借此提升层次、形成合力。从比较视角来看，智库同一般的 NGO 等社会团体不同，它本质上是产生并推销观念和意见的机构，而"推销"的对象是国家立法和决策机关，与一个国家及地方的政治及行政体制的联系更加紧密。同时，在现代社会，智库作为最重要的政策倡导者，对政策过程的影响已不再局限于仅仅依靠个别领导人或部

门，而是受到更开放、稳定的公共决策模式的影响，有效的制度安排则起了关键作用。

南京智库通过多年的有效运作，初步形成了"集思广益型"的智库运行体制与人才聚合模式。2013 年，南京市委、市政府出台了《关于强化"智库"支持功能提高决策科学化民主化水平的意见》，对南京智库建设进行顶层设计，明确了智库建设的六大职能定位，把体制内的行政优势和体制外的学术优势，以及官方、准官方、非官方等咨询研究机构进行有机整合，形成以"一个协调委员会为统揽、三种组织形态为支撑、四种动态信息载体为依托"的智库建设组织架构。并提出组建南京"智库联盟"，打造立足南京、面向全国、放眼世界的智库联合体。形成完善的人才汇集机制，综合反映各领域专家学者、业界精英的基本信息，由南京智库协调委员会、市人才办等部门共同参与，设立南京智库专家总库。市经济社会发展咨询委员会、南京智库联盟等机构分别建立各领域专家智库。加强专业人才队伍建设，把决策咨询研究岗位作为干部成长的重要平台，积极鼓励支持研究人员到部门或基层挂职锻炼，形成研究型与实务型人才双向流动机制。

习近平总书记强调，我们进行治国理政，必须善于集中各方面智慧、凝聚最广泛力量。改革发展任务越是艰巨繁重，越需要强大的智力支持。要从推动科学决策、民主决策，推进国家治理体系和治理能力现代化、增强国家软实力的战略高度，把中国特色新型智库建设作为一项重大而紧迫的任务切实抓好。根据这一要求，南京的新型智库建设，还要在智库建设的制度化、现代化、融合化和国际化等方面，进行更深入更系统的探索。要加强南京的智库建设理论研究，探索现代智库发展的规律；要建立南京特色的、科学化的智库评价体系，明确智库发展的评价目标。要从服务功能的分类化、专业化、深度性、操作性等方面入手，加速南京智库建设的技术现代化。在智库建设的国际化方面，必须坚持"走出去"和"请进来"相结合的思路，拓展交流途径，在国际交流合作中既实现相互学习合作，提升自身水平，同时讲好中国故事，传播中国声音，建设国际话语体系，让地方城市智库在全球事务中发挥着越来越重要和越来越积极的作用与影响。

第二节　徐州地方智库

徐州是江苏重点规划建设的三大都市圈核心城市和四个大城市之一，也是江苏人口与社科资源大市，拥有中国矿大、江苏师大、空军学院等 15 所普通高校、高职院校和军事院校，拥有体系完备的党校系统、党委政府研究室系统、社会科学院、农业科学院，拥有部省市级各类社科研究基地（院、所、中心）30 多个，建成社科类学会、研究会 100 家，拥有教授研究员 3000 多人、社科工作者 3.2 万人。

一、徐州市社科联智库建设的情况

近几年来，市委、市政府高度重视新型智库体系建设，市社科联充分发挥推动新型智库体系建设的职能作用，市级新型智库体系建设初步走出了新路子、形成了新格局。一是各类社科资源得到有效整合。不同学科和不同领域的研究力量，不断强化围绕中心服务大局的意识，积极响应市社科联年度工作部署和安排，充分发挥各自优势，在服务学科建设和科学决策中形成了合力。二是协调联动机制不断完善。市社科联充分发挥联的优势、合的功能、会的特色，同各个研究机构的联系沟通具有主动性、呈现常态化，重大课题与研究力量的协调布局具有及时性、呈现科学化，政研学企间智库平台构建具有探索性、呈现规范化。三是社科研究成果成倍增长。近三年来，市级课题申请量增长十倍，立项数增长十倍，参与研究获得结项的课题组研究人员增长十倍。四是"思想库""智囊团"的功能影响持续扩大。能够直接转化为市委、市政府决策和政策的成果越来越多，得到市委、市政府和市各部门主要领导批示的越来越多，具有战略性和前瞻性的理论储备越来越多，进入"三重一大"项目的对策方案越来越多。

推动市级新型智库体系建设是一项起步性、探索性的工作，在具体实践中，需要把握好五个方面的着力点。一是着力加强引导。注重解决长期以来社科研究与社会实践"两张皮、相脱离、都着急"的问题，组织引导社科界和专家学者走出象牙塔、奔向主战场，关注思考和回答事关徐州改革开放与科学发展的重大理论和现实问题。按照"领导需要什么，我就研究什么"的理念，2012 年以来持续开展"书记市长圈题"、"部门领导命题"、"社科基金资助"这"三位一体"的课题研究，实现了决策需求与专家选题的无缝对接。2014 年初，向社科界和全社会发布课题指南 120 项，覆盖了全市政治、经济、社会、文化、生态和党的建设等各个方面，基础理论研究和应用对策研究的比例在 3∶7 左右，改革与发展战略层面研究占五分之一，连续两年跟踪研究的课题占五分之一。课题指南发布后有 730 多个课题组竞相申报，涉及研究人员 3100 多人。通过专家组资质审核，对 336 项进行市级课题立项，其中高校和地方占比在 2∶1 左右，高校课题多数由学科带头人主持或参与，地方课题有 16 位市直主要领导主持研究。二是着力当好先导。2014 年，市社科联、社科院直接承担研究的省市级课题有 11 项，主要是《社会主义核心价值观在徐州的实践与思考》，《社会治理体系与治理能力现代化建设研究》，《"十三五"推进徐州老工业基地转型发展与资源型城市可持续发展的对策研究》；《关于徐州市城乡居民收入六年倍增计划实施情况的调研报告》；《关于推进淮海八市旅游同城化的对策建议》，成为淮海八市市长联席会上八市市长联名签署的正式文件，成为淮海城市群推动旅游发展的共识和行动纲领；《徐州市社科研究人才队伍建设的现状与对策研究》直接服务了市人才工作的政策制定。三是着力构建平台。在公共信息平台上，市社科联创办了徐州社科网，并同各高校、学会和研究机构互联互通；每年召开一次全委会、两次高校科研处长座谈会、一次社科工作情况发布会，及时传达市委、市政府决策意图和决策需求，整体介绍全市经济社会发展最新情况和最新数据，努力为社科研究提供全面准确的各类信息。在协作调研平台上，坚持由各课题组向社科联提出申请，由市社科联向有关部门和县市区发函协调，努力提供无成本调研服务。几年来围绕高铁时代的徐州、棚户区改造徐州模式、徐州转型发展、行政执行力问题等一批综合性较强的课题，组织开展了 50 多次集中调研活动，并且形成了百名教授"三重一大"调研行等常态化协作调研品牌，让承担课题的专家学者面对面地到实际部门了解情况，接受咨询，传播知识和信息，实现了"既丰富课堂案例、又促进课题研究、还让基层受益"的"三得利"。在学术交流平台上，市社科联已主办三届徐州发展高层论坛，正创办徐连两市"双城论坛"和淮海八市"智库论坛"。大力支持和推动各研究机构举办年会、研讨会、学术沙龙，组织开展了社科专家农村行、社区行、企业行、机关行、淮海行等"五行"活动，推动了学术交流的重心下移、横向拓展。四是着力推介转化。为打开研究成果直接运用于决策咨询的通道，我们努力办好《淮海文汇》和《徐州社科专报》，直接呈送市四套班子领导和各部门领导。针对社科成果涉及面广、分量较重的实际，几年来我们结集出版了《振兴之策》、《转型之道》、《党建之光》、《资政之论》、《治理之方》、《圆梦之举》等各年度大型论文集。2014年又结集出版了《徐州智库》四册近200万字，通过定向发送和公开发行，使之成为各级领导的案头读物与决策参考，有力地扩大了智库成果的社会影响和转化力度。五是着力强化激励。坚持用足用好市政府社科成果奖的激励政策，按照质量第一、提高奖额、引领创新、扶持新人的四项原则，处理好基础研究与应用研究、著作与论文等八个方面关系，把握住选题价值、研究规范、文风学风等十个要点，每两年组织一届优秀社科成果评奖工作，把一等奖由3000元提高到一万元，把总奖项从48项扩大到150项，让政府奖的阳光更多地照亮社科界。市社科联还努力推荐社科专家进入市县人大代表、政协委员队伍，四年来配合市委组织部推荐评定60多名省市两级社科界拔尖人才、"333工程"人才和优秀专家，通过享受政府津贴激励引导智库人才奋发有为。

二、徐州智库建设的机遇与难题

习近平总书记在重要批示和重要讲话中，强调了建设中国特色新型智库问题，党的十八届三中全会《决定》第一次把智库建设提升到完善社会主义民主制度的高度，给智库发展带来了重大机遇。徐州新型智库体系建设总体上走过了三年多的发展历程，在新的起点上面临着十分难得的机遇和催人奋进的前景。就徐州新型智库体系建设来说，虽然已经破题起步，但新形势下面临的挑战很大、难题很多，主要是各类研究机构和研究力量仍严重受到传统体制与运行机制的刚性约束，既缺乏实力定力，也缺乏活力动力，一定程度上各自为战、各为其主；智库及其成果尚无科学统一的评价体系和评估机制，一定程度上以领导的关注程度定优劣，决策咨询的方向上重党委政府、轻企业社会，企业对智库重视不够、依赖不强；党政智库仍处强势，民间智库处于边缘化的弱势地位，缺乏政府购买服务的机制拉动；热点短线研究受推崇，前沿前瞻研究受冷落。究其原因，既有决策者的因素，也有研究者功利主义和跟风的问题；既有社科联联不动、合不来、权威差的问题，也有不会联、整合难、职能弱的问题。

三、关于建设市级新型智库的思考

就国家和省而言，市级新型智库体系建设有其自身特点和规律，决定因素主要表现为市级缺乏高层次智库人才，市级决策咨询主要需求是应用对策研究，市级决策者对上情下情边情的了解和把握同研究者相比更加充分、及时、全面，等等。建设市一级新型智库，需要着力加强以下几个方面的工作：

一是营造优化智库发展环境。积极主动地阐释解读和宣传普及中央关于加强智库建设的决策部署，影响和促进各级领导关注重视智库建设，真正在全社会形成"四个尊重"的良好氛围；积极推动智库建设的立法工作，努力促进专家咨询在各级决策中程序化、常态化。

二是构建完善智库协同机制。健全和实施市社科联同各类研究机构年度例会制度，围绕中心工作搞好重大选题的协调和研究力量的协同，突出抓好同一课题由不同学科和多个课题组的研究会战，以市级社科基金引导各方面的配套投入，克服和解决社科研究中低水平重复与内耗性选题的问题，努力以结构优化强化整体优势。

三是切实加大智库导向力度。注重处理好基础研究与应用研究、学科建设与决策需求的关系，把应用对策研究作为市级智库研究的重点和主体，更加规范地以书记市长圈题引领重大课题研究、以部门领导命题引领现实问题研究、以社科基金项目引领基础学科自选课题研究，使智库研究既能顶天立地、又可铺天盖地。

四是注重推进智库成果转化。进一步做大做强学术交流平台，打开打通成果转化渠道，拓宽拓深智库成果影响，努力以精品力作引领和打造徐州智库的权威性、冲击力和大品牌。

五是不断注入智库发展活力。坚持以改革与法治思维推进新型智库体系建设，认真借鉴和深入研究市级智库评价评估机制，引入运用智库建设优胜劣汰竞争机制和智库成果政府购买服务机制，规范完善优秀智库成果评奖激励和资助推动机制，促进增强智库人才独立思考和知识创新能力；在推动加强党政军智库、高校智库和社科院建设发展的同时，重视加强民间智库研究能力建设，通过扩大专家会员、充实骨干力量、加强业务培训与课题指导，加快提升市级学会、研究会等各类学术团体的研究水平和智库功能。

第三节　淮安地方智库①

当前，地区之间的竞争不再仅是地理区位、自然资源或者生产要素的竞争，而更多是思想文化、发展战略、软实力和巧实力的竞争。知识型组织的发展尤其是各类型地方智库的发展，已成为地区之间竞争的重要砝码。笔者以淮安市地方智库为例，透视地方智库的运行机制和存在问题。

一、淮安市地方智库发展的基本情况

近年来，淮安市地方智库发展较快，数量类型日渐增多，主要包括三类。一是官方智库：市委办公室（研究室）、市政府办公室（研究室）、市委党校、市社科联、市科技局、市科协，市人大、市政协、市纪委以及市委组织部、宣传部等党委部门和市直经济综合部门内设的政策研究机构等。二是高校智库：淮阴师范学院、淮阴工学院等驻淮高校创建的一批面向地方经济社会发展、开展政策性研究的研究所（中心）。三是民间、社团和网络智库：市历史文化研究会、市民营经济研究会、淮安发展学术沙龙、淮安市县域经济研究中心、淮安发展网络研究会等。各县区或多或少也有相

---

① 徐晓虎：地方智库的崛起：问题与出路，《群众（决策资讯版）》2014 年第 3 期。

应的一些地方智库。

决策咨询工作得到地方党政部门重视。淮安市委、市政府主要领导均多次要求加强调查研究和政策研究工作。淮安一系列重要战略、重大规划出台的背后，各类地方智库的"智囊团"和"思想库"的作用功不可没。如淮安市纪委与第三方调查评估机构零点研究咨询集团合作，更加客观公正地考评党政机关绩效。淮安市统计局2011年创建了民间调查中心，通过电话调查、网络调查等方式征求社会各界对党委、政府工作的意见建议。

各类地方智库作用日益显现。近年来，淮安市各个地方智库通过政策研究、课题调研、战略规划、项目评估、信息服务、反映民意等形式，在服务地方党委、政府决策、推动淮安发展中发挥了重要作用。在江苏省委省政府《关于加快淮安苏北重要中心城市建设的意见》出台过程中，淮安市委办公室（研究室）、市政府办公室（研究室）和有关方面的决策咨询机构积极开展调查研究，提出对策思路，做出了重要贡献。淮阴师范学院经济管理学院定期举办"淮安发展学术沙龙"，通过《淮安发展研究》向市领导进言献策。"淮水安澜"网络论坛积极发挥民间网络智库的作用，成为公众讨论研究热点问题的开放平台。

引外力借外智发展观念不断更新。近年来，淮安市先后与国内的一些著名智库建立合作关系，为全市经济社会发展提供外脑的智力支持和战略支撑。2012年1月6日，该市与新华社江苏分社签署战略合作协议，以新华社智库江苏中心为战略合作平台，在专题调研、决策咨询、舆情研判等方面，为市委、市政府科学决策提供强有力的智力支持和舆论保障。2012年5月10日，淮安市与中国国际经济交流中心签署战略合作协议，双方建立战略同盟，合作内容包括专题服务、专家讲座、信息服务、招商和人才支持、策划组织大型活动五个方面。

淮安地方智库品牌影响逐步提升。国内外实践表明，地方智库发展水平与区域发展水平之间呈现出紧密的正相关关系。以上海国际问题研究所、深圳（中国）改革开放研究院、中国（海南）发展改革研究院为代表的国内地方智库在服务地方经济社会发展中扮演着越来越重要的角色。近年来，淮安各类型地方智库呈现加速发展势头，其中党政机关智库凭借接近决策层的政治资源优势，在服务党委、政府决策中发挥了核心作用。市委办公室（研究室）致力打造"淮安信息智库"，全面整合党政机关、企事业单位、地方高校、新闻媒体以及网络论坛的智力、信息、数据等资源，积极收集报送专家观点和社情民意，通过《决策参考》等刊物为市委领导提供了大量的政策建议。与淮阴师范学院经济管理学院联合创办"淮安发展学术沙龙"，围绕地方发展战略的重要选题定期进行学术研讨。

二、地方智库发展中亟待改进的问题

地方智库整体力量薄弱。目前，淮安市各类决策咨询机构总体规模偏小、机构设置不尽合理、人才数量不足，与日益增长的党委、政府决策咨询需求相比存在着明显差距。发挥决策咨询主体作用的市委研究室和市政府研究室没有单独设置，而是分别与两办"一套班子、两块牌子"，专职政策研究人员很少。驻淮高校中面向地方应用的政策研究队伍比较薄弱。全市从事信息服务、咨询服务、技术服务、培训服务等类型的"软企业"和"智慧企业"发展滞后，更是缺少诸如安邦咨询公司、零点研究资讯集团之类的民间智库型企业。

政策研究资源有待进一步整合。淮安市各类型决策咨询机构在职能上具有很大的交叉性和重复性，有限的政策研究资源高度分散，各自为战，重复劳动，不能发挥政策研究队伍的合力，重大决策咨询课题推进时则缺乏核心载体。决策咨询机构之间缺乏有效的沟通、协调、管理机制，课题选题、信息共享、决策评估、成果转化等一系列决策咨询环节都亟待完善。例如，淮安市直有关单位以及县（区）、企业、高校、协会、商会等创办的内部刊物达66种之多，每年办刊经费就是一笔不小的数字，但是这些刊物上有价值、有分量的成果并不多。目前国内许多城市，无论是东部的宁波，还是西部的榆林，都纷纷成立了市委统一领导下的决策咨询委员会，负责全市范围内各种政策研究力量的服务、管理、组织和协调。

县（区）级地方智库发展滞后。本世纪初机构改革中，淮安市的县（区）级党委、政府决策咨询机构全部撤销，基层政策研究工作因此受阻。县（区）级的党校、社科联等机构未能发挥应有作用，有关人员往往仅为挂名。形成鲜明对比的是，江阴作为一个县级市，设有专门的党委政策研究室，该机构设计了全国著名的"幸福江阴"考评体系，受到国内高层领导、专家和学者的广泛好评。东台、盐都等县（区）已恢复党委、政府政策研究机构。

政策研究与决策咨询存在"两张皮"现象。近年来，淮安市在政策研究方面投入的资源增长迅速。淮安市科技局公开招标软科学课题的财政资金投入每年均有一定幅度增长。淮安市社科联和市发改委、交通局等多个经济综合部门也投入了一定资金组织开展课题研究。从课题数量看，以上市直单位和驻淮高校每年均组织数百个正式课题的政策研究工作，同时各地各部门投入了大量的人力、物力和财力开展了众多选题的调查研究。但是如此大的投入之下，通过政策研究和调查研究而转化形成的决策成果相当少，出现明显的政策研究与决策咨询严重脱节的"两张皮"现象。究其原因，一是研究成果脱离实际，政策建议比较务虚，对领导决策缺乏咨询价值；二是决策部门与决策咨询机构之间沟通联系缺乏固定、快捷、通畅的信息传递和成果转化渠道。很多高校学者很难获得市里有关部门的内部信息，同时由于缺乏与党委、政府决策层之间的信息传递通道，其研究成果很难让决策层知晓。

三、提高地方智库发展水平的对策

加强政策引导，全面整合地方各类决策咨询资源。建议各级地方党委、政府尽快制定发布专门文件，进一步提高各地、各部门对此项工作重要性的认识，督促各地、各部门建立完善的政策研究和决策咨询机制，进一步加大财政资金对政策研究和决策咨询工作的投入力度。逐步整合党政机关、事业单位以及高校研究机构、民间智库等各类决策咨询机构的资源力量，在"大信息"、"大调研"的基础之上，努力形成区域一盘棋、全方位互动的"大咨询"格局。其中，地级市在中国现有行政体制中处于承上启下的关键位置，地级市的地方智库发展具有特别重要的意义。特别是市委办公室（研究室）是直接为市委领导决策提供咨询服务的机构，与决策层联系更紧密、沟通更便捷、决策需求把握更准确，更便于统筹全市范围内的各方资源，应致力于提供重大研究选题方案、带头开展政策研究和决策咨询、集中报送研究成果等。

推进机构建设，充分发挥"官方智库"核心作用。一是调整充实市委、市政府政策研究室力量。将市委研究室和市政府研究室予以单列，配齐配强专职政策研究人员，加大政策研究人员的引进和培养力度。二是恢复县、区一级政策研究室机构。广东佛山的顺德区在区、街道两级均建立决策咨询委员会，而江苏省的很多县、区都有百万人口规模、经济社会发展任务艰巨，亟待加强政策研究工作。三是尽快组建市社科院。广东东莞、浙江温州和省内的连云港、南通等相继成立了社科院，建议江苏省推动各省辖市统一成立市社科院。视地方情况，市社科院可与市委研究室、市社科联机构合署办公、形成合力，开展战略性和前瞻性研究，同时为各类政策研究机构提供政策研讨、学术研究、合作交流的新型平台。

加强沟通对接，努力提升"高校智库"建设水平。近年来，地方高校不断加强面向地方应用的政策研究工作，势头很好，当务之急是要加强引导。创新市级哲学社会科学成果奖和科技进步奖的评选办法，设置面向决策咨询的专门奖项，引导学校改变学术评价机制，以激发高校教师开展政策研究和决策咨询工作的内在动力。在地方高校和科研院所设立一批市级决策研究基地，引导专家学者开展针对性强、可"落地"的决策咨询工作。安排高校学者参与重大战略制定、重大规划制定、重要课题研究等工作，在决策部门与高校智库之间建立起更加畅通、快速的沟通联系和成果转化渠道。定期将市委、市政府的决策资料和有关文件向高校发布，解决高校与地方的"信息不对称"问题。

注重引进培育，大力推动"民间智库"加速发展。市场化和产业化是新时期政策研究和决策咨询工作的发展方向。西方发达国家的民间智库异常发达，成为政府重要的智力支撑。如奥巴马政府的民主党"影子内阁"——布鲁金斯学会帮助完善了美国的社会保障体系。在国内，广东"南方民间智库"等地方智库为当地党委、政府应对金融危机挑战发挥了重要作用。建议制定咨询产业发展规划，出台专门政策加以扶持引导，引进国内一流的"小、轻、强"咨询企业来淮兴业，加强与国内外著名民间智库的合作，鼓励一些意识超前的本土企业家组建战略研究机构，重点从事区域发展战略和企业发展战略研究。

第九章　江苏社科联智库建设

省社科联是省委领导下的学术性群众团体，肩负着引导社科方向，实施学会管理，组织社科评奖，开展学术活动，推进社科普及，办好学术刊物等多项职能。"组织对政治、经济、社会、文化发展重大重点问题的研究，为省委、省政府及有关部门提供决策咨询，发挥智囊作用"，是江苏省委、省政府给省社科联确立的9项职能中的一项重要职能。这一重要职能，也决定了省社科联在江苏新型智库体系建设中扮演着不可或缺的重要角色。

第一节　江苏社科联智库的框架布局

近年来，省社科联在做好决策咨询研究基地工作的同时，注重围绕省委、省政府重大决策咨询需求，结合社科联自身功能，不断创新举措，拓展领域，搭建了一系列的决策咨询服务平台，形成了相对完善的智库架构。第一，决策咨询研究基地。实行省内高校优质研究资源、省直有关部门和北京有关研究机构或国家部委专家学者的强强联合、协同攻关，组建决策咨询研究基地。这是江苏省社科联强化决策咨询功能、加强决策咨询智库建设的重要举措，在全国起步较早，影响较大。第二，省重大应用研究课题。每年年初，组织专家学者经过周密论证一批课题，请省委、省政府主要领导圈阅，2014年实现了省社科联与省委宣传部规划办的双立项。第三，社科应用研究精品课题。省社科联主要面向青年学者，实施社科应用精品研究项目，围绕江苏发展重大问题开展研究。同时在 13 个省辖市建立了社科调研点。第四，各类论坛和学术研讨会。省社科联每年与南京大学、省社科院联合举办江苏发展高层论坛，高质量举办社科界学术大会和各类论坛、研讨会。第五，组织各类学会，开展学术沙龙和决策咨询活动等等。目前，江苏省社科联已经基本形成了以每年 20 项左右重大应用研究课题为研究龙头、39 家决策咨询研究基地为研究主体、各种研讨会和成果报告会为交流发布平台、400 项左右社科应用研究精品课题和 13 个省辖市社科调研点为基础支撑，以服务省委、省政府决策为主要职责的新型智库架构。

一、社科重大应用研究课题

为省委、省政府提供决策咨询服务，是省社科联的一项重要职责。为增强服务的针对性和有效性，省社科联每年年初论证一批社科重大应用研究选题，报省委、省政府主要领导圈阅后组织全省知名专家开展研究。2014 年，省社科联在广泛征求有关部门和专家意见的基础上，向省委、省政府主要领导上报了在深化改革中如何防范化解经济风险、新常态下江苏经济增长合理区间、在国家"两带一路"战略中抢占先机、利用倒逼机制改善生态环境和社会治理体制创新等 20 项重大社科应用研究选题。罗志军书记亲自圈定 15 项，并作了重要批示：研究选题针对性强，有深度，望能早出成果。省委副书记、省长李学勇省长批示认为 20 项重大社科应用研究课题选题很有必要，同时建议增加重点领域改革的选题。2014 年度重大应用研究课题，采取委托社科决策咨询研究基地和知名专家学者的形式组织研究，立项课题同时列入省社科基金重点项目。省社科联一方面凝聚省内外社科界力量开展决策咨询服务，另一方面积极承担事关我省全局性工作的重大研究课题，积极开展针对江苏发展重大战略、重要决策的前瞻性研究。近年来，参加起草我省十二五发展规划、现代化指标体系、江苏六大战略、江苏科技创新示范区、江苏现代服务业发展、江苏区域发展、江苏扩大内需战略、江苏发展新路径等重大战略研究 30 余项，相当一批成果被省委、省政府主要领导、有关部门批示与采纳。围绕全省苏北工作会议、开放型经济工作会议、经济工作会议、苏南现代化示范区会议、苏中工作会议等，开展前瞻性专题调研，省委主要领导对相关成果给予重要批示。

先后围绕宁镇扬同城化、扩大内需促进消费、新型城镇化、江苏新型智库建设等重大课题开展协作研究，形成一批在省内外产生重要影响的研究成果。

二、社科应用研究精品工程

江苏省社科联决策咨询服务体系的构建，不仅注重凝聚高端力量、合力攻坚克难，而且注重拓展研究视野、吸引更多的专家学者特别是青年人才，将全省社科力量最大限度地汇集到服务江苏发展大局上来。连续 10 年实施"江苏省社科应用研究精品工程"，课题申报超过 1 万项，其中立项资助社科应用研究课题 1400 多项，对引导和激励广大社科工作者更好地面向经济社会发展主战场发挥了重要作用。为进一步扩大和提升全省哲学社会科学学术研究、学科建设的影响和水平，省社科联十分重视加强对青年社科人才的培养。在每年的社科应用课题立项以及应用研究精品课题优秀成果评奖的过程中，省社科联把发现和优先扶持青年作为一项重要原则，在全省青年社科工作者中形成了明显的激励效应和品牌效应。目前，社科研究队伍合理的梯次结构逐步形成，有力推进了江苏哲学社会科学事业的繁荣发展。

三、智库成果交流平台

自 2006 年起，连续 7 年与省委宣传部共同举办"江苏省哲学社会科学界学术大会"，共组织学科专场、学术聚焦、学会专场、市县专场和高层论坛等系列学术活动 81 场，学者参与度和社会影响力不断扩大，成为聚焦学术前沿、展示学人风采、促进学科建设、推出创新成果的一大学术品牌，同时也成为展示江苏社科界智库成果的重要平台之一。与南京大学、省社科院联合举办江苏发展高层论坛，围绕江苏改革发展重大主题开展深度研讨，成为省委、省政府推动科学决策、民主决策的重要平台。组织高校、科研院所积极拓展国际学术交流，先后举办"社会变迁与社会结构转型"、"道德建设与现代化进程"、"后危机时代的中国与世界经济"学术研讨会和"第 11 届世界符号学大会"、"三农新政高层论坛"、"第四届东亚环境社会学国际研讨会"等高端国际学术交流活动，进一步扩大了江苏学界在全国乃至世界的影响力。大力推动社科类学会开展学术活动，其中，"青年文史学者高层论坛"、"思想道德论坛"和"江苏经济热点观察系列沙龙"等已产生品牌效应。与台湾有关高校、文化社团共同举办五届"海峡两岸中华文化发展论坛",为扩大两岸文化交流发挥了积极作用。

江苏社科联智库建设的实践表明,中央对哲学社会科学事业和智库建设的高度重视是先决条件,省委、省政府关于社科强省建设的决策部署是有力保障,全省社科界"五路大军"的团结协作是基本依靠,理论工作者与实际工作者的有机结合是重要支撑,江苏崇文重教、读书明礼的优良传统是丰厚土壤,"两个率先"的生动实践是现实基础。

第二节　江苏社科联智库的创新举措

近年来,江苏省社科联认真贯彻中央关于哲学社会科学要为经济社会发展服务、为党委政府科学决策服务的新定位、新要求,把完善决策咨询服务体系、建立高端智库、打造优质品牌作为工作的重中之重,紧紧围绕"八项工程",服务"两个率先",创新工作思路,创建工作平台,创优工作机制。其中,省决策咨询研究基地在全国产生广泛影响。

一、江苏省决策咨询研究基地的做法成效

2011年11月,根据省委、省政府主要领导的指示精神,省社科联牵头成立了首批决策咨询研究基地,到2013年已经发展到39家。从总体上讲,各研究基地紧紧围绕省委、省政府中心工作,切实发挥决策咨询功能,取得了比较明显的成效,受到了省领导和社会各界特别是学界的充分肯定和一致好评。

1. 服务"两个率先",决策咨询工作成果突出。研究基地成立以来,始终坚持服务省委、省政府科学决策,服务江苏"两个率先"的发展大局,把提供有针对性、高质量的决策咨询服务做为出发点和落脚点。

围绕推进"八项工程",积极开展对策研究。研究基地的研究方向,主要是根据"八项工程"中的重点内容而设立的。各研究基地紧紧抓住实施

"八项工程"中出现的新情况、新问题，切实加强对策性研究，在创新驱动、转型升级、农业现代化、经济国际化、区域协调发展与城乡一体化、民生幸福等方面提供了一批富有价值的成果。例如，"两个率先"研究基地首席专家洪银兴教授领衔参与了国家社科基金重大项目《我国东部发达地区率先基本实现现代化理论和实践研究》的研究工作，探索总结了江苏"两个率先"的路径与特色。

围绕全面深化改革，组织力量集体攻关。各研究基地紧紧围绕习近平总书记的系列讲话精神开展研究，探索江苏全面深化改革的具体路径。去年3月份，习近平总书记参加江苏代表团审议并作了重要讲话。各研究基地根据省社科联的安排，就产业结构调整、新型城镇化和生态文明建设等开展深入研究，形成了一批重要成果。6月份，召开省决策咨询研究基地成果汇报会，省委常委、宣传部部长王燕文、副省长傅自应对研究基地成果给予了高度评价。下半年，省社科联根据习近平总书记在武汉视察时就改革问题发表重要讲话的精神，布置了2013年第二批研究课题，各研究基地及时作出回应，特别是根据十八届三中全会精神，就全面深化改革的一系列重大问题开展研究，一些重要成果在2014年12月省社科联与东南大学联合举办的决策咨询国际智库会议上交流，引起广泛关注。

围绕省委、省政府重要会议和重要决策，努力提供智力支撑。近年来，省社科联围绕全省经济工作会议、全省开放型经济、苏南现代化示范区建设、沿海开发、苏北工作、苏中发展、民营经济发展等工作会议，组织有关研究基地提前调查研究，提前上报了一批有针对性、有深度的研究报告，直接服务于省委重大战略决策。各研究基地共完成279项研究成果，其中95期通过内刊《决策参阅》报送省委、省政府领导参阅，74项获省领导批示，44项被批转省有关部门负责同志参阅，有效服务了全省发展大局。还有相当一批成果在全国核心期刊发表，在全省第十二届社科优秀成果评奖中荣获政府奖。特别是2014年7月，省委、省政府召开以深化经济体制改革为主题的十二届七次全会，省社科联发动研究基地组织了12篇系列决策咨询报告。9月份，省委、省政府召开民生幸福工程会议，省社科联组织了10篇系列决策咨询报告，受到省领导的高度评价。

2. 坚持协同创新，社科资源整合效果明显。省决策咨询研究基地的组织架构，综合借鉴了国内相关的智库平台运行模式，并进一步优化创新，突出应用性和实践性导向，实行以省内高校科研院所为第一责任单位，相关省级部门参与合作，中央国家机关或在京高校科研院所专家以首席专家身份参加的三方协同模式。从三年多的运行情况看，这一协同模式整合社科资源的效果明显。主要表现在：

实现了社科研究资源的跨领域、跨视域整合。三方首席专家，分布在高校、省级机关和北京，实现了理论研究与工作实践、省内视野与国家视野的结合。南京大学的经济国际化研究基地与省商务厅一直保持着密切的协作关系，商务厅领导直接参与基地的研究工作，在组织调研、数据收集等方面提供帮助。

实现了社科研究资源的跨院校、跨院系整合。一些研究基地，以本校为主，整合相关高校的优势研究力量，实行跨校际合作。还有一些承担研究基地的高校，整合全校各院系相关优势资源，组建专家团队全力攻关，充分发挥了协同创新效应。东南大学道德国情调查研究基地以基地为依托，联合吉林大学、华东师范大学、中山大学、复旦大学等，组建"公民道德与社会风尚"江苏省2011协同创新中心。南京农业大学农业现代化研究基地，在提供高质量的研究基地成果、多次得到省领导批示的同时，还筛选整理校内有关研究成果，向省社科联《决策参阅》推荐，进一步拓宽了研究基地服务科学决策的领域。

实现了社科研究资源的跨区域、跨行业整合。一些研究基地充分发挥自身的专业优势，推动决策咨询研究跨省市合作、跨行业合作。如，沿海发展研究基地依托自身研究平台，牵头组建了全国沿海地区高校联盟，推进沿海发展研究的跨区域协作；常州大学依托国家与江苏石油石化发展战略研究基地，与中石化、中石油及中海油三大石油公司进行战略合作，实现了高校与石油石化企业之间的横向联合，建立了中国石油企业的能源智库。

3. 强化引领功能，综合载体效应不断放大。各有关研究基地充分发挥研究基地的集聚效应，全力打造集课题攻关、资源配置、学术交流、人才培养的综合性平台。

在科研攻关上，各有关单位以决策咨询研究基地为依托，优化专家团队，积极申报、承担国家、部委以及其他课题，搭建了一个各类课题研究的平台。东南大学创新驱动研究基地，近年来承担了国家科技部等数十项课题，获得经费支持超千万元。

在人才培养上，研究基地不仅通过协同创新的科研模式集聚了多学科、多领域的人才，特别是引导一大批中青年社科人才转向应用研究领域，壮大了决策咨询研究的力量。

在学术交流上，研究基地通过举办高水平、高层次的学术交流活动，促进了科研水平的整体提升，扩大了江苏决策咨询研究基地的品牌影响力。江南大学党风廉政建设创新研究基地在东海县举办专题研讨会，中纪委、省纪委领导出席会议。

在措施保障上，各承建单位高度重视研究基地建设，在组织机构、人员配备、办公场所和项目经费上给予大力支持。许多高校"举全校之力，汇八方资源，集各路英才"建设研究基地。有的高校将决策咨询研究成果纳入社科成果评价体系，进一步强化了应用研究导向。

经过三年多的探索和努力，江苏决策咨询研究基地逐步步入健康发展的良性轨道。当前，社科界服务经济社会发展和全面深化改革的导向更加明确，服务省委、省政府科学决策的意识更加强烈，参与决策咨询研究的力量更加壮大，应用对策研究成果的转化率大幅提升。不仅在创新性、规模化等方面处于全国前列，更重要的是有效推动了我省决策咨询研究的发展，在全省乃至全国产生了较大影响。《新华日报》、江苏卫视等主流媒体予以专题宣传，《中国社会科学报》对江苏建设决策咨询智库的经验进行头版头条报道，省社科联决策咨询工作荣获全省宣传思想文化工作创新奖。北京、广东、山东、安徽、新疆等多个省、市前来了解研究基地建设经验，决策咨询研究基地的品牌效应开始显现。

二、江苏省决策咨询研究基地的四大创新

江苏省决策咨询研究基地是根据省委、省政府主要领导的指示精神组建的省级决策咨询重点研究平台，在全国尚属首创。目前研究基地共有 39

家，其中有 20 多家研究基地创下全国的"第一"或"唯一"。自组建至今，研究基地一直立足服务大局，着眼发展一线，创新运行机制，以一流的研究成果为省领导科学决策提供了重要参考。省决策咨询研究基地实现了"四大创新"：

目标定位创新。根据省委、省政府关于江苏科学发展的重大决策，研究基地提炼出 12 个具有战略性、全局性、引领性的重大问题作为重点研究方向，包括"两个率先"、转型升级、创新驱动、农业现代化、城乡一体化、经济国际化、社会管理、民生、生态、文化、科教、党建等内容，全面涵盖了当前江苏面临的重大战略问题，为江苏全面实施"八项工程"、又好又快推进"两个率先"提供了强有力的智力支持。

组织形式创新。江苏省决策咨询研究基地实行三方共建，强强联合，形成省内高校知名专家群体、政府相关部门专家型领导和北京部委、研究机构专家代表"三位一体"的复合型研究团队。这种创新性的组织方式实现了学界的学术优势、政府部门的实践优势与国内知名专家的专业优势互补融合，一方面改进了传统的科研机制，促进了高校学科建设与人才培养；另一方面确保了研究成果既有宏观的理论视野，又有较强的实践性、针对性与可操作性。

研究方法创新。江苏省决策咨询研究基地实行综合性研究与专题性研究相结合、基础性研究与应用性研究相结合、战略性研究与操作性研究相结合，建立了研究报告前期指导、中期督查、后期对结项成果再提炼的质量管理和成果转化机制。这样的机制与方法，便于及时跟进省委、省政府的最新决策，同时也推动了研究基地迅速成为省内决策应用领域的权威平台。

评价方式创新。社科研究成果指导实践的作用主要体现在应用转化方面，推动成果的应用转化是社科研究追求的终极目标。研究基地注意克服"书斋文章"和"内部循环"，将省委、省政府科学决策需求和社科界专业研究优势相结合，积极建设社科成果向决策转化的便捷通道，推动研究成果进入决策视野，不断提高科研成果转化率和贡献率。在具体操作的过程中，省社科联始终坚持以研究成果的转化应用为主要的评价标准，以进入省领导科学决策作为研究成果结项和奖励的主要依据。目前，江苏省决策咨询研究基地立足全省，放眼全局，紧扣中心任务，不断推陈出新，已成为服务江苏省委、省政府科学决策的高端平台之一。

三、江苏省决策咨询研究基地的理性思考

1. 研究基地直接服务省委、省政府决策，现实导向要再强化。

强化问题导向。要结合自身研究方向，聚焦全面深化改革、全面推进依法治国和"两个率先"大背景、大环境中的重大战略问题和重要现实问题，为江苏改革发展支招，为率先探索的课题求解。强化实践导向。决策咨询研究不同于纯理论研究，课题立项要扎根实践，课题研究要深入实践，课题成果要经得住实践检验，决策建议要着眼实际工作的可操作性，真正能为省委、省政府领导决策所用，为江苏的发展所用。强化需求导向。要高度关注全省经济转轨社会转型的阶段性特征，围绕省委、省政府中心工作、重大决策和重要会议内容等超前研究，做到省委、省政府需要了解相关情况有调研报告，需要解决相关问题有政策建议，切实将研究基地打造为服务全省发展大局的智囊团，服务省委、省政府科学决策需求的常备军。

2. 研究基地是服务科学决策的高端平台，功能定位要再明晰。

研究基地区别于其他学术性研究基地，其主要功能就是围绕省委、省政府科学决策，发挥智库作用。服务科学决策是研究基地的第一功能。研究基地作为综合性平台具有多项功能，但突出决策咨询的功能是39家研究基地的基本定位。因此，要进一步明确定位，发挥优势，错位发展。只有这样，才能形成特色，做大做强，有为有位。组织课题研究是研究基地的第一任务。从设立研究基地的初衷看，是以课题为纽带，带动研究基地各项建设。研究基地的课题研究，都是围绕省委、省政府重大决策设置的。只有保质保量完成立项课题，才是研究基地的立身之本，才能充分突显研究基地的存在价值。推出"管用"的成果是研究基地的第一要求。如果说理论的基本品格是实践，那么它的主要作用则是"管用"。因此，研究基地的成果，要讲效用、效益、效率，要"管用"。不但研究本身要有价值，更重要的是能够影响领导决策和社会公众。这就需要研究成果引领实践，努力走在实践的前面，实现理论和实践双向互动，更多的是事前谋划而不是

事后总结。

3. 研究基地是科研创新机制的有效载体，组织模式要再优化。

研究基地作为科研创新的载体，逐步形成了一系列服务科学决策的综合性机制。面向决策的科研导向机制。通过研究基地研究方向的设定和课题立项等，形成社科研究服务科学决策的导向，把江苏社科界关注的重点引导到江苏经济社会发展中的重大问题上来，促进高校社科研究范式的转变，提高高校社科工作者关注现实、深入实践、服务发展的科研意识，提高服务科学决策的能力和水平。整合社科研究力量的资源配置机制。研究基地的一个综合优势，就在于能够有效地创新社科理论界与实际工作部门以及其他社会力量的沟通合作，构建校际之间、团队之间、专家之间的科研协作模式，从而形成一个各类科研力量的资源整合机制。这种机制的完善，有利于实现多方需求的有效对接和各类人才的优化配置，进一步释放人才、学科、信息、技术等创新要素的活力。新型社科应用研究人才的培养机制。课题研究的过程，研究基地建设的过程，同时也是完善人才培养机制的过程。研究基地通过以课题带队伍，以基地聚人才，正在逐步形成培育符合实践需要的社科应用研究人才的重要机制，成为人才培养的重要平台。

4. 研究基地建设是一项功能集聚的系统工程，运行规律要再探索。

研究基地的建设作为一项系统工程，具有内在的运行规律。从基本职能上看，研究基地既要依据基地自身的研究方向，进行长期跟踪研究，积累资料，拿出具有连续性的研究成果；又能够对其研究领域中出现的热点问题保持相当的敏感性和敏锐度，及时提供服务决策的研究成果。从目标管理看，研究基地发展既要有长远规划，制定好基地的发展方向和目标，又要做好年度规划，从课题立项、协作创新、人才培养等方面作出具体的安排。从组织结构看，研究基地既要有顶尖的首席专家，又要有精干的研究团队，既要有本地的研究力量，又要广泛借助外脑，形成合力。从学科建设看，既要打好基础学科建设的理论基石，又要实现应用型学科、交叉型学科的融合发展，形成理论研究和应用研究良性互动的局面。从服务对象看，既要瞄准省委、省政府决策需求，想领导所想，急领导所急，又要形成一批优秀成果，满足广大人民群众的需求。在此基础上，通过重点扶持，促使更多的研究基地做优做强，发挥在全省乃至全国决策咨询领域的品牌效应。

第三节　社科联在新型智库体系建设中的责任使命

一、社科联在新型智库建设中的重要地位

自中央提出加强中国特色新型智库建设的战略思想以来，各省（区、市）社科联立足自身功能，积极参与和促进新型智库建设。一些省（区、市）委的主要领导也对社科联工作提出明确要求，赋予高端智库、强大智库和一流智库等定位。北京市委书记郭金龙在北京市社会科学界联合会第六次代表大会上，明确要求北京社科联"加快建设适应首都经济社会发展需求的高端智库"；江苏省委书记罗志军在省哲学社会科学界第八次代表大会上，要求全省各级社科联和广大社科工作者当好江苏改革发展的"最强大脑"，努力把全省社科界建设成为决策咨询的强大智库；内蒙古自治区党委书记王君在自治区社科联第六次代表大会上提出"努力将社科联打造成服务决策的一流智库"。

与其他智库建设的主体有所不同，作为省级社科联，在地方智库体系建设过程中的视角和角色比较特殊。第一，由于国家层面目前尚未设立社科联机构，难以在国家智库层面找到相应的参照。第二，根据省委、省政府有关规定，社科联要重点发挥思想库、智囊团的作用，社科联自身拥有一定的研究力量和研究平台，社科联是地方智库体系的重要组成部分。第三，由于社科联在社科界五路大军中处于纽带地位，与此功能相对应，社科联在新型智库体系建设过程中同样具有重要的桥梁和纽带作用。

社科联智库建设是江苏新型智库体系建设的重要组成部分，在服务地方发展、完善决策咨询体制中发挥着重要的作用。江苏省社科联智库，以研究江苏改革开放和现代化建设中的重大理论和实践问题、服务"两个率

先"为主攻方向，在积极组织开展决策咨询服务的同时，充分发挥社科联职能作用，促进各类智库主体的协作，加强对社科类学会和民间智库的引导，打造高层次的智库成果交流和转化平台，加大决策咨询类成果在社科评奖中的比重，促进智库优秀成果的社会普及，在完善江苏新型智库体系、建设国内智库强省中发挥着不可替代的作用。同时对社科界的研究取向、资源配置、人才培养和成果转化具有重要的作用，已经成为引领和推动社科工作的重要机制。通过社科联智库建设，强化应用研究在整个社科研究中的地位，促进高校社科研究范式的转变，形成了一种鲜明的问题导向机制；通过社科联智库建设，强化了高校科研院所内部不同学科院系之间、高校科研院所和实际工作部门之间，省内高校科研院所、相关省级部门、中央国家机关或在京高校科研院所之间的协同，形成了一种新的智库资源配置型机制；通过社科联智库建设，突出以研究基地带队伍、以研究基地聚人才，形成了一种人才培养机制；通过社科联智库建设，为提高决策咨询研究水平、提高研究成果的转化率、将书斋文章转化为决策咨询建议创造了条件，形成了一种研究成果转化机制。

二、社科联在新型智库体系建设中的重要作用

省社科联，作为新型智库建设的主体之一，直接参与并推动新型智库体系建设，具有导向作用、带动作用和联合作用。

1. 强化导向作用，促进新型智库健康发展。在国际形势风云变幻、国内经济社会转轨转型、现代传播技术迅猛发展的大背景下，意识形态领域的斗争和较量尖锐而复杂。社科理论界处于意识形态领域前沿，智库建设工作必须牢牢把握"两个巩固"的根本任务，坚持用马克思主义中国化的最新成果统领智库工作，确保新型智库建设始终沿着正确方向前进。特别是加强对社科类学会、研究会和民间社团的管理，引导社会智库遵守国家宪法和法律法规，沿着正确的方向健康快速发展，防止被西方敌对势力渗透利用。

2. 强化主体作用，打造决策咨询品牌。社科联本身具有一定的智库功能，是江苏新型智库体系建设的重要组成部分。同时，省社科联拥有丰富的社科资源、扎实的工作基础，应该也一定能够在新型智库体系建设中有所作为、大有作为。要把围绕中心、服务大局作为义不容辞的神圣责任。服务江苏经济社会发展的伟大实践,不仅是社科联的重要职责,也是实现自身价值的有效途径。省社科联要胸怀大局、把握大势、着眼大事,组织重大理论和现实问题攻关,发挥好思想库和智囊团作用,不断扩大社科工作在整个社会事业中的影响力。要把握好基础研究与应用研究的关系,在重视基础学科建设、培育优长特色学科的同时,更加突出应用研究导向,把握自身研究与中心工作的结合点,找准服务社会、服务群众的着力点,打造体现价值、展示水平的闪光点。加强选题策划和课题管理,做好省主要领导圈定和省委、省政府交办的重大课题研究。完善江苏省决策咨询研究基地运行机制,打造一批在省内外叫得响、在关键时候用得上的决策咨询研究高地。组织好社科应用研究精品工程,加强13个省辖市社科调研点建设。在此基础上,构建以重大应用研究课题为龙头,决策咨询研究基地为主体,各种研讨会和成果报告会为平台,社科应用研究精品课题和13个省辖市社科调研点为基础支撑的新型智库。

3. 强化载体作用,促进智库成果交流转化。省社科联具有"组织、协调全省社会科学界的学术活动,开展国际国内学术交流"的功能,是打造江苏新型智库平台载体、促进江苏智库与国内外智库合作的重要力量。加强与南京大学和省社科院合作,进一步办好江苏发展高层论坛,不断拓展研讨领域,提高论坛质量,把品牌做大做强。根据全省经济社会发展和重点学科建设需要,不断充实学科专场、学术聚焦、学会专场、区域学术专场和高层论坛研讨内容。坚持"引进来"和"走出去"相结合,加强与国外智库、研究机构的联系,举办高水平的国际性研讨会,推动江苏哲学社会科学走向世界,培育一批在国际上有一定影响的江苏智库。

4. 强化管理作用,促进民间智库发育成长。省社科联"负责对省级社科学术社团工作的指导和管理,对省辖市社科联工作的业务指导"。新型智库建设强调专业化,各社科类学会具有专业化人才集聚、走在学科发展前沿的优势,省社科联要引导社科类学会积极参与中国特别是江苏新型智库建设,为智库发展提供更多的专业和人才支持。鼓励有条件的学会在国家法律政策范围内开展决策咨询活动,承担重大改革方案的论证和重大决策实施情况的第三方评估等工作。特别是要根据中央《关于加强中国特色新型智库的意见》的要求，配合民政部门，做好民间智库的管理、发展、引导等工作，着力培育一批在省内外有重要影响的民间智库，补齐江苏智库发展的短板。

5. 强化评价作用，聚集优质社科研究资源。社科联是创新社会科学研究成果评价机制、发挥杠杆作用、撬动更多的资源要素投入智库建设的重要引导者。以建设中国特色新型智库为契机，建立和规范评价激励机制，把各类智库优秀成果和优秀人才的评选作为全省哲学社会科学优秀成果奖的重要内容，使之成为引导、激励我省精品产出和人才培养的重要杠杆和平台。在社科评奖的基础上，建立智库优秀成果数据库，增强评奖工作的激励效应、转化效应和社会综合效益。要加大决策咨询成果奖励力度，建立完善社科应用优秀成果的评价和奖励机制。坚持应用研究与基础研究同等对待，在省政府优秀社科成果奖项中适当增加决策咨询类成果获奖的比重。借鉴先进地区经验，积极推动设立省级决策咨询成果奖。要加大对优秀智库人才培育扶持，通过课题资助、学术交流、社科评奖等，积极培育能够彰显江苏社科强省地位、展示江苏智库实力和水平的学术创新团队和学术名家。配合"江苏社科名家"评选、省333高层次人才培养工程、"江苏青年社科英才"培育工程和青年文化人才培养工程等，加大对优秀智库人才的宣传推介力度，打造一支"德学双馨"、在全国有重要影响的智库苏军。

三、社科联在新型智库建设中的桥梁作用

1. 各类智库主体横向协作的桥梁。江苏社科界五路大军，都是江苏新型智库建设的重要力量。省社科联与五路大军的联合，不仅应体现在社科基础研究领域，更应体现在社科应用研究和决策咨询领域，成为党委、政府与智库之间、各智库主体之间、智库与民众之间联系沟通的重要桥梁。要着力强化问题导向，把理论联系实际的关节点和着力点放到现实问题上来，以我们正在做的事情为中心，聚焦全面深化改革、全面推进依法治省、转型升级、生态文明建设中的热点难点，下功夫、花力气，多建睿智之言，多献务实之策，做决策咨询的"最强大脑"。要加强对中央和省委方针政策

的学习，认真贯彻落实中央的重要部署，准确把握江苏的省情，准确把握智库研究的领域和重点。加强与党委、政府部门的沟通，更多地了解需求，拓展成果转化的通道。要促进各智库主体之间资源共享，情况互通，实现江苏决策咨询服务更高层面的协同。

2. 智库研究成果向部门转化的桥梁。研究基地发挥作用、体现价值，需要做好两个对接，一是理论跟实践的对接，理论研究必须接地气；二是理论工作部门与实际工作部门的对接，促进研究成果的转化。创新活动形式和运作机制，加强与智库研究成果的对接，着力拓展覆盖面，提升影响力。在高质量举办社科界学术大会、深入推进学术交流、促进学科发展的基础上，加强与实际工作部门的联系与沟通，探索举办江苏发展智库论坛的形式和途径，深入推进应用研究、促进智库成果的转化。

3. 智库思想产品向社会民众普及的桥梁。服务社会、启迪大众，是中国特色新型智库的重要功能。智库的研究成果，不仅要服务领导、服务决策，而且还要服务社会、服务民众。特别是当前我国改革进入深水区，改革的一些举要举措，需要民众更多的理解和支持。因此，在社科知识普及的过程中，应当把党的重要方针政策和智库研究成果，作为社科普及的重要内容。要围绕全面深化改革、推进国家治理体系和治理能力现代化，加大对马克思主义中国化最新理论成果的宣传普及力度。注重以社科普及活动为载体，加强对党的路线方针政策的宣传，加强对社会主义核心价值观的阐释，加强对新知识、新学科、新信息的普及。运用现代传播手段扩大社科普及的受众和覆盖面，以更加简便的方式、更加直观的形式促进社科普及。进一步发挥哲学社会科学宣传群众、动员群众、教育群众、引导群众的作用，组织专家学者送理论下基层，深入实践、贴近群众，宣传阐释社会主义核心价值体系的深刻内涵，宣传全面深化改革开放、全面推进依法治国的重大意义、目标任务，引导人们全面客观地认识世情国情党情，把广大人民群众团结凝聚在中国特色社会主义伟大旗帜之下。

第十章　江苏新型智库体系的
组织运行机制

现代智库的生命力，主要在于影响力。从某种意义上讲，智库就是一种思想中介，如果其思想成果没有党委、政府的决策部门、企业和社会组织、民众的承接，智库存在的价值就难以最终体现。因此，从组织运行的角度去分析、研究智库，尤其是其影响力的形成机制和传递渠道，以及在此基础上形成的智库体系的运行框架，是构建符合时代特征、适应中国国情的新型智库体系的关键所在。从西方发达国家智库的发展实践看，智库已经成为社会决策网络中的重要组成部分，组织运行机制已经较为成熟，并且与智库自身定位密切相关。江苏作为中国改革开放的前沿阵地，经济社会发展开放程度较高，应该在坚持中国特色、江苏特点的基础上，学习借鉴西方智库发展经验，努力探索构建新型智库的组织运行机制。

第一节　江苏新型智库的组织体系

一般社会组织的运行，其结构体系不外乎分为领导决策部门、组织协调部门和执行部门。对智库来说，打造组织有序、运转协调的管理体系非常重要。江苏作为经济大省、科教大省，无论是党政部门的研究机构，还是党校行政学院、高校社科院所，都拥有强大的研究队伍和科研实力。构建面向未来的新型智库体系，无论在经济社会发展实践，还是社科研究力量和智库发育水平上，江苏都具有明显的优势。因此，在全省范围内，构建完善的智库组织领导、运行和协调管理机制，应当摆上议事日程。

一、领导协调机构

伴随着我国经济加速发展，各级党委、政府对决策的需求不断增强。我省智库事业发展进入新的机遇期，形成了类型多样、初具规模、研究领域广的智库机构。据不完全统计，2012 年底江苏拥有 112 个社科重点研究机构，主要是省部级研究院（基地、中心），大小规模居于 5 人到 70 人不等，研究领域主要集中经济、社会、文化、能源、信息等与政策紧密相关的江苏优势学科领域。此外，全省省市县（市、区）三级党政系统内部，如研究室、党校、社科联、社科院（所）等，在自身工作中，服务党委、政府科学决策的相关研究课题、项目以及专项调研等份量和比重越来越大，各类智库的角色体现得越来越明显。

但从另一方面来看，由于这些智库机构和组织分属不同的部门，归口不同系统，在工作上缺乏必要的组织协调，在研究项目设立上大多根据上级部门和本单位工作需要自行开展。这种现状造成的结果，是队伍松散，专业化分工不足，研究成果转化应用渠道单一，低水平重复、研究方向"跟风"现象较多等，与江苏经济社会发展特色需求存在一定差距。江苏新型智库建设要改变这一现状，加强智库领导协调机构建设非常必要。通过设立领导协调机构，整合全省范围的智库资源，才能形成既有专业分工，又有统一协调的新型智库体系。

江苏新型智库建设的领导协调机构，主要在智库发展方向、统筹布局上发挥领导作用，在智库课题研究、决策咨询服务上发挥协调功能。从江苏当前智库发展具体情况看，既有党委政府内部智库、部门智库、高校研究机构智库，又有民间智库。成立单一的行政隶属关系的领导机构，在体制上存在一定难度。因此，相对合理的制度设计是，在省哲学社会科学工作领导小组的基础上，成立新型智库建设领导协调小组，由省委、省政府分管领导担任组长、副组长，省委宣传部、省委省政府研究室、教育厅、省委党校、省社科联、省社科院等相关部门参与，共同谋划智库的发展。

设立省级新型智库建设领导协调机构的意义在于，在省一级层面上对智库建设、发展和运行进行宏观指导和协调，实现各类智库优势资源的整合与合理配置。江苏新型智库，其决策咨询服务功能主要面向党委、政府。一方面，领导协调小组可以梳理、确定江苏当前和中长期经济社会发展中亟须研究的重大理论与实践问题，为智库决策咨询工作提出明确的方向导向；另一方面，领导协调小组可以统筹全省范围的智库资源，充分发挥各类智库的优势和特长，分领域、分层次组织或指导研究。同时，还可以进一步促进各类智库之间的协作，加强实际工作部门与智库之间的联系，实施重大问题集体攻关，重要成果及时转化，从而进一步提升江苏新型智库的发展水平。

二、组织联络机构

省级智库领导协调机构的工作模式，大多采取定期会议的方式进行，在运行操作上，还需要有相关机构具体负责。从当前江苏智库发展现状来看，各类智库分属不同系统、不同部门，很难由一个机构或部门来实际统筹组织。因此，在其中选择联络范围广、工作覆盖面大的智库或者类智库的部门，实际承担居中组织联络工作，是比较现实的方案。

一是发挥党政部门内部智库的引导作用。党政部门智库具有靠近决策核心的天然优势，能够更好地了解领导的决策需求，还可以通过不同的形式上报信息，为领导决策提供最直接的服务。因此，党政部门智库在自身组织研究的同时，还应当积极承担决策需求信息发布与成果转化中心的职责。一方面，积极发挥决策咨询信息的集散中心作用，及时向省内智库发布关于全省经济社会发展亟须研究的重要理论和实践问题，为全省决策咨询服务提供明确的目标指向；另一方面，充分发挥协调各方科研资源的作用，通过设立课题等方式，统筹多方研究力量开展协同研究。同时，对各类研究机构提供的研究成果进行综合提炼，使其更符合党委、政府的决策要求，也使党政部门的决策具有更宽视野的比对性、选择性。

二是重视社科联组织在新型智库建设中的重要作用。社科联组织是党委、政府与社科界沟通的桥梁。长期以来，在组织联络社科界五路大军、服务地方经济社会发展方面发挥了重要作用。在新型智库体系建设中，社科联组织可以充分发挥自身既直接联络全省社科理论界，又与实际工作部门建立比较畅通联系的优势，把党、委政府科学决策需要和理论界科研优势结合起来。为此，社科联不仅要建设自己的智库，不断培养、提升自身服务决策咨询的能力和水平，更重要的是发挥"联"的功能、"合"的优势，加强社科界五路大军智库的力量沟通和资源整合，进一步促进全省社科界将科研水平、科研能力、科研队伍，转化为决策咨询的强大智库，构建起具有中国特色、江苏特点的新型智库体系。

三是组建覆盖范围广、结构合理的智库联盟。智库协作要通过一定的框架和渠道来进行。从当前国内智库发展的实际情况来看，联盟制是一种较为通行的做法。一般来说，联盟采取理事会制度，对省内智库发展的具体事项进行组织协调和协作分工，为智库管理提供指导和建议，监督智库运行的合理性和合法性。这种形式的联盟，既能够整合官、学、产、媒的优势，又有利于提升智库研究和成果转化的效率。联盟制的制度成本较低，协作面较广，但其存在的明显缺点就是协作效率会受到有关因素的制约。因此，如何建立和完善更加高效的智库联盟机制，还需要进一步探索。

三、专家咨询委员会

智库的基础是思想，思想的基础是人才。在智库中设立专家委员会或学术委员会，是国际智库的通行做法，也是智库发展中实现学术管理、监督和评判的重要方式。江苏构建新型智库体系，设立专家咨询委员会，应该超脱于个体智库，从全省范围来统筹，将之作为全省新型智库体系建设的重要工作来抓。

成立专家咨询委员会的重要意义。智库发展的基础是人才，其研究成果归根结底是思想的结晶。党的十八届三中全会通过的《中共中央关于全面深化改革若干重大问题的决定》明确提出，要加强中国特色新型智库建设，建立健全决策咨询制度。党的十八届四中全会提出，健全依法决策机制，把专家论证作为重大行政决策的法定程序。建立专家咨询制度，是实现新形势下科学决策和科学发展的必然要求，是转变决策观念、规范决策程序、完善决策制度、改进决策方式的一项重要内容。成立专家咨询委员会，有利于实现决策科学化，有利于推动政府职能转变，有利于增强应对各种挑战的前瞻性和预见性。通过专家咨询委员会平台，充分发挥每位专家的智慧和力量，对于实现理论研究与工作实践的有机结合，推动科学决策和社会治理能力现代化，具有十分重要的意义和作用。

专家咨询委员会的专家构成。从江苏新型智库发展的具体实践来看，成立专家咨询委员会，在省新型智库建设领导协调小组指导下工作，对推进新型智库建设具有重要作用。从委员会组成来看，主任可由分管省领导担任，3～5名副主任主要应由国内有较高威望的专家学者担任。新型智库组织联络机构负责人担任委员会秘书长，负责主持委员会的日常工作。其他委员则来自省内科研院所、高等院校、省级部门、专业服务机构和企业，具有较高社会知名度和影响力。考虑到委员会组成的稳定性，每届委员任期3～5年，且可连续聘任。无特殊情况，首聘年龄不超过65周岁，最高年龄不超过70周岁。委员负有保密义务，不得利用职务之便谋取不正当利益，对有利害关系的咨询事项主动回避。

专家咨询委员会的具体职能。对全省经济社会发展中带有长远性、全局性和战略性的重大问题，组织开展调查研究，提出意见和建议，供党委、政府决策参考；对全省重要规划、计划、政策的制订工作提供咨询建议；指导党委、政府部门和市、县（市、区）完善决策咨询工作；参与对省内重大决策咨询研究项目的立项与结项评审。同时，视工作需要，专家委员应该被赋予一些特定的权利，如可列席相关重要工作会议，查阅有关文件、资料；参加党委、政府及有关部门组织的工作调研；参与党委、政府有关重大会议文件、政策草案的研讨等。只有让专家委员充分接触实际工作，深入基层一线，才有利于全面掌握情况，更好地履行职责。

第二节　江苏新型智库的运行体系

智库发挥作用的过程，本质上是一个影响力传递过程。完善的运行体系，不仅有利于智库自身发展，更加有利于智库扩散影响力。中国智库运行和西方智库运行最大的区别在于，西方智库的运行商业化导向较强，而中国智库的发展环境决定了服务决策的行政性导向较强。因此，建设中国特色新型智库，必须根据当前中国的新形势和江苏的新特点，完善运行体系和机制，以更好地促进新型智库建设。

一、新型智库自身的运行

从西方智库发展的实践看，智库是政策网络的重要参与主体。[①] 作为多中心的政策网络主体之一，智库与其他政策主体之间的作用是相互的。中国当前各类智库组织，从组织构架上考察，纵向分层级、横向分部门，其组织运行受到两个层面的制约，影响力传递渠道窄、力度弱。江苏当前的智库同样也是如此。官方和半官方的占绝大多数，其研究经费大多来自政府，研究者多有体制内编制，研究课题由政府相关部门立项、委托，研究结果由政府部门来组织审核、评议等，而在探索战略性、前瞻性课题上的主动性，受到体制机制不同程度的影响。因此，要建设组织完备、运行有序，富有活力和效率的新型智库，必须在以下几个方面形成相对完备的体系：

一是明确的发展定位。不同的智库，应根据自身实力和优势，明确发展主攻方向，并以此来集聚人才，加强交流协作，拓展服务空间和成果转化渠道。不同类型的智库，受自身专业领域、组织结构、行业背景等因素影响，都有其专长的咨询服务领域。如美国的兰德公司，在美国外交政策领域具有较高的影响力，而布鲁金斯学会则在经济、财政等公共政策上有很大的话语权。只有定位明确，集中力量在擅长领域创出品牌，扩大影响，才能筑牢一流智库的基础。江苏新型智库的建设，也应在智库体系构建之下，打造发展定位明确、各具实力的专业性智库或行业智库。

二是完善的人才机制。智库的产品归根到底是思想成果，产品的质量很大程度上取决于研究者的水平，完善的人才选拔机制是智库发展的首要因素。智库人才引进渠道应该多元化，不但要切合智库主要服务方向和课题研究要求，而且选拔领域要从研究机构拓展到企事业单位、机关部门等。通过广泛吸收政府、企业、大学的知名人士，建立覆盖社会多领域、多行

---

① 所谓"政策网络"，是指在公共政策制定和执行过程中，政府和其他行动者围绕共同的问题，基于不断协商的信念和利益而结成的正式、制度性的和非正式的联系网络。

业、多学科专业人才的咨询委员会，提升智库的咨询能力储备。此外，针对智库所研究的政策问题特点，引进人才时要注意人才的学科背景，尽可能使政策研究人员组成具有多学科性，可起到互补和拓宽思路的作用，对处于各种学科边缘和交叉地带的问题从不同的角度进行思考和论证，以确保政策研究的深度、质量和水平。[①]

三是开放的服务运作。智库必须与社会建立广泛的联系和互动，才有可能产生广泛的社会影响。新型智库要与政府、企业、大学建立互动机制，加强与党政部门的联系，及时了解决策部门的需要。积极参与党委、政府及有关部门的研究课题招标，并有意识地吸收有党政部门、企业工作背景的专家参与专项或专题研究，他们比单纯研究机构的研究人员更具敏锐的政策思维和政策分析能力，更能提出简洁、及时、实用的问题分析报告和政策建议。江苏高教资源丰富、基础研究扎实，要充分利用这一优势，与高校科研院所建立流畅的人员流动渠道，有助于提高智库推出智力成果的可持续性和前瞻性。

四是有效的成果转化。成果转化是智库影响力实现的关键环节和评价智库实力最显在的标准。江苏新型智库建设扩大成果转化渠道，要从两方面入手：一方面，畅通智库与各级党政部门的交流合作和沟通联络，提高智库研究成果的针对性和有效性。通过直接承接党委、政府及相关部门的研究课题，促进成果快速进入决策圈。另一方面，通过举办高层论坛、学术交流、专题访谈等，及时全面地向决策部门和社会介绍应用对策研究成果。出版发行书刊包括年度报告、科研快报、工作论文、著作等，有效利用新闻媒介宣传智库研究成果，扩大智库的社会影响力。

五是充分的智库竞争。有效的竞争能够促进智库的发展，通过完善智库成果和智库自身发展的评价与考核机制，可以促进江苏各类智库之间的良性竞争。一是通过项目招投标和成果申报的形式，取代通行的"内定"、"任务式"方式，让各种类型的智库机构都能参与进来。二是对智库成果进行独立性、权威性的评估与认证，力争建立第三方评估机构对智库的研

---

① 李艳等：欧美智库运行机制对我国的借鉴意义，《学术界》2010 年第 5 期。

究成果、社会责任及其道德操守等进行监督，确保评价信息的公开化、透明化。三是通过事实结果检验和评估咨询方案的质量，对提供优秀咨询方案的智库给予经济奖励或者名誉奖励。四是建立智库咨询绩效考核和责任追究制度，改变专家咨询无责任风险的现象，以此避免专家咨询的随意性。

二、智库协作平台的构建模式

新型智库要发挥作用，不能仅依靠自身力量，良好的平台载体是智库影响力的"放大器"。从江苏智库发展的现状看，可以在多层次、多领域，通过不同的形式完善智库的平台载体建设。

一是整合型。江苏社科资源丰富，研究人才众多，智库的发展必须要加强资源整合，才能有效发挥作用。通过一种工作机制或资源配置机制，可以将分布在不同高校、科研机构的不同专家整合起来，形成一个涉及多领域的完善的决策咨询研究服务网络，并通过其拥有的渠道推动研究成果的转化。这类平台载体的优势在于智库发展的集中度、协作性得到有效发挥，形成了 1+1>2 的效应。同时也可以使智库体系建设方向性更加统一，政府的支持政策更容易取得成效。而其不足之处在于，这样一个类智库中心的智库组织，并不能囊括所有智库资源，且其管理的便捷性会有所欠缺。当前，江苏在这方面做的较为成功的，是省社科联组建的"江苏省决策咨询研究基地"。江苏省决策咨询研究基地共成立 39 家，主要由省内重点高校、党校、社科院等承担。研究基地整合了省内高校、省级机关和北京部分专家的优势力量，实现了理论研究与工作实践、省内视野与国家视角的结合，在服务全省改革发展上发挥了重要作用。

二是协作型。协作型平台是当前智库间合作的重要模式，推进协同创新也是国家科研发展的重要导向。协作型平台的主要优势体现在两个方面：一个是专题协作，就某些事关改革发展的重大理论与现实问题，以课题项目或政策规划草案的方式，集聚相关领域、不同智库的专家共同研究。例如，关于经济建设、政治建设、文化建设、社会建设、生态文明建设等方面的专题研究。这种协作模式，多用于一些短期项目，具有时效性强、研究效率高的特点。另一个是领域协作，对某一重要研究领域的综合性研究，常常采取此种模式。由于许多议题涵盖经济社会发展的多方面内容，涉及多学科领域，采用此类协作模式更加合适。例如，区域发展、社会治理等等。南京大学的长三角经济社会发展研究中心、中国南海研究协同创新中心等，都是依托高校科研资源，建立的多学科领域的智库协作平台。

三是交流型。交流型平台也是智库协作的一种重要载体，主要形式就是论坛、学术会议等。有些学术交流论坛常年举办，集聚了一批专家学者，创出了自己的品牌。更有些由于国家背景的介入，成为国际交流的重要载体，例如亚洲博鳌论坛。一般来说，交流型智库平台的主要特点就是其开放性，参与门槛相对较低，有利于青年学者参与。在江苏，这类交流型智库平台中，影响最大、成效最好的当属江苏发展高层论坛。该论坛由南京大学长江三角洲经济社会发展研究中心、江苏省社会科学院、江苏社科联共同主办。截至 2014 年已经举办 33 届。论坛每次围绕一个主题进行研讨，为决策提供超前的咨询服务，已成为省委、省政府推进科学决策、民主决策的一个重要平台。

三、各类智库资源的优化整合

目前，江苏省内的智库资源分散重叠、条块分割，存在着既有大而全，也有小而全的现象。纵向看，从省级到市、县（市、区）各级党政部门都有各自的智库研究机构；横向看，各个层级的党政职能部门也都建有自己智库研究机构。但由于缺乏相应的协作机制，各"条"、"块"之间交流有限，往往封闭运行、各占一方。有些时候各家智库针对某一热点问题一哄而上，而有时候却对一些隐性的、敏感的，涉及国计民生的问题集体"失语"，这对新型智库建设的整体发展形成了障碍，也一定程度上造成了资源的浪费，必须加以整合。而整合的路径，可以分体制内与体制外两条路线，分别采取不同的政策和措施，初步打造服务决策咨询的智库网络，形成一个健康的现代智库格局。

加强体制内智库资源整合。当前，江苏体制内智库数量众多，包括省委研究室、省政府研究室、省社科院、省委党校（行政学院）、省政府参事室及社科联等，遍布在党政有关部门、科研院所、高校及央企中。整合体制内智库，必须科学合理界定其功能，按照社会治理的不同领域和需求，分类整合智库资源，形成研究合力。合理确定其规模、架构和人力资源支持体系，一方面要加强体制内智库编制、人员和经费管理，形成科学合理的组织和管理模式；另一方面要形成良性的参与和协作机制，既要避免闭门造车、各自为政的现象，又要防止为争取资源或急于取信上层而形成的不良竞争局面。同时，在智库自身的内部机构设置上，要突出研究部门的核心和职能地位，合理配备研究人员专业配比。① 要做到这些，省级智库建设领导协调小组以及其组织联络机构的作用就显得非常重要。因为属于同样体制环境，其沟通、协调的渠道比较畅通，制度成本相对较低。

促进体制外智库资源的协作。相对于体制内智库，民间智库来自于民间，更能够代表民众的利益诉求，也更容易与民间智力沟通。要重视对民间智库资源的整合，通过政府的直接补助和成果采购加大政府资金对民间智库的支持。公共决策部门的政策咨询与课题研究可以更多地采取向全社会公开招标的方式，逐步消除"官"、"民"智库之间的差别对待。设立专门面向民间智库的公共政策研究基金，鼓励民间智库自由设立前瞻性、战略性的课题，形成向智库招标采购研究成果和购买服务的方式，通过课题申请获得公共政策研究基金的资金支持。制定税收减免、扣除政策鼓励企业、基金和个人向民间智库的捐赠行为。进一步完善和落实政府信息披露细节和管理机制，最大限度的实现政府信息资源共享，满足社会各界对政府信息资源的需求。在一定时间内，不能对社会公众披露的涉密信息，可以先行向信誉好、影响力大的民间智库开放。

加快培育现代化的智库市场。不管是体制内智库，还是民间智库，只要发挥出服务经济社会发展，服务深化改革的有效功能，都可以纳入新型智库体系。在当前各类智库各自发展的基础上，除了通过设立智库中心或智库联盟，实施智库体系建设的中长期发展规划外，还要加强各类智库的联合，促进现有智库资源的整合，为新型智库体系建设打好基础。官方智库在当前中国的体制环境下，有着自身独特的作用，但建立新型智库体系

---

① 蔡竞：谋划整合改革创新智库发展——赴英国学习培训心得与建议，http：//www. sccw. gov. cn/？thread－31300－1. html

不能一条腿走路，实现官方和民间共同协作、友好竞争也是促进新型智库体系发展之重要途径。因此，不仅需要为民间独立智库的创立与发展提供制度保障和税收优惠，更重要的是，应建立起政府决策部门与民间智库之间的沟通管道，催生政策对智库研究产品的需求，进而形成智库市场的良性竞争，最终形成体制内外各种不同类型专业化智库"百花齐放、百家争鸣"的良好态势。当然，无论体制内智库还是民间智库，所需遵循的都是共同的政治价值观，这与两者在各自的道路上坚持研究的独立性并不矛盾。[①]

第三节　江苏新型智库的衔接机制

改革开放 30 多年来，中国智库从"幕后"走向"幕前"，从稚嫩逐步走向成熟，从以政府内部附属智库为主，到社科院、党校行政学院智库、高校智库和民间智库等共同发展的繁荣局面。但在发展背后，仍然存在一个明显不足，就是能够有效发挥智库功能的衔接机制依然不成熟，相关制度尚不健全。

一、智库与社科基础研究的衔接

社科基础理论研究是智库研究的基石，处理好基础理论和决策咨询研究的关系，是构建新型智库的关键问题之一。智库研究与基础理论研究之间，是一种辩证发展的关系。一方面，基础理论研究是智库研究的基石，承担着理论支撑和培养人才的重要作用；另一方面，智库课题研究又要超越基础理论研究，重在寻求现实问题的解决之道。只有弄清楚这种辩证关系，才能从研究工作本身和研究工作管理的角度，做好这两种研究之间的衔接。

---

① 王海明：以专业化智库为突破口发展中国特色新型智库，《21 世纪经济报道》2014 年 11 月 3 日。

　　首先，要强化基础理论研究，夯实智库建设基础。没有扎实的基础理论研究，没有深厚的基础理论功底，智库建设就会成为"无源之水、无根之木"。纵观国内外知名智库机构，可以发现，其往往也是基础理论研究的知名或权威机构，它们一般都具有国内甚至国际领先的学科研究，基础和前沿理论水平在学术界也具有领先地位。① 从社科研究的基本方式和规律来看，应用对策研究的开展，需要建立在一个合适的理论框架和研究范式中。比如，二战以来，西方经济理论界从自由市场主义到凯恩斯主义，再到新自由主义，不同的理论框架，催生了不同的公共政策研究。尤其当现实的发展已经超出了现有学术研究的视野，更加需要前沿性的基础理论来引导我们走出发展的困境。因此，江苏新型智库建设，也必须充分利用江苏高教资源丰富，基础理论研究水平扎实的优势，继续加快对前沿基础理论的跟踪和研究，学习和掌握最新的科研方法和手段，力争在社科基础理论研究上不断有所创新和突破，占领国际国内学术前沿和制高点。

　　其次，要加强理论与实践的结合，实现相互促进发展。从改革开放30多年来的实践看，很多时候，基层实践会跑在理论发展的前面，这既为理论本身带来了挑战，也为理论发展带来广阔的空间。虽然基础理论研究和现实政策研究，在可操作性和时效性上也存在重大差别，但可以通过合理的规划，将中长期研究与"即时"问题研究有机结合起来，通过基础理论研究的突破，推动应用研究的发展。从江苏当前改革发展的实践来看，智库研究要以全面深化改革、全面推进法治江苏实践中的重大问题为导向，围绕重大实践问题开展理论研究，通过一系列具有前瞻性和指导性的理论研究成果，把党的十八大、十八届三中、四中全会提出的指导思想和目标任务，转化为具有操作性的工作思路，为解决我省经济社会发展中的突出矛盾和问题服务。要紧紧围绕党委、政府决策的难点问题和人民群众关注的热点问题，把理论研究同解决实际问题结合起来，使理论研究成果更好地转化为各级党委、政府的工作思路和政策措施，转化为干部群众的自觉行动。

---

　　①　储著武：新型智库建设要正确处理五大问题，《中国社会科学报》2014 年 7 月 25 日，第 625 期。

第三，要创新科研管理模式，形成科学的研究导向。无论是基础理论研究，还是智库决策咨询研究，作为理论成果和思想结晶，都有其自身的生产规律。因此，在构建中国特色社会主义新型智库的过程中，加强科研工作的管理和规划，就具有非常重要的意义。针对不同的研究主体，可以通过学科建设、课题立项以及组织学术交流等方式，实现不同的科研规划和引导。要及时调整科研评价体系，加强对决策咨询研究成果的表彰奖励力度，鼓励并支持基础理论研究人员从事智库研究。对于那些长期从事基础理论研究的科研机构和人员，要鼓励他们一如既往地从事本专业研究，不搞跟风行为；对于那些基础理论水平高、社会洞察力强并善于研究现实问题的，要努力将其培养成为智库研究高端人才；而对那些正在从事智库研究但需要拓宽理论思维和研究视野的，则要提供更多的学习培养机会，筑牢理论研究的基础。

二、智库与党委、政府决策部门的对接

现代社会治理所涉及的领域越来越广，复杂性程度越来越高。党委、政府仅凭传统决策的经验和模式，已不能适应现代经济社会发展的需求，迫切需要各类智库发挥更大的决策支撑作用。然而，实现智库研究与党政决策的有效对接不是一蹴而就的事情。智库研究如何与公共决策实现有效对接，可以从智库决策咨询成果影响力的产生与传递的路径来考察。

第一，研究选题对接。智库为党委、政府提供决策参考，首先要抓准"痒处"，急党委、政府之所急，围绕党委、政府工作的中心，关注热点难点问题。通过各种平台和协作渠道，积极争取参与党委、政府重大课题研究。坚持把党委、政府关注的问题作为研究的主攻方向，深入了解党委、政府各种重要会议文件精神和部署。既重视宏观战略问题的研究，也重视具体问题的研究；既重视中长期发展规划问题的研究，也重视短期工作部署和落实举措的研究。因此，智库需要长期跟踪党委、政府的政策、规划的制定、实施，积极加强与党政部门、行业重点企业以及体制内研究机构的合作，切实加强研究选题的针对性。

第二，研究方法对接。当前，随着我国改革开放和现代化建设的不断推进，各级党委、政府的工作面临着越来越多的新矛盾和新问题，坚持群众路线，加强调查研究，是党政部门解决实际问题的基本工作方法。身为智库的决策咨询研究工作者，同样要把决策咨询研究工作建立在调查研究的基础之上，建立在了解民情、反映民意、集中民智的基础之上。经常深入实际、深入基层，实事求是、坚持不懈地做艰苦细致的调研工作，广泛征求群众的意见，找出符合本地区实际的解决问题的办法，为制定正确的政策和策略提供支撑。要正确掌握调查研究的基本方法，逐步把现代信息技术引入调研领域，综合运用多学科知识，更好地完成复杂系统的定性定量分析，为正确决策提供依据。

第三，研究内容对接。智库研究成果的评价标准不仅仅在于刊登多少篇核心期刊文章，而要突出应用性、前瞻性、针对性和可操作性的有机统一。研究成果要把国情省情市情区情县情结合起来，多关注本地区本部门经济社会发展中的具体问题，深入研究干部群众关心的热点、难点问题，做到有的放矢，把解释问题与解决问题统一起来，提出的建议要具体、操作性强，真正使研究成果对决策实用、可用、能用、管用。

第四，成果转化对接。转化渠道是智库发挥影响力的重要因素，智库为决策提供研究成果的时效性很重要，快捷畅通的转化渠道必不可少。从当前情况看，无论是体制内还是体制外的智库，能够直接影响决策的渠道并不太多，主要有重大立项研究成果专报、决策咨询类内刊、党委政府参与的重要论坛研讨会，以及人大、政协上报渠道等。这些渠道中，制度化的渠道效率高，能够直接接触决策层，但对接面的开放性不够，多为体制内的工作通道，其他智库研究成果进入则不太畅通。其他非制度性的渠道，如重要学术刊物、学术研讨会成果集或者智库成果报告出版物等，虽然进入门槛相对不高，但影响面不广，进入决策层视野的机会不多。因此，必须将两种渠道的优势进行整合，充分发挥智库体系协调组织的作用，加大体制内转化渠道的开放性，广泛吸收多层面、多领域的智库研究成果。

三、智库与社会民众的互动

现代智库的发展，更多的依托于其不断专业化的政策研究和咨询服务。就这一点来说，其影响社会的方式主要通过影响公共政策来实现。随着现代传播手段的丰富和便捷，信息流动的时效性和覆盖面不断提高，智库与社会民众之间的直接沟通与互动也越来越成为智库影响社会的重要途径之一。

1. 智库研究问题往往与社会民众息息相关。专业化的研究必须深入社会调查研究，掌握真实的数据，了解社会民众的想法，这是现代智库专业研究的重要基础。从当前智库发展的现状来看，各种体制内智库越来越重视对接民情民意，接触社会的深度和广度都有了较大拓展。而各类民间智库，由于其来自民间，一定程度上更加容易与社会民众互动。从发达国家来看，各种对公共政策、政治选举的民意调查，能够有效聚集并反映一部分社会民众的意见，进而对公共政策和政治选举产生影响。例如美国的公共决策过程的一般顺序是：智库—媒体—国会—政府（行政当局）—政策出台。[①] 在这个过程中，西方智库往往扮演着决策源头的政策倡议和舆论引导的功能，从而促进了公共决策的科学化、民主化和开放化。同时，由于智库具有天然的政策取向，以及长期对公共政策的研究，其传播公共政策、解读重大事件的方式更加灵活，有助于政府在各种公共事件中扩散社会共识。

2. 智库在现代媒体中扮演重要角色。随着教育的不断普及，民众越来越不满足于了解浅层次的常识，他们还有知晓事件和问题背后动因的需求。因此，各领域专家的作用就凸现出来。虽然现代媒体事业发达，但更看重报道速度，对很多问题未必有时间进行深入的研究，从专业视角解读问题的难度较大。专业的智库研究人员可以对各类问题进行深入分析，进而作出科学解答，而不是停留在泛泛而谈阶段。正因如此，即使是在新闻媒体的评论中，专家的观点也更专业、更令人信服。据统计，美国主流媒体的评论文章，多出自智库学者之手。[②] 在中国，中央级的新闻媒体比如央视、人民日报等，都有专题评论栏目，许多智库专家用其专业的知识，深入浅出地为公众分析、解读时事热点、理论热点，取得了很好的效果。由此可见，智库在现代媒体中上所扮演的公共政策和重大时事的解释角色，更有

---

① 曹永森：从政治沟通看政治决策的民主性和开放性——中西方智库、媒体的比较分析，《湖北行政学院学报》2011 年第 6 期。

② 王义桅："打造国际话语体系的困境与路径"，《对外传播》2014 年第 2 期，第 14 页。

利于大众进一步了解公共事件，有效地促进社会交流与沟通。

3. 智库在新思想新文化传播中具有重要作用。引领社会的新思想和新观点是成为一流智库的第一要素。国际上的著名智库如布鲁金斯学会、兰德公司、斯坦福研究所、罗马俱乐部、野村综合研究所等的崛起，都是凭借着新思想、新观点、新理论成为国际一流的智库。新思想、新理论所产生的学术影响力对社会的影响比具体的制度设计和政策建议要长久和深刻得多。[①] 1972 年，罗马俱乐部凭借其发表的第一个研究报告《增长的极限》而声名鹊起。由于石油等自然资源供给的有限性，罗马俱乐部预言经济增长不可能无限持续下去，做出了世界性灾难即将来临的预测，并设计了"零增长"的对策性方案，在全世界挑起了一场持续多年的大辩论，深刻影响了上世纪 70 年代石油危机之后世界经济发展的理念与轨迹，环境问题、可持续发展问题、全球治理问题等逐渐成为社会大众所知晓的公共理念。十八大以来，国内众多智库纷纷组织专家对中国梦、新常态等习近平总书记提出的新思想新观点进行详细解读，进一步增进了社会公众的认知水平。从江苏来看，南京大学有关智库对江苏"两个率先"的研究解读，省委党校智库对省委"八项工程"的研究解读，以及省社科联智库对新时期江苏精神的研究解读，通过各种方式，在不同媒体上向广大群众宣传，扩大了影响力，提升了干部群众对省委、省政府重大方针、政策的认知水平和理解程度，体现了现代智库的社会功能。

---

①　朱瑞博、刘芸：智库影响力的国际经验与我国智库运行机制，《重庆社会科学》2012 年第 3 期。

第十一章　江苏新型智库的评价激励机制

　　学术评价是指根据一定的目的和标准，采用一定的理论和方法，对学术成果、人员、机构、学术媒体展开的价值判断活动，以衡量学术活动及其相关事项的有无、多少、作用和价值[①]。长期以来，我国社会科学领域在一定程度上存在着诸如原创性成果少、影响力有限、应用类成果转化乏力等问题。究其原因固然很多，但评价激励机制的价值导向与上述问题不无直接关系[②]。因此，如何根据中国特色新型智库建设的要求，科学、客观、公正地评价社会科学成果，建立完善理论研究与应用研究并重的评价体系，已经成为当前亟待解决的重大问题。

第一节　智库评价激励的基本特征

一、我国社会科学评价体系的现状

　　当前我国社会科学评价以学术界同行评议为主，评价客体主要包括学术论文、学术著作（含译著、教材、软件等）、项目课题等。大体而言，一部学术著作的出版往往建立在某个领域若干论文的基础之上，而国家级和省部级项目课题一般也会将发表若干论文作为课题结项的必要条件之

---

　　①　叶继元：人文社会科学评价体系探讨，《南京大学学报》2010 年第 1 期。
　　②　王志章：关于高等学校哲学社会科学研究评价的思考，《西南大学学报（社会科学版）》2012 年第 1 期。

一，因此，学术论文评价就成了我国社会科学评价的主要内容。从学术论文评价的形式上来看，许多高校、科研院所遵循如下逻辑：如果论文发表于级别较高的期刊，便认定该论文具有较高的学术水平，课题结项、学位授予、职称评定等有关科研绩效考核的方方面面都与此直接或间接地挂钩。目前，国内社会科学领域存在多种期刊目录，其中以南京大学 CSSCI、北京大学《中文核心期刊要目总览》以及中国社会科学院《中国人文社会科学核心期刊要览》为代表。这些评价体系普遍以文献计量学规律为遵循，以海量数据库为依托，以专家评审为手段，采取定量与定性相结合的方法研制建立，提出了一些形式标准（如期刊类别、影响因子等）[1]，因而具有较强的科学性、权威性和可行性，在国内学术界获得了"约定俗成"的认同度。

但与此同时，这些评价体系也存在着一些突出的问题：

1. 功能异化。从本质上说，学术评价的权利并不属于主要由文献情报研究人员组成的评价机构，而是属于学术共同体；从功能上说，各种期刊目录也不是一个学术评价标准。如 CSSCI 项目主要负责人、南京大学叶继元教授曾指出，引文索引的主要功能是进行文献检索和科研文献交流分析，其评价功能无疑是有的，但并非是针对性的、精确的，而是辅助的、有条件的[2]。北京大学明确声明，《中文核心期刊要目总览》只是一个科研课题成果，根据期刊的动态发展变化特点定期更新，主要目的是为图书情报部门期刊采购、典藏、导读等工作提供参考，不是学术评价标准，也不具备任何法律和行政效力[3]。原新闻出版总署曾明确表态，评选"核心期刊"不是政府行为，社会上各种各样的"核心期刊"评选与政府无关[4]。

2. 以刊评文。对社科类学术成果的评价在现实中已经简化为"以刊评

---

① 仲伟民：关于人文社会科学学术评价的几个问题，《学术界》2014 年第 7 期。

② 薄洁萍：聚焦"中文社会科学引文索引"：不能承受之重，《光明日报》2010 年 5 月 18 日。

③ 北京大学网站，地址 http：//www.lib.pku.edu.cn/portal/bggk/dtjj/qikanyaomu

④ 田国磊、叶铁桥：新闻出版总署："核心期刊"与政府无关，《中国青年报》2009 年 4 月 27 日。

文"，即根据各类期刊排行榜来确定刊物的级别，进而确定论文的质量①。学术评价体制被期刊分级制度所主导，制约了学术创新。部分学术期刊收取费用已成潜规则，核心期刊收费问题甚至比非核心期刊的收费问题还要严重；部分期刊违背传播学术文化宗旨，沦为牟利私器；为了满足日益庞大的发表论文群体的需求，甚至还出现了非法、假冒的期刊②。

3. 行政主导。公正、公开的评奖是学术评价激励机制不可或缺的重要方面。目前我国社会科学领域的评奖大致有官方评奖、半官方半民间评奖和民间评奖三类。由于我国特殊的政治环境，许多民间评奖组织如社会科学各专业协会大多依附于相应的政府部门，实际上也成为官方或半官方机构③。在"以成果为指标的评价"中，由于评价的结果直接关系到资源和利益的分配，因而管理机构的作用就更加突出，在发表、立项、评奖和职称认定等环节，管理机构的权力取代了学术评价④。

4. 重理论、轻应用。在国内学界，特别是在高校科研绩效考核中，发表论文常常与课题申报、学位授予、职称评定、薪资待遇等事项挂钩。在绩效考核压力下和经济利益驱动下，许多学者将主要精力放在理论研究上，而学术期刊也大多只接受学术理论型成果投稿，应用研究类成果面临着发表无门的困境。

二、国外社会科学评价的经验启示

学术评价尤其是社科类学术评价，历来是困扰学术界的一大难题。从时间来看，英美等国经历了上世纪七八十年代第一次评价探索期和始于九十年代的第二次评价探索期，积累了较为丰富的经验，评价方式也日趋完善合理，对我国社会科学评价激励机制具有一定的参考价值。

---

① 朱剑：重建学术评价机制的逻辑起点，《清华大学学报（哲学社会科学版）》2012年第1期。

② 中国社会科学院法学研究所：中国法治发展报告 No.9（2011），社会科学文献出版社 2011 年 3 月版。

③ 仲伟民：关于人文社会科学学术评价的几个问题，《学术界》2014 年第 7 期。

④ 李剑鸣：自律的学术共同体与合理的学术评价，《清华大学学报（哲学社会科学版）》2014 年第 4 期。

1. 美国：政府评价＋同行评议＋引文计量＋社会评价

根据评价主体，可以将美国社会科学研究成果评价分为政府评价、同行评议、引文计量和社会评价。由于联邦政府是社科研究的主要资助者，相关政府部门自然而然便成为评价的主体。社科界的学者主要是对同一领域或相近领域的成果进行同行评议，即某一或若干领域的专家采用一种评价标准，共同对涉及该领域的一项事物进行评价。为弥补同行评议公正性和客观性不足的缺陷，主要基于社会科学引文索引（SSCI）和艺术人文引文索引（A&HCI）的引文计量法被应用于评价过程，作为同行评议的补充和参照。但是，SSCI 对以市场作为导向的一些研究抱有偏见，过于重视文章引用率，不能真正反映论文的相关性①。普通社会公众则主要依据大学的研究经费、成果数量、学术声誉、排名位置等进行总体性评价②。

在评价标准上，主要包括科学性标准、延续性标准、创新性标准和完备性标准。在评价方法上，对基础研究成果通常采用同行评议和引文计量，对应用研究成果通常采用政策效果评估、民意测验和社会实验。政策评估是指对政策的科学性、可行性以及实施后的社会效益的综合评价；民意测验是收集研究材料的一种方式，也是对人文社会科学研究成果进行直接测度的一种方式，分为普遍测验和抽样测验；社会实验是把在人文社会科学研究中得到的理论、方针、计划等拿到具体的社会环境中去检验，分为全面社会实验和准社会实验③。

2. 英国：学术评价和研究基金挂钩

英国高校科研评估（Research Assessment Exercise，RAE）是欧洲发展最为成熟的大学科研评价体系，目的在于衡量高等教育机构的科研水平及其学术博士及学术型硕士学位教育质量。由受政府委托的独立中介机构——高等教育基金委员会（HEFCE）表达政府要求，反映大学愿望，接

---

① 焦霖：国外人文社会科学评价体系同样面临争议，《中国社会科学报》2012 年 3 月 19 日。

② 陈劲、王鹏飞：以实践为导向的管理研究评价，《管理学报》2010 年第 11 期。

③ 王志章：关于高等学校哲学社会科学研究评价的思考，《西南大学学报（社会科学版）》2012 年第 1 期。

受政府、大学和社会的监督，避免人为因素的干扰，更加规范、透明、公正和有效①。RAE 把评估结果与基金会拨款挂钩，可称之为"基于信息辅助的同行评议方法的事后评价"②。科研水平由高到低划分为 5 个等级：4 级为"原创性、重要性和精确性在世界范围内领先"，3 级为"原创性、重要性和精确性在国际上有一定地位但和顶尖机构仍有差距"，2 级是"原创性、重要性和精确性受到国际认可"，1 级是"原创性、重要性和精确性受到本国认可"，最差的是"科研水平低于受国家认可的水平"③。RAE 以同行评议为主要方法，评价在清晰、一致、持续、可靠、高效、公正、平等、透明的原则下进行，无论基础研究、应用研究或者战略研究，都给予相同的权重。

近年来，国内外学术界普遍意识到，要从更宽广的视角对社科研究成果的价值、影响和效益进行全面评价，其评价主体不仅应包括学术界自身，还应包括政府部门、社会公众和专业中介机构；评价内容不仅应包括学术评价，还应包括成果的经济效益、社会效益的评价；评价方法不仅应采用同行评议对成果进行定性评价，还应采用文献计量方法对成果进行定量评价。

三、江苏新型智库评价的机制创新

长期以来，我国哲学社会科学战线以认识世界、传承文明、创新理论、资政育人、服务社会为使命，积极回应国家经济社会发展的重大理论和现实问题，为繁荣发展中国哲学社会科学、提升全民文化素养做出了重要贡献。随着时代的发展，我国哲学社会科学事业的内涵也不断得到丰富，由偏重纯理论研究到主动聚焦现实重大问题，更多的社科研究成果直接介入生产、管理和决策过程，社科研究在资政辅政、启迪民智、平衡分歧、聚贤荐才方面的智库作用功能不断得以强化。但与此同时，偏重于理论研究

---

① 何燕玲、蓝满榆：国外人文社科研究趋势及成果评价制度比较，《华南理工大学学报（社会科学版）》2011 年第 6 期。

② 朱少强：国外学术机构评价的研究进展，《重庆大学学报（社会科学版）》2008 年第 1 期。

③ 焦霖：国外人文社会科学评价体系同样面临争议，《中国社会科学报》2012 年 3 月 19 日。

成果的社科评价体系已经不能适应实践的要求，迫切需要改革创新。

作为全国发达省份，江苏正在"率先全面建成小康社会，率先基本实现现代化"的道路上先行先试。经济建设中的先发优势，带来了新的矛盾与挑战，必然要求理论探索先行一步，切实发挥智库作用。2011 年 4 月，省委书记罗志军在全省社科优秀成果颁奖会上发出加快建设社科强省的动员令，要求更加注重基础研究和应用研究的结合，研"中国特色社会主义区域性探索"之所需，究"又好又快推进'两个率先'"之所要。此后，江苏学界对现实问题愈发关注，在新型智库评价机制方面作了许多创新性的探索，机制的支撑作用和学者的理论自觉互相促进，相得益彰，一大批针对性强、作用重大的科研成果相继涌现。

一是注重课题规划管理的应用导向。近年来，随着国家社科规划管理工作对应用型研究的鼓励明显加大，江苏社科规划管理工作也在不断完善。省规划办在编制省级年度课题规划时，特别注重把中央和省委的战略部署、当前经济社会发展中遇到的重大问题转化为研究课题。除广泛征集学者意见外，还征集党委政府部门、相关单位的意见建议。此类题目从工作实践中来，具有重大的现实意义。近几年来，江苏应用对策型项目的比例一直在提高，如 2013 年度江苏省社会科学基金项目建议选题中，应用对策型项目就超过了 60%。从 2013 年起，江苏还实施省社科基金重大专项研究，主要瞄准现实问题。

二是注重决策咨询研究的成果转化。社科研究成果的价值主要体现在应用和转化中，科研选题只有与时代合拍、与现实需求对路、与党委政府工作衔接，才能为经济社会发展提供强大的精神生产力。江苏从 2006 年第九届哲学社会科学优秀成果评奖开始，就特别注重研究成果是否获得领导批示，是否转化为政策，是否对经济、社会、城市发展产生促进作用。在江苏历届哲学社会科学优秀成果评奖中，决策咨询研究成果获奖比例逐年提高，占到获奖总数的 10% 左右；从第十一届哲学社会科学优秀成果评奖开始，还专设了决策咨询奖。

三是注重评价主体和激励机制创新。江苏根据新型智库建设的要求，以研究成果质量创新和对经济社会实际贡献为核心标准，在传统的学术界同行评议基础上，完善了用户评价、同行评价和社会评价相结合的评价激励机制，传统学术评价体系轻应用项目的倾向逐步得以转变。省规划办、省社科联把应用研究成果是否在内部刊物上刊登、是否得到省领导批示、被实际部门采纳，作为项目结项的重要依据，并给予一定奖励。很多高校也尝试转变科研评价机制。南京师范大学将应用对策研究成果纳入学校科研成果考评体系，明确对决策咨询研究成果的认定，将领导批示和在核心期刊发表成果同等对待，在职称评定时还专门增设"应用推广为主型教授"和"应用推广型副教授"。

第二节　智库的竞争力与影响力

现代智库是由专家学者和知识人员组成的研究咨询机构，是现代决策体制的产物。在知识经济时代，智库对政治、经济、军事、外交等的作用日趋明显，对政府决策的影响也越来越大，智库整体竞争力和影响力日益增强。

一、智库竞争力与影响力的基本理论

关于竞争力的理论起源于对制造企业的研究。从 20 世纪 20 年代开始，许多学者从不同角度研究了企业竞争力，取得了丰富的研究成果，也形成了若干不同的学派，包括以波特（Porter）为代表的市场结构学派、以沃纳菲尔特（Wernerfelt）和彭罗斯（Penrose）为代表的资源学派、以罗斯比（Loasby）和克努森（Knudsen）为代表的能力学派等[①]。

目前学术界关于竞争力的研究按照地理可划分为国家竞争力、区域竞争力和城市竞争力研究，按照组织可划分为企业竞争力和产业竞争力研究，但主要的研究成果集中在企业层面的战略管理领域。

1990 年，美国密歇根大学商学院教授普拉哈拉德（Prahalad）和伦敦

---

① 杨梅英、黄页：国内外企业竞争力理论与学派发展综述，《中国集体经济（下半月）》2007 年第 1 期。

商学院教授哈默尔（Hamel），在其合著的《公司核心竞争力》一书中首先提出核心竞争力的概念。在他们看来，核心竞争力是"在一个组织内部经过整合了的知识和技能，尤其是关于怎样协调多种生产技能和整合不同技术的知识和技能"。企业核心竞争力的识别标准有四个：价值性、稀缺性、不可替代性、难以模仿性①。

借用核心竞争力理论，智库核心竞争力是指在智库的发展演变过程中长期培育、积淀而成的，并深深融入智库内质中，使智库长期保持可持续竞争优势的能力系统。其外在表现是竞争优势：高水平的人才队伍和良好的服务能力；其深层内涵包括优秀的文化和先进的制度。智库的核心竞争力使其区别于其他同类智库，并且难以为其他智库所模仿②。

从内涵上，可以将智库竞争力划分为三个方面：智库创新能力、智库影响能力、智库管理能力。

1. 智库创新能力。"创新之父"熊彼特（Schumpeter）认为，"创新就是建立一种新的生产函数，即把一种从来没有过的关于生产要素和生产条件的新组合引入生产体系③"。"现代管理学之父"德鲁克（Drucker）则指出，"创新的行动就是赋予资源以创造财富的新能力。事实上，创新创造出新资源……凡是能改变已有资源的财富创新潜力的行为，就是创新④"。智库是生产知识、产生思想、迸发智慧的场所，创新能力体现在其提供新思想、新观点、新理论、新知识、新方法的能力，创新能力的高低直接关系到一个智库竞争力的强弱，是某一智库区别于其他智库的差异性，这种差异性最终形成智库在社会上所能获得的竞争优势。

2. 智库影响能力。由于智库专家的特殊身份，他们不是政策的直接制定者，而只能作为间接参与者进入决策系统。在此前提下，如何评价智库的影响力并发挥智库对决策的影响便成为智库研究最重要的理论议题之

---

① Prahalad，C. K. & Hamel，G.，"The Core Competence of the Corporation"，Harvard Business Review，1990，68（3）.

② 李安方等：中国智库竞争力建设方略，上海社会科学院出版社 2010 年 6 月版。

③ ［美］约瑟夫·熊彼特：经济发展理论，商务印书馆 1990 年 5 月版。

④ ［美］彼得·德鲁克：卓有成效的组织管理，机械工业出版社 2014 年 7 月版。

一①。影响力是智库竞争力的主要内容，影响力大的智库，其竞争力也必然强，反之亦然。因此，影响力是智库的生命线②。挪威学者加尔东（Galtung）运用社会结构理论，对智库影响力的层次进行分析。他根据社会各阶层与决策的关系将社会结构分为决策核心（decision－making nuclear，DN）、中心（center）和边缘（periphery）三个层次③。所谓决策核心层即是指公共政策的制定者，他们掌握着决策权，对公共决策起决定性作用；在核心层以外是中心层，如媒体、企业界和学术界的社会精英等，他们尽管不具备决策权，但是具有一定的话语权；边缘层是普通大众，他们虽然在数量上属于社会多数，但却不拥有与政策相关的信息渠道和表达能力，是政策变迁的被动接受者。此外，在全球化时代，智库不仅是各国国内问题的研究者，而且在国际事务中发挥着越来越重要的作用。为此，我们可将智库影响力划分为决策影响力、学术影响力、社会影响力和国际影响力四类，其中，决策影响力是最根本的、起决定性作用的。

3. 智库管理能力。智库是一所没有学生的大学（university without students），其管理机制不同于大学和一般的研究机构。主要特点是：在人员管理上不拘一格、唯才是举，注重从大学、企业界和政府卸任官员中选拔人才，并与大学、企业界和政府建立起良性的人员双向流动机制；在业务管理上科学高效，委托签约、前期论证、研究分析、成果评审、成果转化各阶段都有着严密的程序；在财务管理上严格规范，对各项费用能够准确预估、有效控制，资金接受外部审计；在营销管理上，努力拓宽筹资渠道，积极争取资助，注重产品和服务推销，注重利用媒体提高知名度和影响力，等等。其中，营销管理对于一个智库增强独立性、增强自我发展能力具有极为重要的意义。

二、国外智库影响力评价的实践

对于智库影响力的评价，大致可以划分为局部性测度法和整体性测度

① 朱旭峰："思想库"研究：西方研究综述，《国外社会科学》2007年第1期。
② 李凌：影响力——智库的生命线，《群众·决策资讯》2014年第3期。
③ J. Galtung, "*Foreign Policy Opinion as a Function of Social Position*", Peace Research Society (International), Vol. 2, 1965, pp. 206－231.

法。局部性测度法是将目光聚焦在智库参与政策过程的某个阶段、发挥影响力的某些手段和渠道或者决定其影响力大小的某些因素，利用其局部的表现和影响来作为智库影响力的代言。如：通过考察智库的研究成果是否直接被决策者应用到政策制定中去，来判定智库是否产生影响力；或者统计智库媒体引用情况并按照引用次数多少对智库进行排名，以此作为智库影响力大小的排名。整体性测度法是成立由智库专家、同行、政府官员等参加的调查小组，让他们依照一定的标准并按照其心目中的印象来为多个智库的影响力进行评价，从而区分出不同智库的影响力大小。这种方法的首要优点是简单易行，非常适合大量案例的研究，而对于智库是否对政策制定产生了影响以及影响的程度有多大并没有具体的证据来说明，且往往带有一些来自个人的、地区的、学科的和意识形态的偏见[①]。

美国学者 Wiarda 设计了一个局部性测度法，他认为，如果美国国务院、国防部官员或者中央情报局和国家安全委员会的分析家在给他的秘书或下属的部门主任以及总统写备忘录时，面前恰好放着你的研究报告，假如他在写的时候用了你的观点和分析，那你就有影响力[②]。

21 世纪以来，借助于现代统计分析方法和数据库管理技术，以实证方法研究智库影响力成为西方智库研究的一个新领域，并呈现趋热之势[③]。

2000 年，尼古拉斯·拉博（Nicolas Ruble）估计了从 1997 年 7 月到 1999 年 6 月期间，12 家经济政策智库和智库里 171 名学者的新闻能见度，开创了定量分析智库影响力的先河。研究结果表明，最顶尖的三家智库是布鲁金斯学会（Brookings Institution）、国际经济研究所（Institute for International Economics）和美国企业研究所（American Enterprise Institute），最顶尖的三位学者是来自国际经济研究所的弗雷德·伯格斯坦（Fred Bergsten）、罗伯特·利坦（Robert Litan）和来自布鲁金斯学会的尼古拉

---

①　孙志茹、张志强：思想库影响力测度方法综述，《图书情报工作》2010 年第 12 期。

②　Wiarda H J. , "*Foreign policy without illusion: How foreign policy—making works and fails to work in the United States*". Glenview, IL: Scott Foresman /Little, Brown Higher Education, 1990.

③　金芳等：西方学者论智库，上海社会科学院出版社 2010 年 6 月版。

斯·拉迪（Nicolas Lardy）①。

2002 年，亚当·普森（Adam Posen）用了非常复杂的方法，将研究扩展到 16 个智库和 276 名学者。结果发现，同样是布鲁金斯学会、国际经济研究所和美国企业研究所分列智库前三甲。学者排名中，弗雷德·伯格斯坦和罗伯特·利坦依旧排在前两位，而拉迪的排名下降到第五位，罗伯特·莱希豪尔（Robert Reischauer）被评为第三，他同时就职于布鲁金斯学会和城市研究所（Urban Institute）②。

2005 年，苏珊娜·特里姆巴斯（Susanne Trimbath）进一步将研究的时间跨度扩展到 8 年（1997 年 1 月 1 日到 2005 年 3 月 30 日），此外还将《洛杉矶时报》加入到出版物行列，将加州米尔肯研究所（California's Milken Institute）加入到智库行列。研究表明，此次智库排序与 2002 年的研究结果相比变化很小，没有大的不同③。

从 2006 年开始，美国宾夕法尼亚大学"智库与公民社会项目"（Think Tanks and Civil Societies Program，TTCSP）负责人詹姆斯·麦甘（James G. McGann）主持启动了全球智库调查，并连续 7 年推出《全球智库报告》，"依靠完全开放的提名过程和专家小组对提名的审查"对全球智库的分布和影响进行排名。

《2013 年全球智库报告》指出，2013 年全球共有智库 6826 个，美国是全球拥有智库最多的国家，共有 1828 个；中国智库的数量在全球排名第二，有 426 个；排名第三位的是英国，有 287 个。在全球顶级智库排名中，美国布鲁金斯学会、英国皇家国际事务研究所、美国卡内基国际和平基金会位列前三，著名的美国兰德公司排名第八位。在全球顶级智库前十名榜单中，美国占了 6 家，英国 2 家，瑞典、比利时各 1 家。在前 100 名顶尖智库榜单中，中国社会科学院、中国国际问题研究院、中国现代国际关系研

① Ruble, Nicolas, "*Think Tanks：Who's Hot and Who's Not*", The International Economy，September 2000.

② Posen, Adam S. "*Think Tanks：Who's Hot and Who's Not*", The International Economy，Fall 2002.

③ Susanne Trimbath，"*Think Tanks：Who's Hot and Who's Not*", The International Economy，September 2005.

究院、国际战略研究中心、上海国际问题研究院、国务院发展研究中心等 6 家中国大陆机构得到提名。

麦甘对全球智库的排名研究是一项开创性的工作，由于麦甘本人在智库研究领域的权威地位，其推出的《全球智库报告》影响力在迅速扩大，被称为"智库的智库"（Think Tank's Think Tanks）。这一排名对于中国了解欧美国家智库影响力、把握全球智库发展格局和趋势具有重要参考价值。但同时必须注意到，全球智库排名采用的是整体性测度法中的"整体印象评价法"，主观偏见影响较大。麦甘本人也强调，"如果机构被列入杰出智库榜单，并不表示宾夕法尼亚大学智库与公民社会项目对其机构、出版物和研究项目的认同和支持。同样，没有被提名的智库也不证明其质量糟糕或表现不佳。全球 6826 家智库都在弥合知识和政策之间的鸿沟方面表现出色。本报告仅仅是突出了世界上的一些领先智库①。"

三、我国智库影响力评价的实践

智库影响政策的过程非常复杂，影响因素众多。朱旭峰（2005）借鉴加尔东（Galtung，1965）关于社会各阶层与决策关系的分析框架，将智库影响力划分为"政策核心层影响力"、"社会中心层影响力"和"社会边缘层影响力"三个层次，再结合中国的政治环境及智库发展的具体情况，从"文字"和"活动"两个方面共构建 6 个指标，将其综合起来评价智库影响力，如下表所示②：

朱旭峰智库影响力指标体系

载体	政策核心层影响力	社会中心层影响力	社会边缘层影响力
文字	中央/部门 领导批示	中文核心期刊 发表论文数	成果被媒体报道
活动	作为专家接受政府邀请 参加咨询会议次数	受邀参加国内全国范围 的学术会议次数	接受媒体采访次数

---

① *2013 Global Go to Think Tank Index & Abridged Report*，Think Tanks and Civil Societies Program，University of Pennsylvania，Philadelphia，PA US，January 22，2014.

② 朱旭峰：网络与知识运用：政策过程中的中国思想库影响力研究清华大学学位论文。

这种测度方法涉及了智库在多个社会结构层次的影响，并建立起这些影响的综合指标体系，不仅对智库影响力的构成和层次有全面系统的解析，而且还实现了这些影响的充分量化。但是，最终的测度效果依赖于研究人员能否根据被研究对象的具体情况，合理地将智库影响力进行分解并设计完备的指标体系，这是此种方法能否发挥效力的关键①。

林芯竹（2007）选择了 3 个影响政策变迁过程的变量来考察智库的影响力，分别是：在一定时间跨度内智库参与媒体报道的次数、举办政策研讨会的次数和到国会进行外交陈述的次数。通过比较，得出美国主要智库对公共政策的大致影响程度②。但是，这种评测方法相对简单，只能得到粗略的结果，且与一般的定性研究差别不大。

上海社会科学院智库研究中心项目组借鉴了麦甘《全球智库报告》的研究方法，结合经济转型与社会发展背景下中国特色新型智库建设的实际需求，采用多轮主观评价法，通过广泛与定向发放调查问卷的方式，综合学者、智库专家、实际部门工作者和媒体的意见，分别就中国智库的综合影响力、系统影响力和专业影响力三个层面进行评价与排名③。该报告将中国智库划分为党政军智库、社会科学院智库、高校智库与民间智库四大类，并认为这些智库在性质、组织形态、经费来源和研究方向上的差别是它们有别于彼此、并能在政策变迁过程中形成不同影响力和政策介入模式的基本原因。该报告从 4 个方面提出了中国智库影响力的评价标准：成长与营销能力、决策影响力、学术影响力、公众影响力。根据中国智库分类演化与研究领域的特点，该报告设计了三类排名，所有入选三类排名的智库共同组成中国的顶级智库。第一类是综合影响力排名；第二类是系统影响力排名，包括党政军智库、地方社科院智库、高校智库和民间智库；第三类是专业影响力排名，涵盖经济政策、政治建设、文化建设、社会发展、生态文明、城镇化建设和国际问题等七个方面。

---

① 孙志茹、张志强：思想库影响力测度方法综述，《图书情报工作》2010 年第 12 期。

② 林芯竹：为谁而谋——美国思想库与公共政策制定，知识产权出版社 2007 年版。

③ 上海社会科学院智库研究中心项目组：中国智库影响力的实证研究与政策建议，《社会科学》2014 年第 4 期。

综合影响力前 10 名分别是：国务院发展研究中心、中国社会科学院、北京大学、清华大学、中国国际经济交流中心、中共中央党校、国家发改委宏观经济研究院、复旦大学、上海社会科学院、中国（海南）改革发展研究院；

上海社会科学院的研究借鉴了宾夕法尼亚大学智库与公民社会项目组（TTCSP）的研究方法，主要是通过两轮问卷调查获取被访者对中国现有智库的主观评价信息，设计问卷信息处理程序，加权计算后获得中国智库影响力的综合排名与各类别排名结果①。

第三节　江苏新型智库影响力评价初探

一、指标体系的初步构建

我们在综合借鉴国内外相关研究的基础上，提出江苏新型智库影响力评价指标体系。指标体系的构建遵循以下主要原则：

1. 全面性。指标体系既着眼于学术界同行评价和社会评价，更考虑到作为用户的党政部门评价，因此在考察智库的学术影响力、社会影响力和国际影响力的同时，特别突出了决策影响力的中心地位；既要有定量评价，也要有定性评价。

2. 可比性。指标选取要有较强的普适性，能够适用于国际智库和国内其他省市智库，便于进行比较研究。

3. 可行性。以客观指标为主，兼顾主观指标，指标监测切实可行，便于操作，可采集、可量化。

4. 开放性。指标体系采用累计求和的方式，即智库影响力是所有指标分值的汇总，不涉及其他复杂运算。这样便于随时根据形势的变化，将指

---

① 上海社会科学院智库研究中心项目组：中国智库影响力的实证研究与政策建议，《社会科学》2014 年第 4 期。

标体系中一些不合时宜的指标去除，同时可以引入新的指标。

根据以上原则，尝试构建江苏新型智库影响力评价指标体系，如下表所示。

江苏新型智库影响力评价指标体系

	序号	一级指标	二级指标	三级指标
基本评价（A）	1	来源指标	基本要素	A1. 成立时间/存续时间
	2			A2. 级别/隶属关系
	3			A3. 规模
	4			A4. 工作条件
	5		核心要素	A5. 研究人员
	6			A6. 研究经费
	7	表征指标	决策影响力	A7. 领导批示与层级
	8			A8. 转化为政策情况
	9			A9. 参与党政部门决策咨询情况
	10			A10. 研究人员曾经在党政部门任职比重
	11		学术影响力	A11. 发表论文情况
	12			A12. 出版著作情况
	13			A13. 项目课题情况
	14			A14. 召开或出席学术会议情况
	15			A15. 成果获奖情况
	16		社会影响力	A16. 在媒体发表成果或被媒体报道情况
	17			A17. 接受媒体采访情况
	18			A18. 网络传播情况
	19		国际影响力	A19. 在国际期刊发表论文情况
	20			A20. 出版外文著作情况
	21			A21. 举办或参加国际学术会议情况
	22			A22. 与外国专家合作情况
	23			A23. 智库业务国际化情况
	24			A24. 获得国际奖项情况

续表

	序号	一级指标	二级指标	三级指标
基本评价（A）	25	支撑指标	自我发展能力	A25. 自筹资金情况
	26			A26. 成果营销情况
	27		自我宣传能力	A27. 是否拥有期刊
	28			A28. 是否拥有出版发行机构
	29			A29. 门户网站建设情况
	30			A30. 是否拥有微博、微信等自媒体
附加评价（B）	1	加分项	决策层重视	B1. 领导视察考察次数与层级
	2		行业内地位	B2. 牵头举办重大活动、进行重大课题研究
	3		规范化管理	B3. 获得党政相关部门颁发的先进称号
	4	扣分项	价值导向	B4. 政治方向、舆论导向与国家政策相悖
	5		学术不端	B5. 交叉引用、交叉署名、抄袭剽窃等
	6		负面新闻	B6. 有负面新闻见诸媒体

二、指标体系的主要内容

智库影响力指标体系总体上分为基本评价和附加评价两大部分，共有36个指标。智库的影响力指数 II（Influence Index）采取积分制，每个智库初始分值为100，在此基础上，对照各指标予以加分或扣分，将总分值从大到小排序即可得各智库的影响力，得分不设上限和下限，得分越高，说明智库的影响力越大。影响力指数由下式给出：

$$II＝100＋A1＋A2＋\cdots＋A30＋B1＋B2＋\cdots＋B6$$

其中 B4，B5，B6 取负值，其他指标均取正值。为便于计算，凡数值不是整数的，向下取值，如9年半记为9年，19.9万元记为19万元，49.8%记为49%。

下面对各指标作详细说明：

（一）基本评价（A1～A30）是关于智库常规运行情况的评价，分为影响力来源指标、影响力表征指标、影响力支撑指标。

（1）来源指标（A1～A6）是从历史的视角分析智库的影响力，即这些指标解释了智库影响力是如何形成的。得分越高，智库越有可能具备较强的影响力，具体可分为基本要素和核心要素。基本要素（A1～A4）是对一个智库最基本情况的描述，核心要素（A5～A6）是从人才和经费的角度来考察智库的实力。

A1. 成立时间/存续时间。智库从成立到发挥影响需要一个过程，那些历史悠久的智库往往比一些新成立的智库更有社会影响和学术声誉。成立时间20年及以上，10分；成立时间10～19年，8分；成立时间5～9年，5分；成立时间0～4年，2分。

A2. 级别/隶属关系。虽然理论上"智库的核心竞争力是创新能力和舆论影响力，而不是其规模和级别[①]"，但在中国特有的国情下，级别或隶属关系在很大程度上决定了智库参与决策的层次，如中央级智库参与国家重要政策课题研究的机会要比地方智库多得多。省部级智库或省级机关主管，10分；地市级智库或市级机关主管，6分；其他智库，2分。

A3. 规模。一般而言，大型智库具有更为充足的人才资源和更为雄厚的研究力量，对政策的综合影响也更大。人员主要以专职研究人员计，兼有其他任务的研究人员，根据投入智库建设工作的时间折算。100人及以上，10分；50～99人，8分；10～49人，5分；10人以下，2分。

A4. 工作条件。专门办公场所、图书资料室、学术期刊网络，以上条件具备一项得2分，不具备不得分。

A5. 研究人员。智库研究人员中拥有博士学位或正高级职称的比例达到70%及以上，10分；比例介于60%～69%，8分；比例介于50%～59%，5分；比例介于0～49%，2分。

A6. 研究经费。人均研究经费50万元及以上，10分；20～49万元，8分；5～19万元，5分；0～4万元，2分。

（2）表征指标（A7～A24）是从现实的视角分析智库的影响力。当一个智库具备较强影响力的时候，可以通过这些指标表现出来，具体可分为决策影响力、学术影响力、社会影响力和国际影响力。智库以影响决策为目的，因而决策影响力（A7～A10）是最核心最重要的一项，为此，相应

---

① 王莉丽：大国智库影响力，路还有多远?,《21世纪经济报道》2009年6月22日。

的指标分值设置为其他指标的 2 倍；学术影响力（A11～A15）限定在国内，凡是涉外的论文、著作等一律列入"国际影响力"指标；社会影响力（A16～A18）主要用新闻能见度来刻画；国际影响力（A19～A24）则选用智库在国际舞台上的活动来描述。

A7. 领导批示与层级。在中国，领导批示意味着"采纳"、"处理"、"执行"等政策行为的发生，因此，智库的成果获得领导批示是衡量其决策影响力最直接的标志。党和国家领导人批示，20 分；省部级领导批示，16 分；厅局级领导批示，10 分；其他不得分。

A8. 转化为政策情况。研究成果内容被中央级文件采纳，20 分；被省部级文件采纳，16 分；被地市级文件采纳，10 分；其他不得分。

A9. 参与党政部门决策咨询情况。参加党和国家领导人出席的决策咨询会议，20 分；参加省部级领导出席的决策咨询会议，16 分；参加厅局级领导出席的决策咨询会议，10 分；其他不得分。

A10. 研究人员曾经在党政部门任职比重。比重 30％及以上，20 分；20％～29％，16 分；10％～19％，10 分；0～9％，4 分。

A11. 发表论文情况。发表在 CSSCI 来源期刊或相当级别期刊上，8～10 分；发表在 CSSCI 扩展版来源期刊或相当级别期刊上，5～7 分；其他期刊，1～4 分。

A12. 出版著作情况。出版社等级按照原新闻出版总署公布的我国经营性出版社等级评估结果认定。一级出版单位，10 分；二级出版单位，8 分；三级出版单位，5 分；四级出版单位，2 分；其他出版社，1 分。

A13. 项目课题情况。国家级课题，10 分；省部级课题，8 分；地市级课题，5 分；其他课题，2 分。

A14. 召开或出席学术会议情况。全国性学术会议，10 分；全省性会议，8 分；全市性会议，5 分；其他会议，2 分。

A15. 成果获奖情况。国家级奖项，10 分；省部级奖项，8 分；地市级奖项，5 分；其他奖项，2 分。

A16. 在媒体发表成果或被媒体报道情况。国家级媒体，10 分；省部级媒体，8 分；地市级媒体，5 分；其他媒体，2 分。

A17. 接受媒体采访情况。同上。

A18. 网络传播情况。以智库名称或主要学者为关键词，主要搜索引擎（如百度）搜索结果 2000 万及以上，10 分；1000 万～1999 万，8 分；500 万～999 万，5 分；0—499 万，2 分。

A19. 在国际期刊发表论文情况。本指标采取专家主观评分。SSCI 或相当级别期刊，10 分；其他 5 分。

A20. 出版外文著作情况。本指标采取专家主观评分。国际著名出版社，8～10 分；其他国际出版社及国内出版社参照 A12 指标说明，3～7 分不等。

A21. 举办或参加国际学术会议情况。本指标采取专家主观评分。国际重要学术会议，10 分；其他 5 分。

A22. 与外国专家合作情况。在智库长期工作的外国专家比例 10％及以上，10 分；5％～9％，8 分；4％及以下，2 分。

A23. 智库业务国际化情况。本指标采取专家主观评分。承担国外机构委托课题，8—10 分；其他 0 分。

A24. 获得国际奖项情况。本指标采取专家主观评分。国际著名奖项，10 分；其他一般奖项，5 分。

（3）支撑指标（A25～A30）是从未来的视角分析智库的影响力。智库要长期保持自身的影响力，就必须实现可持续的发展，具体可分为自我发展能力和自我宣传能力。自我发展能力（A25～A26）从自筹资金和成果营销两个方面考察智库的自我推销意识及能力，自我宣传能力（A27～A30）从智库自身是否拥有期刊、出版社、网站、自媒体等角度考察其是否具有发表成果、扩大影响的阵地。

A25. 自筹资金情况。自筹资金占研究经费（A6）的比例 50％及以上，10 分；20％～49％，8 分；10％～19％，5 分；0～9％，2 分。

A26. 成果营销情况。本指标采取专家主观评分。研究成果主要依靠产品自身的学术价值而取得销售业绩，8～10 分；主要依靠行政力量推行（如摊派征订任务），0～5 分。

A27. 是否拥有期刊。本指标采取专家主观评分。拥有 CSSCI 来源期刊或相当级别期刊，8～10分；拥有 CSSCI 扩展版来源期刊或相当级别期刊，5～7分；其他期刊，1～4分；无期刊不得分。

A28. 是否拥有出版发行机构。拥有一级出版单位，10分；二级出版单位，8分；三级出版单位，5分；四级出版单位，2分；无出版社不得分。

A29. 门户网站建设情况。本指标采取专家主观评分。有门户网站、经常更新维护、信息量丰富、设计美观，以上条件具备一项得2分，不具备不得分。

A30. 是否拥有微博、微信等自媒体。同上。

（二）附加评价（B1～B6）考虑了不可预计的事件对智库的作用，分为加分项（B1～B3）和扣分项（B4～B6）。

B1. 领导视察考察次数与层级。该指标体现了决策层对一个智库的重视程度。党和国家领导人视察，10分；省部级领导考察，8分；厅局级领导考察，5分；其他不得分。

B2. 牵头举办重大活动、进行重大课题研究。该指标体现了一个智库在行业内的地位，如南京大学牵头组建中国南海研究协同创新中心，体现了该校在南海问题综合研究和服务国家南海战略决策方面的重要作用。全国性活动或课题，10分；全省性活动或课题，8分；全市性活动或课题，5分；其他，2分。

B3. 获得党政相关部门颁发的先进称号。随着社会的发展，民间智库会不断涌现，其对应的管理部门主要是各级民政、工商、社科联等，获得管理部门颁发的先进称号或荣誉称号，体现了一个智库内部规范化管理的水平。民政部、工商总局等部委颁发先进称号或荣誉称号，10分；省级民政、工商等部门颁发先进称号或荣誉称号，8分；市级民政、工商等部门颁发先进称号或荣誉称号，5分；其他先进称号或荣誉称号，2分。

对于一个智库而言，声誉塑造起来需要长时间的积累，但破坏起来却很容易。为此，本类指标（B4～B6）分值要远高于其他指标，且主要采取专家主观评分。

B4. 政治方向、舆论导向与国家政策相悖。视情节，每次扣20分～50分不等。

B5. 交叉引用、交叉署名、抄袭剽窃等。视情节，每次扣 20 分～50 分不等。

B6. 有负面新闻见诸媒体。视情节，每次扣 5 分～10 分不等。

三、指标体系的意义和局限性

以上，我们提出了江苏新型智库影响力评价指标体系，对于科学评价智库影响力具有一定的应用价值。党政部门可以参考影响力评价结果，将需要进行研究的课题委托给相应的智库；有意向资助智库的企业或个人可以参考影响力评价结果，确定捐赠对象；智库自身也可以根据影响力评价结果，大致了解本单位及其他智库各自的优势、劣势，从而明确改进方向。

然而需要说明的是，这只是一个十分粗略的体系，存在着理论上和技术上的双重局限性。

（一）理论局限性

（1）难以界定决策的思想归属。智库一般是通过向决策者提供政策建议来体现智库的价值和影响，但一个智库提出的观点有时候会被其他智库借鉴。而决策者在进行重大决策时往往也会征询多家智库的意见，政策的最终形成常常是多方智慧的结晶，很难确认到底是哪一家智库、哪一个学者的思想对决策产生了决定性影响。

（2）智库成果转化具有时滞。在现实生活中，一项政策的决策过程往往是复杂多变的，有时候一项建议也许会被认为过于超前，时机不成熟而未能采纳，等到条件具备时，可能已经过去了一年甚至更多时间。因此，如果按照年度来对智库影响力进行评估，反映的很可能不是该智库当前的水平。

（二）技术局限性

（1）指标难以获取。包括两种情况：一是某些数据没有纳入正式统计，如学者以个人名义接受企业横向课题（A13）、接受媒体采访（A17），不一定会及时向单位报备，故而导致数据缺失；二是出于政策因素某些数据暂不能提供，如根据相关保密规定，智库参与党政部门决策咨询情况（A9）在一定时间内不得对外透露。

（2）指标口径不明确。如一些智库在发展过程中曾多次更名并调整主管部门，这就导致成立时间（A1）和隶属关系（A2）难以认定；一些学者可能同时供职于多家智库，这就导致该学者的论文（A11）、著作（A12）等学术成果难以界定。

（3）指标依赖性较强。一些指标如论文（A11）、著作（A12）涉及期刊和出版机构的级别认定，而这些认定是否合理在很大程度上决定了本指标体系的公正性、客观性。

由此可见，我们一方面要肯定智库影响力评价指标体系的作用，另一方面也要注意其局限性，不可将指标体系误用甚至滥用。正如德国学者帕瑞克·克勒纳所指出的，"智库排名……可以帮助我们确立智库成功运作的标杆，同时也可以提升政府和机构的政策水平……当我们阅读和使用这些排名时……应该有意识地以其对智库的概念界定和评价排名的方法论为基础，分析其相对局限性……如果我们采取必需的谨慎态度实施智库评价排名，就能够以负责任的态度享受这一过程[①]"。

---

① ［德］帕瑞克·克勒纳著，韩万渠译：智库概念界定和评价排名：亟待探求的命题，《中国行政管理》2014 年第 5 期。

第十二章　江苏新型智库的支撑保障机制

智库建设是一个长期的系统工程，在建设过程中不仅需要长远科学的发展战略，完善合理的功能设计，与时俱进的制度创新，还要在支撑保障机制建设上同步推进，为智库发展奠定坚实基础。所谓支撑保障机制，一般是指为实现一定的战略目标、保证战略正常进行，面对具体任务实施而提供必须的生产条件、生产要素和管理的配套服务的基础支撑和制度保障。建设江苏新型智库体系，需要考虑当前我省经济社会发展的实际情况，逐步构建并完善一整套包括人才、物质、技术、法规、政策、环境等多项要素资源于一体的综合保障机制。

第一节　智库建设的人才保障

一、智库人才的定位

智库建设，人才为本。人才是智库建设的第一资源，人才是智库发展的核心竞争力。在中国历史上，一大批被称为幕僚、谋士、军师的智库人才，以其聪明才智，写下许多辉煌篇章。二战后，世界上一些国家逐步发展起具有他们国家特色的幕府政治和社会幕僚服务行业，这也就是现代西方智库。这些智库集聚大量人才，面向国内国际事务的方方面面展开研究，逐步提升影响力、掌握话语权，成为西方政府决策的倚重。

纵观古今中外，虽然智库人才的素质专长各异、发挥作用的渠道及影响力大小也不尽相同，但归纳起来，一流的现代智库人才，还是具有很多相同的特质。

从知识结构上说。一流的智库人才应该是复合型人才，既是专家，又是杂家。通晓古今中外，懂得政治、经济、社会、科技、军事、外交，甚至天文地理，同时又在不少领域有独到的见解。一流的智库人才应该具有较高的理论修养，掌握现代最新的研究手段和研究方法，具有敏锐的目光，善于发现问题，善于归纳、总结、概括、提升、提炼观点，具有独到的见解和令人耳目一新的思路、对策和办法。通俗些说，最好是个大师，起码应该是个大家。

从人才类别上说。一流的智库应该储备多种人才。智库所从事的课题研究是多方面的，因而需要各类学科的高端人才。兰德亚太政策中心董事托马斯·麦克诺尔说，"我们的项目团队都是从公司的950名专业人员中选拔组成，他们的研究专长几乎涵盖了从经济学和行为科学到医学和工程的所有学术和专业领域。同时兰德善于借助外力——如果要迅速进入自己不熟悉的领域开展新课题研究，就必须充分借助各领域专家的才能。"

从工作经历上说。一流的智库人才应该有在农村、企业、高校、政府、研究机构等领域和部门的工作经历，了解这些领域和部门的运行规律，熟悉这些领域和部门的工作特点。最好还要有政府敏感部门、情报部门或高端资讯部门工作经历，熟悉各类信息、各种情报的来源渠道及获得方法。同时，智库人才还应该有在国外读书或工作、经常到国外考察的经历。

从社会影响力上说。一流的智库人才不仅应该善于搞研究，经常发表有独到见解的文章和观点；还要善于利用主流媒体宣传自己的观点，经常在电视上、高端论坛上、大学讲台上露面，经常作报告、做咨询专家、作战略规划、做社会兼职，负责各种重要的学术岗位。

二、智库人才的培养

人才是智库的核心资产，一个成功智库的重要资源就是人才。人才培养的科学性与合理性，决定了智库的竞争力和成就。

国外著名智库一直十分重视研究人员的培养。他们人才培养的渠道有这样几个：第一，依靠大学培养。在大学中设有咨询专业、开设有咨询选修课，目的是让学生毕业后适应咨询业的需要。第二，智库成立自己的培养机构。例如兰德公司早在 1970 年就成立了兰德研究院，专门培养政策分析、研究方面的人才。他们采用的教学法是"在职法"，即边干边学、理论与实践结合。这样培养的人才，在进入智库后不需再经熟悉阶段便可胜任研究工作。第三，智库人才与政府部门、企业、大学或其他智库的多向交流机制。即创造机会，使新进入的研究人员能够到政府部门、企业、大学或其他智库结交前辈、进行实践、历练才干，让研究人员与政策负责人和政策规划小组接触，以了解决策的具体过程。通过这种人才交流机制，不仅可以使人尽其才，使智库保持旺盛的思想活力，同时也可以进一步扩大智库的社会影响力。

江苏自古人才荟萃，是教育大省、社科大省，拥有众多从事决策研究的人才。客观上讲，这些人才都可以被视为智库工作者，但从现实来看，专门从事战略设计和研究的人员少之又少。除智力资源分散外，整体素质还很不能满足我国经济社会发展的客观需要。因此，要建设好我省高端新型智库人才队伍，还需要从以下几方面做起：

一要创新人才培养机制。从长远看，要培养和造就一批理论功底扎实，勇于开拓创新的学科带头人，造就一批年富力强、政治和业务素质良好、锐意进取的业务骨干。同时，面对新型智库的建设，要下功夫加强应用研究人才的培养力度，把出成果、高效出成果、出有用成果与人才的培养途径和机制很好地衔接起来。要进一步完善用人制度，建立健全各类人才评价体系，做到人尽其才、才尽其用。

二要努力培养智库名家。进一步建设学术梯队，加大学术领军人物和学科带头人扶持力度，以学科建设凝练研究方向、彰显学术特色和优势，强化团队攻关，在打造新型智库品牌的同时，形成特色鲜明的学科"学派"和智库文化。鼓励和支持更多名家名流到世界著名大学、科研院所、智库机构开展合作研究，传播中国理念，展现学术观点，稳步提升中国国际话语引领力；实施有目的、有计划、灵活的海外学术访问、学术交流、学术休假资助计划，增强中国学术主流价值渗透力；建立合理的分配制度，实行科研经费向重大课题倾斜、向优秀科研成果倾斜、向高端智库人才倾斜的政策。

三要加强青年人才的培养。充分发挥老专家的"传、帮、带"作用，对青年科研人员进行定期具体的科研培训；要积极组织和引导青年科研人员参与国家和省部级课题的研究；从制度上安排一些有培养潜质的中青年学者到基层单位、政府部门挂职锻炼，将管理工作与研究工作有机结合，不断强化问题意识，提高研判问题和解决问题的能力；积极参与和主办有重要影响的国际学术会议，提升智库青年人才的沟通能力和交流水平。

四要注重提高综合素质。夯实基础，端正学风，利用多种形式提高智库人才的综合素质；增强政治意识、责任意识和创新意识，使之树立正确的世界观、人生观和价值观；坚持民主求实、严谨治学、实事求是的学风，树立良好的学术道德；大力弘扬社会主义核心价值观，积极提倡做人、做事、做学问相一致原则；牢固树立国家安全意识、信息安全意识、保密纪律意识，努力塑造、自觉维护自身良好形象。①

三、智库人才的使用

当前对各级党政机构来说，需要进一步提高综合性、开创性、素质较高的人才的使用效率，尽可能多地吸纳他们的智慧成果。在国际上，对智库人才的使用方式灵活多样，特别是交叉任职情况较多。很值得借鉴的是美国顶尖智库人才的"旋转门"做法。

美国是世界各国智库中起源最早、数量最多、影响力最大的国家，其中"旋转门"的人才交流机制是美国智库成熟、发达的关键因素。所谓"旋转门"是指智库成员的身份在政要与学者之间变换，有人甚至"旋转"两三次。智库的学者到政府担任要职，从研究者转变为决策者和执政者，同时，卸任的许多官员也会到智库从事政策研究。这种学者和官员之间的旋转机制使智库的影响力渗透到公共政策决策、制定和执行的各个环节，既让政府保持活力，又强化智库决策咨询服务的针对性和实效性，对智库的发展意义重大。

如今中国的智库与执政当局也开始出现了这种互动。一些政府高官退

---

① 吕余生：关于建设社会主义新智库的思考与探索，《学术论坛》2009 年 12 期。

休后，也隐入智库机构继续发挥余热，例如钱其琛副总理退休后，担任北京大学国际关系学院院长；而著名法律问题专家、中国社会科学院法学研究所所长夏勇，2005年就被任命为国家保密局局长，进入中南海，成为国家领导人的核心智囊之一。但中国智库对决策者的影响，由于公开度、透明度不足，外界知之甚少。

我省对于智库人才的使用，还比较传统，开放程度有待提高；在较高级别的岗位上，智库与政府部门、大型企业之间的人员交流任职互动还不够广泛。同时，不同学科研究人员对相关问题的合作研究缺少高效率、高标准的平台。基于此，江苏在新时期对智库人才的使用要进行不断突破和创新。

一是开放"旋转门"。借鉴欧美的"旋转门"机制，建立智库与政府的长效流动机制，使智库的研究人员能够经常进入政府部门积累实践经验，政府官员也可以经常进入智库加强理论学习，改变智库与政府之间的"脱钩"现象，使智库与政府决策实现有效的结合，促进决策的科学化、民主化。同时，针对我国目前"旋转门"只开半扇的情况，应进一步扩大半官方智库、民间智库的研究人员进入政府机构的机会，鼓励官员离职、退休后进入半官方智库、民间智库，成为研究人员，以增强体制外智库的活力，强化智库决策研究和咨询服务的针对性。

二是提高工作待遇。除了根据考核结果，对智库人才进行职称上的晋升以外，还可以对成绩突出者赋予更高级别的管理岗位。当然这要考虑到该研究人员本身的能力，因为管理毕竟不同于研究，科研能力强不见得就具有高的管理水平。而且也要考虑到研究人员的意愿，有些研究人员并不愿意走向管理岗位。对于那些具有管理能力且有意愿的研究人员，将其提升到高级别的管理岗位上不仅能提高其待遇，而且赋予其新的挑战，在一定程度上能满足其成就需要，从而使其工作更具动力。

三是完善考核标准。我国各类智库基本都有自己的考核标准，但在标准的设计上，大部分智库都给学术论文和专著给予了较高的分值权重，而并未将决策咨询成果纳入考核指标体系中，即使有些智库将决策咨询成果纳入到考核指标体系中，但对其所赋的权重并不高。往往一个极具社会价值的决策报告在科研业绩认定上还不如一篇学术论文。因此建议我省对智库人才设定考核指标时，除了考虑学术论文和专著，还应该把决策咨询成果纳入到考核指标体系中，并且应该给决策咨询成果更多的权重分值。另外，也应该将发表在报刊上的理论和宣传文章纳入到设定的考核指标中，推动智库扩大受众面，提高影响度。

第二节　智库建设的基础保障

智库建设的基础保障是指开展智库研究工作所需的经费、硬件（网络和计算机）、数据信息和成果的共享应用平台、实验室、文献保障体系，以及先进的研究方法理论等。这些基础保障的发达和先进与否，代表着一个国家或地区的学术研究环境是否良性，是一个国家的科研工作能否吸引人才、能否可持续发展的重要基础。

一、加强科研基础设施的建设与共享

"工欲善其事，必先利其器"。科研基础设施的建设及共享是保证智库研究的重要前提和根本保障。

第一，推动科研基础设施建设。当今世界，各国政府愈发重视智库建设，均把科研基础设施的投入与合理配置提升为国家战略。韩国政府主要靠国家拨款或通过国际机构的贷款来筹措资金，购置科研仪器设施。日本则主要通过国会特别拨款以及补助预算等方式对科研硬件投入。印度政府在国力、财力和人力等资源都有限的情况下，集中优势资源建立科学中心，如印度科技部在1976年启动"地区精密仪器中心"计划，成立了"地区精密仪器中心"，以拨款方式投入科研基础设施。

科研基础设施的战略性、公益性和基础性决定了政府财政必须要给予长期稳定的支持。政府是主导和调控科研基础设施的核心，要在科研基础设施的建设、管理和共享的过程中，发挥主导作用。加大对科研基础设施的投资，应成为政府的重要职责。2006年，我国由科技部、财政部等16个相关部委联合组建了"国家科技基础条件平台中心",负责推进全国科研基础设施建设及共享工作。

从我省智库建设的实际情况出发,还需要进一步加强科研基础设施建设,不断集聚国内外智库研究资源、拓展现有智库机构发展空间、改善智库科研条件,促进科研设施共享、信息交流、合作研究和集成创新。要加强科技资源投入的顶层设计和宏观管理,逐步完善制度环境促进科研基础设施的建设;要设立专门机构负责科研基础设施的共享使用;要将科研基础设施的共享与国家科技发展计划、人才培养计划以及经济发展结合在一起优化部署。通过建立科学高效、协调有序的科技资源建设及共享体制,以激励社会各阶层对科研设备的投资,减少由于科研基础设施布局分散、重复建设造成的资源浪费,从而提高科研设备使用效率。

第二,政策法规制度建设。法制建设是科研基础设施合理使用可持续发展的保障。近年来,很多国家都开始着手科研基础设施的共用、管理、权益保护等方面的政策、法规的研究与制定,建立实现共享的政策和法规保障体系。基于各国环境的差异,具体做法不尽相同,但有一些共同的原则:在科研基础设施共享中注意平衡资源共享与资源产权保护之间的关系;以较详细的管理规范保障共享。我国科研基础设施共享中,制度建设落后的问题较为突出。表现在两个层面:一是促进科技资源共享的法律法规缺位。虽然新修订的《科技进步法》从宏观上首次明确规定了科技资源共享制度,提出了科技资源信息共享的原则。但操作上,缺少实施细则。对于拥有科研基础设施的大学和科研院所,缺少明确其共享的权利和义务的法律规定,尽管以补贴等方式鼓励共享,却又与当前国有资产管理规范相冲突,导致各单位的主动性和积极性严重不足,阻碍了科研基础设施的共享。二是科研基础设施共享管理的规范不完善。尽管国家科技基础条件平台中心在实践中探索了多种促进共享的管理方式,但尚未形成明确规范;缺少共享绩效的评价、奖惩等具体管理措施等等。借鉴国外的做法,我省亦应以法律法规的形式加强国有科研基础设施的有效管理,明晰国家科技资源归属权,明确其依托单位的责、权、利,推动国家与地方,科研单位、高校与企业间的科研基础设施共享。将科研基础设施按照不同类别、不同情况、不同用途等，制定相应的共享政策、法规和管理办法，打破部门和行业垄断，为科技资源共享创造良好的制度环境。

第三，探索多种管理模式。在探索大型科研仪器设备共享管理模式方面，美国经历了从单一管理模式到主管—合作管理模式的演变；针对科学数据共享，美国采取公益性共享模式，而欧洲则采取市场化共享模式。实际上各国政府为了更好地适应共享需求做出了不懈努力。影响管理模式的因素复杂多样，但模式变化的基础却都基于能力的发展。主要是指管理能力和服务能力，既包括灵活管理的规制，比如依据模式变化快速转变绩效评价办法，也包括专业技术支撑人员提供共享服务的技能。只有支撑共享的能力提升，才能确定更有效的管理模式。我国处在经济社会的转型发展过程中，面临的挑战和问题复杂多样，应尝试多种管理模式的探索。但目前国内大多数科研基础设施共享实行的是单一管理模式，由依托单位管理。该模式在当前科研体制下面临巨大挑战，由于不能吸引高水平的专业技术支撑人才来管理和运营科研基础设施，直接降低了科研基础设施共享服务能力。因此，江苏应从各类科研基础设施的特点出发，着力于高水平专业化支撑队伍的建设，探索多种管理模式，提升科研基础设施的共享管理和服务能力，整体上提高科研基础设施的共享服务质量，促进科技资源的利用效率。

二、推进基础数据库建设，提高信息技术水平

信息技术导致了公共服务和公共部门的进步与革命。充分利用信息技术，实现智库的政策研究和决策咨询服务的进步是大势所趋。当前信息技术发展的总趋势是以互联网技术的发展和应用为中心，从典型的技术驱动发展模式向技术驱动与应用驱动相结合的模式转变。其特点就是计算机数据分析、信息流、分析平台和网站成为智库研究的新工具。能否得到准确、全面的数据信息是智库能否生存的前提。只有让智库专家能便捷有效地利用数据库信息，才能建立更深层次的研究目标，不断提高江苏智库的研究水平和技术含量。

我省近年来高度重视基础数据库平台建设。在十年前已建成的江苏电子政务内网平台的基础上，一批支撑各业务应用系统运行的数据库也相继

建成：人口数据库、企业信用基础数据库、基础地理信息数据库、综合电子档案基础数据库等。在这项工作不断推进的过程中，也存在一些问题，主要是信息资源横向共享不畅；信息资源共享机制滞后；网络安全问题突出等。为此，下一步应该做到：

一是进一步完善基于网络的基础数据库应用系统

我国各级政府掌握着数以千计的非常有价值的数据库，但大部分利用率很低。因此尤其要充分利用好基础数据库的信息资源为社会公众服务。可以围绕网络环境下的信息采集、处理、管理和服务等方面建立基于基础数据库的电子政务信息资源应用系统。该系统包括两个方面的核心应用：一是综合服务系统，具有信息发布、信息检索、导航服务、信息处理、电子杂志等功能；二是管理决策支持系统，具有信息处理、信息查询、决策分析等功能。此外还可开发使用便捷、可检索的终端用户界面以满足不同类型、不同层次使用者的共同需求。

二是正确认识基础数据库共建与共享之间的关系

在基础数据库的建设中，由于经费不足以及认识方面的偏差，人们只希望共享不注重共建。而基础数据库的共建恰恰是十分重要的。只有共建基础数据库，才有共享的基础。虽然有的政府部门也认识到共建的重要性，但总找一些客观原因为自己开脱。忽略共建的做法将会导致电子政务信息资源共享体系的瓦解。因此必须从根本上认识到只有在保证基础数据库建设的前提下才能更好地实现基础数据库信息资源的共享。

三是加强基础数据库相关部门之间的协作

共享信息资源要求改变以政府为中心的传统服务模式，树立服务观念，构建以公众需求为中心的新型政府服务模式。政府职能机构要在网络化的管理平台上进行高效率的协同工作，以基础数据库为基础实施以跨职能、跨部门的形式组织政府业务流程。例如并联审批事项、城市突发事件应急等业务不是某个政府部门能够独立解决的，需要多个职能机构协同工作才能完成；而要迅速、有效地开展跨部门的协同业务，就要对所需基础信息和业务信息实现信息资源的共享。因此，为适应社会经济发展的需求，必须加强政府各部门之间的协作，实现跨地域、跨部门、跨层次的基础信息集成和无缝隙信息共享。

四是加强基础数据库安全标准体系建设

为了保障基础数据库信息资源共享的安全，要加紧规划，制定统一的基础数据库信息安全标准体系，包括制定统一的隐私保护标准、数字签名标准、加密标准、认证标准以及信息公开规则等。只有这样，才能真正保证标准的统一性、权威性和可行性，也才能有效保障基础数据库信息资源共建与共享中的信息安全。否则不同部门各自为政、体系众多、跨地区、跨部门或跨系统的信息安全将成为一句空话，互联互通将无法实现。

三、智库建设的经费保障

经费保障是智库生存与发展的基础与前提。由于政治文化及体制差异，与西方的智库概念有所不同，我国智库有着明显的"体制外"与"体制内"之分。其中，官方、半官方智库属于体制内智库，吃财政饭，与决策者有着密切的关系，基本垄断了政府决策研究及话语权，可谓一支独大。而民间智库则身居"体制外"，主要依靠国外资金资助，要么凭借个体经营的人脉关系从政府部门或企业那里得到一点资助，资金捉襟见肘，经常面临生存危机。因此在江苏智库的经费保障建设中要区别对待，有所侧重。

一要继续加大政府投入。国际上，很多政府对智库的经费投入很大。美国的政府决策者和企业家每年都拨出巨款，委托智库机构对重大决策问题进行研究。例如2011年兰德公司的收入达到2.73亿美元，布鲁金斯学会达到1.02亿美元。我省在2012年出台《加快推进社科强省建设实施意见》中明确提出，加强对哲学社会科学事业的财政投入。对国家和省委、省政府确定的重大项目，事关江苏'两个率先'亟须研究的重大项目等，给予重点扶持和专项经费支持。这应该是在智库建设进程中的重要举措。下一步，省财政应该在智库建设的资金投入上加大力度，统筹安排，合理布局，完善管理，努力培育建设具有中国特色、江苏风格、国际影响的新型智库。

二要扩大资金筹集渠道。我省大部分智库都有一定的财政补贴，但这种资金来源较少，不能满足进一步发展的需要。为了增强自我发展的能力，这些智库应进一步拓宽智库资金来源的多样性与管理使用的有效性，努力构建市场化的运作机制，在市场化发展的过程中健康生存和壮大。一方面应积极争取国家有关部委、地方政府或公司的委托课题，多方筹集资金；另一方面还应建立资金公共积累机制，增强自有资金，以期在经费方面尽量减少对外界的依赖性，加强自主研究，增强调研的创意性、独立性和客观性。

三要加大民间智库扶持。从欧美国家的经验来看，民间智库已经成为推动政治、经济、社会政策改革发展的关键力量。我国民间智库的发展仍处于起步阶段，数量少、规模小、影响力弱。比如，目前我国最大的民间智库北京天则经济研究所专职人员不到20人，年运营资金约200万人民币。其他的民间智库人数更少，有的仅一两个人，难以高质量、高效率地开展相关工作。[①] 从我省来看，构建和完善多元化的民间智库资金筹措机制，实现资金来源的多样化势在必行。其一，通过政府直接补助和成果采购加大政府资金对民间智库的支持；其二，可以设立专门面向民间智库的公共政策研究基金，鼓励民间智库通过课题申请获得资金支持；其三制定税收减免、扣除政策，鼓励企业、基金和个人向民间智库的捐赠行为，从而大力推动民间智库的健康发展，形成多种智库协调发展和优势互补的共生机制。[②]

第三节　智库建设的环境保障

现代智库是随着社会政治经济的发展而产生的，没有一定的政治民主，没有科学决策、民主决策的良好气氛，智库的发展是不可能的。中国智库要有新鲜血液，创新的思想，良好的发展，必须实现政策环境、法制环境以及社会环境的整体优化。

一、智库发展的政策环境。

当前，我国自上而下的行政体制，决定了江苏智库的可持续发展必须

---

① 李俏梅：我国民间智库的培育及其发展，《重庆社会科学》2013年8期。

② 朱瑞博、刘芸：智库影响力的国际经验与我国智库运行机制，《重庆社会科学》2012年第3期。

要有良好的政策环境；这同时也是推进政府科学决策、政策的科学化、合理化的关键因素。

第一，切实加强组织领导。各级党委、政府应全面提高对智库发展重要性的认识，把思想统一到党的十八届三中全会精神上来，充分认识中国特色新型智库的地位和作用，把智库建设作为推进科学执政、依法行政、增强政府公信力的重要内容，列入重要议事日程。要建立健全党委统一领导、有关部门分工负责的工作体制，切实加强对智库建设工作的领导。在对全局性问题和公共政策相关方的利益进行考量时，充分发挥智库作用；在决策的信息来源、思想来源和事实来源方面，积极听取智库建言；将智库纳入各级党委、政府的决策参考体系，大幅提高决策的科学性、民主性、公正性和有效性，更好地发挥智库以智辅政的作用。

第二，完善智库发展政策。随着现代决策的科学性、专业性、系统性的增强，迫切需要将"谋"、"断"分离开来，在法律制度上正式将智库引入公共决策过程之中，将公共智慧吸纳进来，充分体现智库研究的独立性。当智库的一些研究成果和政策建议与政府的原有政策存在较大差异时，各级官员要尽可能地给予智库专家更多的研究空间，使智库专家能够充分论证相应的政策方案。要做到"兼听则明"，而不要用资金或时间等条件限制智库研究。逐步改变传统的集"谋"和"断"于一身的政府决策及政策研究体制，真正实现新型智库的繁荣与提升。

第三，建立健全管理制度。政府要面向各类智库，搭建决策咨询的公共竞争平台，在决策系统开放、公共信息公开和智库社会法律地位等方面一律平等，制定公平竞争的游戏规则；规范科研项目的招投标及评估程序，确保项目必须依靠实力参与公平竞争而获得，在项目申报和审批中，以"能力"取代"身份"或"关系"。重视发展民间智库，在制度上公平地将民间智库纳入公共决策的程序，在决策体制上打破决策权力集中或官方智库垄断、封闭决策的现状。

二、智库发展的法制环境

完善的法制是推动智库繁荣发展的重要保障。世界上很多发达国家对智库的发展均提供了大量的法规和行业规范支持。例如，日本早在 20 世纪

50 年代后就相继制定了《中小企业诊断实施纲要》、《企业合理化促进法》等多部法律，为智库协调、有序的发展提供了法律支持。德国、美国等国家都有自发性的咨询行业协会，用于实现咨询和智库行业自律。[①] 在法律与政策支持方面，我国虽然在政策制定中有咨询论证这一环节，但在政策的质询、监督等公共决策程序方面还没有完全制度化，在法律上还没有明确规定。同时，在对智库的政策支持方面也没有正式的文件，智库的法人地位还不够明确，还不能保证智库能够合理合法运行并得到有效规制。我省应借鉴国外先进做法，尽快研究制定有关公共决策智库咨询的专门法律法规，把决策咨询纳入各级政府决策机制，使之制度化、法制化。

一是立法建设。通过法律手段确定智库的地位、功能、责任、权利等内容，为明确智库的法律地位和促进其发展提供完备的法律依据。在完成基础性立法后，再从实际发展情况出发，进一步完善智库法制体系的建设。根据新型智库建设的目标与内容，及时制定新的法律，修改原有的法律。坚持法制统一原则，建立健全法律之间冲突、抵触的协调和处理机制。

二是执法建设。加强相关行政机关严格按照法定权限、法定程序和法治精神对智库进行管理，在坚持法律原则的基础上讲究效率，主动有效地行使对智库的监管职能，强化外部监督功能。在严格执行法律法规的前提下，做到公平、公正、合理、适度。对于违反相关法律法规规定的智库机构，要按照法律追究其法律责任，确保社会主义法制的正义性，保证智库间的公平发展。

三是规范建设。首先是通过具体的法律条款重新对政府公共决策特别是重大决策过程进行严密的、科学而理性的规范化设计，构建智库"谋"、政府"断"的合理分工决策平台，使智库咨询成为重大决策程序的必备环节。其次是建立公共决策咨询招标和采纳制度。规范政府公共决策智库咨询招标的流程和采纳标准，建立决策机构对智库咨询意见的回应机制，形成智库参与权与政府决策权之间的制衡结构。当智库提供的决策方案不被政府决策者采纳的情况下，决策者应向智库提供书面说明。再次是建立决

---

① 智库产业与智库产业区的发展探索，《中国智库》2013 年 1 期。

策后政策实施的评估和调整机制。在政府有关部门作出政策决策和政策执行后，由第三方智库提供评估报告给决策者，并将评估报告在符合法律规定的情况下向社会公众公开。①

三、智库发展的社会环境

建设江苏特色新型智库，要坚持服务理念，明确智库定位，实现服务政府、服务社会和服务人民的统一。高水平的智库建设要在政府、社会和人民之间找到一个最佳平衡点，实现在为政府建言献策的同时，服务于人民的切身需要，用专业知识解答大众的问题，引导社会舆论，教育大众理性思考，为智库发展营造良好的外部环境。

第一，鼓励创新包容，提升社会文明素养。江苏的新型智库要快速发展壮大，需要一个鼓励创新、自由包容的社会"大"环境。2012 年我省提出了"三创三先"的新时期江苏精神，把"创业创新创优、争先领先率先"作为率先基本实现现代化进程中全省人民的豪迈宣言，也为江苏智库发展提供了自由创新的研究氛围。在此基础上，还要努力构建包容的研究环境，发展包容文化，提倡包容精神，让不同领域、不同群体、不同方向的智库思想实现多元交汇和整合，发挥好江苏智库这一"最强大脑"的资政作用，全力助推江苏现代化建设。

第二，构建平台载体，树立智库品牌形象。要高度重视并积极实施江苏智库品牌战略，从省级层面支持智库平台载体的建设，从政策、资金、资源上给予扶持。一方面拓展已有的智库活动平台，扩大其覆盖面，增强影响力，如江苏发展论坛、现代智库论坛、江苏决策咨询研究基地以及各类研讨会等；另一方面要着眼江苏发展的新常态，新建一批具有较强针对性、实践性、前瞻性的平台载体，加强与国内外知名智库的合作，接轨全球研究网络，不断提升江苏智库的研究层次和社会美誉度。

第三，借助信息媒介，增强公众沟通理解。近年来，网络新媒体已经成为欧美智库众多传播渠道中的新宠。要借助互联网提供的论坛、BBS、贴

---

① 朱瑞博：智库影响力的国际经验与我国智库运行机制，《重庆社会科学》2012 年 3 期。

吧、新闻留言、博客、播客、网络杂志、掘客等，再加上手机短信、手机上网、网络传播等多种渠道，向公众推广江苏智库的思想和观点，不断取得公众广泛理解与支持。在此基础上，拉近智库与公众的距离，让社会公众能够主动、踊跃地参与到江苏智库日常开展的社会调查、问卷、访谈、咨询等各类研究活动中来，从而使智库研究更接"地气"，使智库成果更得"民心"。

第十三章 江苏新型智库的拓展跨越

智库是一个国家和地区"软实力"的重要组成部分，是推动科研智力转变为现实生产力的重要支撑。江苏智库将迎来发展的大好机遇，但我们也清醒地认识到，当前发展面临着一些挑战。江苏智库发展尚处于初期阶段，面临着高端人才相对匮乏、国际话语权较弱等问题。建设江苏新型智库、协调智库体系发展和提升国际影响力将成为江苏新型智库拓展跨越的重要课题。

第一节 江苏新型智库的开拓创新

在信息时代和知识经济时代，全球化进程不断加速，当今世界的国际竞争已经不仅仅是"硬实力"的竞争，以思想、观念、文化为核心的"软实力"竞争已越来越受到重视。江苏新型智库作为创新思想的源泉，开拓创新显得尤为重要。

一、发展理念创新

建设江苏新型智库，必须准确把握"中国特色"的内在要求。始终坚持中国特色社会主义方向，坚持党管智库，遵守国家宪法和法律法规，立足我国国情，充分体现中国特色、中国气派、中国风格，借鉴但不照搬西方智库模式，牢固把握政治方向；把握省情，服务伟大实践，以促进社会公平正义、增进人民福祉为出发点和落脚点，深入探讨改革开放和现代化建设中的战略性问题，进一步解放思想、解放和发展社会生产力、解放和增强社会活力，坚决破除各方面的体制机制弊端，以高质量、高水平的研究成果服务于党委、政府的决策；以国内外前沿性、战略性、系统性研究为重点，整体推进和重点突破相结合，以成果的应用与转化为评价标准，广泛凝聚共识，形成改革合力，在社会发展的关键时刻、重要节点，能够提出重大理论概念和重大战略，为科学决策提供智力支撑。

建设江苏新型智库，需明确智库发展框架。要从构建江苏新型智库体系的总体要求出发，做到任务分明、管理科学、协同创新，着力破解智库发展中存在的不平衡、不协调现象，积极推进各层面、各领域、各类别智库的建设；要发挥各个智库的自身优势，积极推进各类智库共同发展，激发创新活力，形成研究合力；要强调专业化和精细化，根据自身实际，服务大局需求，凝练主攻方向，形成自身优势和行业特色，避免大而全，小而散，避免同质化和单一化。充分利用官方、半官方和民间智库等各层面组织，形成既有分工、又有合作且有竞争的多元发展格局和智库新体系，达到服务决策、服务社会和服务人民的有效统一。

建设江苏新型智库，要认清智库整体功能。智库发挥着提供新思想、参与重大决策、引导舆论教育公众、储存和输送人才、开展公共外交等功能。改变目前智库只服务于决策的传统观念和发展模式，全面发挥智库的整体效应。智库整体功能主要表现为三个方面：咨政建言。紧紧围绕省委、省政府决策急需的重大课题，开展前瞻性、针对性、储备性决策研究，提出专业化的政策建议，提供具有战略谋划价值的各类成果。舆论引导。一方面，智库要宣传自己的主张、扩大自己的影响，需要借助媒体进行传播推动；另一方面，媒体在进行新闻报道和时事评论时，也需要借助智库专家的分析和解读来吸引受众，提高社会关注度和市场份额。人才培养。智库具有人才储蓄和为社会其他部门培养输送人才的功能。智库很重要的一个功能就是为政府和企业输送人才，美国所谓"旋转门"机制，实现了智库人才和权力部门人才的互相交流，值得我们在江苏新型智库建设中予以借鉴。

二、平台载体创新

专业性平台创新。专业性平台是指就某一专门领域、专项课题或专题人物开展的学术活动。近年来，江苏智库围绕重大课题和纪念活动开展了一系列的学术活动，为社科工作者研究重大历史事件和历史人物提供了活动舞台。除了组织全国性重大纪念活动的学术研究外，江苏智库还组织了孙中山、周恩来、瞿秋白等历史人物的系列学术研讨活动，推出了一批在全国产生影响的学术成果。创新江苏智库专业性平台，要做到充分论证，适应社会发展的内在需求；要扩大平台效应，由相关专业相互共建；要努力寻求新的生长点，不断推陈出新。

综合性平台创新。综合性平台是指省市级学术层次最高、学科门类最全的公共交流平台。自 2006 年我省举办首届社科界学术大会以来，我省多次举办学科学术活动、学会学术活动、学术大会高层论坛。学科学术活动分专场举行；学会学术活动是在省级社科类学会、研究会举办学术研讨会和学会年会的基础上，举办学术成果展示会；学术大会高层论坛在学科学术大会和学会学术大会的基础上召开。面对经济社会发展问题的多元性、复杂性和综合性，江苏新型智库需要搭建一个开放式的综合性平台，整合多方面的研究资源，开展信息沟通、资源共享、项目共建等合作研究，打造上下一体、左右联动、"没有围墙"的平台载体。

基础性平台创新。基础性平台是指全省依托高校、科研院（所）等成立的各类研究中心和研究基地。在基础平台建设上，各有关单位在组织机构、人员配备、办公场所和项目经费上给予大力支持；通过协同创新的科研模式集聚多学科、多领域的人才，特别是引导一大批中青年社科人才转向应用研究领域，壮大基础性平台的研究力量；通过举办高水平、高层次的学术交流活动，促进科研水平的整体提升，扩大江苏智库基础性平台的品牌影响力。要进一步推进基础性平台载体创新，为科学决策、民主决策提供更好的学理性论证。

高端化平台创新。高端化平台是指围绕重点学科和重点项目攻关而搭建的平台或成立的研究机构。首批"江苏省哲学社会科学研究基地"之一的南京师范大学江苏法治发展研究院，2014 年荣获"区域法治发展协同创新中心"称号，成为第二批"江苏高校协同创新中心"。苏州大学公法研究中心 2010 年获准为第二批"江苏高校哲学社会科学重点研究基地"。江苏智库高端化平台需要进一步集聚优势资源，发挥人才合力，为经济发展、深化改革、文化建设和地方决策等提供理论支撑和智力支持。

三、协同机制创新

高校智库协同创新。是指高校内部各学科教师之间、高校与高校教师之间以及高校教师与科研院所和企业的研究者、生产者、管理者之间，围绕重大战略需求、重大科技项目，解决行业关键和共性技术以及生产实际中的重大问题，投入各自的优势资源和能力，在政府、科技服务中介机构、金融机构等相关主体的协同支持下，合作攻关，从而力求在科学研究、技术开发上取得重大进展和突破的创新活动。问题导向是高校协同创新的基础，只有明确亟须解决的问题，才能制定智库发展目标，进而明确需要协同的资源、创新的机制体制等。江苏新型智库建设必须在高校协同创新上有所突破，一切从问题出发，提高优质研究资源的汇聚能力和各个研究主体之间的协同能力，建设跨学科、多主体的研究平台，实现文理之间、高校之间的有机融合，使不同的研究主体围绕共同的问题开展高水平的研究。

"产"和"研"协同创新。是合作各方以资源共享或优势互补为前提，以共同参与、共享成果、共担风险为准则，为共同完成一项技术创新所达成的分工协作的契约安排。以企业为技术需求方、以智库为技术供给方的研发合作是主要形式。加强"产"、"研"协同创新，体现了知识经济的本质，是提高江苏新型智库服务社会和企业发展能力的关键，也是新常态下江苏产业核心技术创新能力的新思考。可通过以下具体运作来实现江苏智库产学研协同创新：高度重视组织的结构协同和过程协同，如对合作关系的重视、高层管理对合作模式的支持、人力资源的分配、信息交换、冲突解决程序等；成立协同创新委员会等专门机构管理产学研合作过程，建立以企业、智库为核心，联合政府相关部门、中介组织、金融机构等组成的协同创新委员会；加强网络化产学研协同创新的组织运作，突破以往的智库从研究成果到产业化的线性模式，实现基于协同的并行模式，甚至网络化模式。

区域协同创新。是以技术创新等多方面创新带动整个区域智库合作的综合创新。其本质表现为目标驱动、要素聚合、组织机制强化、优势互补等。在区域内部实现各地区联动发展，各地区的科研机构、科研人员和科研项目在区域内协同合作，打造区域智库创新平台，最终实现区域智库创新效益最大化和区域智库创新能力的提升。江苏历来重视长三角区域协同创新。由教育部人文社会科学重点基地——南京大学长江三角洲经济社会发展研究中心主办的"全国长三角经济社会发展高端研讨会"，为新型智库区域协同创新提供了有益的借鉴。江苏要建立与长三角地区多个研究机构协同开展全方位、多维度、多层次研究的平台，既有不同机构间的横向协同，也包括基础研究、应用研究、决策支持间的纵向协同，同时还包括资源协同、队伍协同、人才培养协同等，构建有利于智库区域协同创新发展的长效机制。要坚持竞争激励和崇尚合作相结合，促进人才资源合理有序流动。

四、智库品牌创新

把握规律是品牌创新的基础。智库品牌创新作为系统工程，要遵循培育期、成长期和成熟期这一发展规律。必须用系统的眼光来指导、规划，确保智库品牌在培育期打好基础，在成长期快速发展，最终促进智库品牌进入自我创新、自我提升的成熟期。在此基础上，通过重点扶持，促使更多的智库品牌做优做强，发挥在江苏乃至全国决策咨询领域的品牌效应。

人才建设是品牌创新的重要支撑。各类智库的首席专家代表着智库品牌整体力量的高度，既要扮演好"领衔主演"的角色，又要在智库建设和课题研究过程中，加强指导、加强协调、带好队伍，使有能力、有水平的研究人才不断迅速成为支撑智库品牌发展的中坚力量。要特别注重培养、引进青年人才，指导他们筑牢理论研究的基础，提高服务决策咨询的能力水平。引导他们深入基层实际，深入了解省内外的改革发展前沿，多给机会，多挑重担，在一线实践中培养造就青年人才。只要始终坚持瞄准学科发展最前列，立足实践发展最前面，关注时代发展最前沿，智库人才就能成为省委、省政府在决策咨询领域信得过、用得上的人，从而更好地发挥智库品牌的作用。

多出精品是品牌创新的根本任务。品牌的打造是一个长期的过程，不是一朝一夕就能够形成的。江苏新型智库的品牌，是靠一个个课题、一项项成果、一份份决策咨询报告累积起来的，要把每个课题、每项成果、每个报告都当作精品来做。要强化跟踪研究，瞄准一个方向，围绕一个主题，贯穿一条主线，通过逐年积累，形成自己的特色和优势。经过几年的努力，建成队伍最精锐、资料最丰富、研究最深入、成果最系统的智库，切实增强品牌的产出能力。

五、产业发展创新

智库产业发展创新的目标是，能够提供高质量的思想产品，为党委、政府提供决策议案，促进决策科学化；设置公共议题，激活政策舆论，引导社会思潮；储备人才资源，担当政学商互动的"旋转门"；加强民间国际交流，提高文化软实力，为经济社会健康可持续发展提供支撑。

江苏智库产业发展创新有着良好的现实基础。从市场需求和市场环境来看，为科学决策、民主决策提供政策储备的政府需求，为生存发展的企业需求和为传承文明、引导舆论的社会需求，构成了江苏智库产业发展多层次、多元化、持续性的需求；相对完善的规则、公平的竞争机制又确保了思想市场的平稳发展。从研究成果来看，无论是接受党委、政府或企业委托提供定向的研究成果，还是智库从业人员根据自身经验、方法以出版书籍、文章或专题报告形式，向特定或不特定对象提供研究成果，优质的思想产品奠定了江苏智库产业市场的核心。从产业资本的支持情况来看，除了政府资金之外，基金会、企业和个人资金的注入，也为江苏智库产业发展提供了条件。

江苏智库产业发展创新可从以下几方面进行：一是培育江苏智库产业市场化，引入智库产业发展的竞争机制。让全社会的智库都能够有机会参与决策咨询研究，通过市场竞争，优胜劣汰，健全江苏智库产业发展的内在机制。二是促进江苏智库产业制度化，制定智库产业发展的总体规划、完善社会配套环境。可以借鉴大学城、高新区等做法，规划特定地区发展智库产业，面向市场需求，立足区域优势，建设具有广泛影响力的智库产业基地。三是提升江苏智库产业规模化，大力发展各类智库机构。一定数量和规模的智库机构是智库产业存在和发展的基础。因此，适度规模化的智库产业，是未来智库体系建设的一个必要的组成部分。

第二节 江苏新型智库的协调发展

由于受社会、文化、体制等因素的影响，江苏智库体系建设还存在一些问题，需要在结构上统筹推进、布局上合理规划、规模上适度有序、阶段上积极转型，从而促成江苏新型智库体系的协调发展。

一、结构上统筹推进

江苏新型智库体系的发展应该统筹推进，使"官方智库"、"半官方智库"、"民间智库"三者形成相互补充、共同发展的局面。这样，才能更好地保证研究结果的客观公正性，为江苏社会发展贡献各自的力量。

做大做强官方智库。官方智库构成了江苏新型智库的主力军，主要依托或隶属于党委、政府有关部门，具有稳定的经费来源和政策参与渠道。据有关统计资料，党政部门一半以上的课题流向所属的研究机构，官方智库在获得决策研究课题上有着得天独厚的条件。此外，党政部门掌握的关键信息或数据有些只对官方智库公开，也为官方智库的咨询研究提供了极大的便利。可以通过制定有关政策、搭建综合平台、促进官方智库之间人才的合作等方式，发挥官方智库综合作用，形成规模优势，使之成为江苏新型智库的中流砥柱。

大力促进半官方智库。这些研究机构既有官方的资源和信息通道资源，也有市场化活力，具有明显的专业性，分布比较广，数量也比较多，上升空间也会更大。政府应在制度、经费、税收、数据等方面大力支持。通过制定法规，对半官方智库发展的定位、性质、管理、经费、运行与监督给予法律性、制度化的规定。通过专门基金会，或者合同订购，专门用于资助半官方智库，使半官方智库具有稳定的经费支持。此外，政府在税收方面提供优惠政策，鼓励公司和个人对半官方智库捐赠。建立各种数据库和联机检索系统，以便半官方智库可及时获得充分的信息，切实增强半官方智库决策研究和咨询服务的科学性。

积极扶持民间智库。借鉴发达国家的某些做法，对民间智库投资者实行减（免）税政策，允许民间智库对客户进行有偿服务，通过研究项目委托的方式由政府向民间智库提供财力支持。鼓励有条件的学者和退休公职人员到民间智库工作，拓宽民间智库从政府那里获取信息并为政府提供咨询的渠道。对学术团体类的民间智库，也可由具备条件的党政机关公职人员加入。当然，对于民间智库的建立和运作，政府应予以必要的规范。总的看来，适度发展相对独立的民间智库，既是实现决策科学化的必然要求，也是加快江苏新型智库体系协调发展的重要举措。

二、布局上合理规划

智库的布局要实现集聚化与区域化相结合。江苏的智库机构主要分布在南京、苏州这样的城市当中，例如中国城市经济学会长江三角洲城市发展研究中心、江苏省城市发展研究院、江苏环境与发展研究中心、南京大学社会舆情分析与决策支持研究中心、苏南发展研究院、江苏省吴文化研究基地、苏州大学中国特色城镇化研究中心等，有影响力的智库主要分布在这两个城市。江苏智库的集聚化有利于促进智库机构间的有效合作；有利于创新智库机构的科研能力；有利于提高江苏智库的总体竞争力。江苏智库集聚化发展初见成效。与此同时，必须注意到，出于建设苏南示范区、苏中崛起、苏北振兴的考虑，江苏智库在布局上也应体现区域性的特色，立足当地实际，积极服务区域性的经济社会发展。

智库的布局要实现综合性智库与专业性智库相结合。江苏智库需要在布局上强调综合性智库的建设，主要表现为：机构设置完备，涉及领域广泛；人员结构上注重文理结合，多学科交叉，形成综合优势；研究人员成长迅速，智库机构多以老中青三结合为主；涉及空间广，智库尽管有其重点，但研究范围覆盖多个领域。江苏智库的专业化包括人才队伍的专业化、研究领域的专业化和咨询工作的专业化。智库的发展只有形成自己的专业化，才能进行真正的深入研究。全社会要有一个比较开放的公共空间和一个尊重专业化独立性的咨询决策氛围。

智库的布局要实现打造龙头型智库与发展各类别智库相结合。推进江苏智库合理布局，需要加强江苏智库的高水平建设，打造龙头型智库机构，努力建成全国及区域性智库专业网络。要推动龙头型智库研究人员来源多渠道、任职方式灵活多样，鼓励交叉任职，打破现有官方智库人员专业结构、人事关系的封闭型模式；要增强龙头型智库对公众的影响力，通过公共媒体加强与公众的沟通。同时，积极培育各类别智库机构。各有关部门应进一步推动民间智库等各类智库机构发育发展，以形成一定的智库机构规模。在此基础上，加强智库机构发展的规划，实行分类指导，引入竞争机制，激励各类智库机构公平竞争。

三、规模上适度有序

新型智库体系的协调发展要与经济社会发展阶段相适应。江苏综合经济实力在中国一直处于前列，2013 年人均 GDP 位列中国省份第一，但在美国宾夕法尼亚大学发布的《2013 年全球智库发展报告》全球 150 家顶级智库排名中，江苏没有智库上榜。在上海社会科学院智库研究中心发布的《2013 年中国智库报告》智库影响力排名中，江苏只有 1 家（南京大学）在全国排在第 23 位。从全国活跃的智库地区分布看，江苏活跃的智库数量在全国各省居位偏后，总体上发展水平与经济发展水平差距明显。江苏要在 2020 年左右总体上达到世界中等发达国家的水平，在全国率先基本实现现代化。在率先实践的过程中，理应产生与经济社会发展水平相适应的智库。可以通过扩大资金进入渠道，稳定智库发展经费来源，推动江苏智库在决策咨询质量上迎头赶上，为社会经济发展作出应有的贡献。通过扩大宣传、引导舆论等方式，确立智库发展要与经济发展相适应等理念，从而加大全社会对智库发展的扶持力度。

新型智库体系的协调发展要与社会各界需求相适应。经过三十多年的改革开放，江苏在经济上成功实现了持续高速发展。与此同时，江苏经济、社会和文化领域的发展不均衡状况也在不同程度上体现出来。在社会转型的背景下，贫富差距较大、自然资源短缺、社会老龄化等所带来的社会问题，需要智库机构集思广益、群策群力；党委、政府在面对纷繁复杂的决策环境时，同样需要智库机构为科学决策、民主决策提供政策储备；企业为了生存发展，也开始更多的强化了对智库机构的咨询需求。这些构成了江苏新型智库发展多层次、多元化、持续性的需求。为此，江苏智库要注重思想产品质量，以社会各界需求为依托，逐步建立智库思想产品综合评价体系，增强智库思想产品的针对性和实效性。

新型智库体系的协调发展要与人才结构相适应。要发挥学术领军人物作用。根据江苏的优势学科、特色学科和各类高端人才，办出江苏新型智库的特色。江苏在文史哲方面具有优势，在经济学领域也集聚了一批人才。近年来，江苏政治、法学领域涌现出了一批学术带头人，为新型智库建设奠定了较好的人才基础。在现有的基础上，各类智库要网络更多更高层次的专业人才，源源不断地产出有强大影响力的新思维、新观点、新理论，以满足社会各界发展的新需求。智库发展需要有丰富阅历的人、有党政部门工作经验的人，更需要有对历史、人文、哲学、经济涉猎广泛的人。只有形成门类齐全、特色鲜明的人才结构，才能为打造新型智库体系奠定坚实的基础。

四、阶段上积极转型

一是发展模式的转型。发展模式的转型目标应该为：从求生存到求发展的转型，从封闭到开放的转型，从纯实体到实体加网络的转型。江苏可以采用借势发展战略。相对于国家级智库而言，江苏智库属于地方智库，是"弱势群体"，资源有限，所以借势发展战略应该作为一个重大的战略路径选择。有两个方面的势可以借，一方面是借国家和地方发展的大势；另一方面是借助强势。"弱势群体"要借助强势，即通过和国家级智库之间的合作与交流取长补短。

二是体制机制的转型。体制机制转型的目标应该为：打破体制内束缚，切实加强组织、运行机制转型升级，真正成为地方党委、政府名副其实的思想库、智囊团，成为引领社会发展、引领社会生活的力量。江苏可以采用内涵提升战略。内涵提升战略的核心在于创新，实际上是一种优化组合，包括科研创新、管理创新、体制机制创新等。通过内涵提升战略，智库发展水平将大大提升。要确保现有的发展空间不被侵占，同时还要积极扩大运行空间。运行空间的扩大对智库影响力的提升有着重要作用。

三是学科设置的转型。学科设置的转型目标应该为：学科比较齐全；学科特色鲜明；形成若干优势学科。江苏可以采用整合资源战略。整合资源本身也是创新。整合资源可以创造财富、创造效益，关键是如何整合，能否使各方利益达到一个共同的契合点。江苏的优势是品牌、平台和人力资源，结合这些软资源优势，整合各类资源，可以形成特色鲜明、优势明显的学科发展态势，开创合作共赢的良好局面。

四是推进科研转型。科研转型的目标应该为：从由重数量向重质量的转变，从一般的理论研究向有针对性的、精品化的研究转变，从重视出成果向重视成果转化转变，实现科研实力和水平的跨越。江苏可以采用比较优势战略和项目化带动战略。江苏智库在规模、实力、研究人员数量、经费等方面都不占优势，所以必须寻求比较优势。与国家级智库比，江苏智库的比较优势就是熟悉省情、市情与县情，要把这个比较优势发挥出来。智库转型还必须寻求并依靠大项目，靠传统的日常运转方式不可能有大发展。实践证明，经济建设、社会发展都要靠项目带动战略，没有项目带动就只能缓慢发展。

第三节　江苏新型智库的国际化道路

进入全球化时代后，国际化逐步成为当代智库发展的重要特征和方向。目前世界发达国家的智库发展已呈现明显的国际化特征，国际影响力十分巨大。为扩大国际影响力，江苏新型智库应积极探索国际化道路。

一、江苏新型智库国际化的现实基础

江苏智库有着较为完善的组织结构。组织结构一般包括人员构成、组织形态和网络关系三个方面。在人员构成方面，江苏智库采用聘请临时或兼职外国专家和招录不同国家、不同文化环境专职研究者相结合的方式，为江苏新型智库国际化建立了人才交流合作渠道；在组织形态方面，通过组建南京大学中美文化研究中心等跨国合作智库，加快国际化步伐。

江苏智库有着开放的研究领域。江苏的外向型经济、开放型战略，需要智库从国际视野提供科学性的决策咨询；江苏在"一带一路"中地位独特，需要同其他国家进行深入交流与合作。这既对江苏智库国际化提出了迫切需求，也为江苏智库的国际化奠定了坚实基础。一方面，江苏智库将研究领域不断向国际金融体系改革、气候环境、能源安全、国际反恐、贫困与疾病等这些全球议题扩展；另一方面，江苏智库及时关注、广泛涉猎和深入研究其他国家问题，以期为决策提供有效决策支撑。高校智库是最早进行国际化领域研究的智库组织。南京大学成立了专门的政策研究机构，如南京大学中美文化研究中心。这个中心有人脉广、对现实问题敏感、专业根基厚实等特色优势，具备国际化智库建设的条件与基础。

江苏智库有着广泛的合作交流。交流活动所涉及的范围从国内向国外甚至全球扩展。为加强与国外智库、研究机构的联系，有关学术团体和组织先后举办"社会变迁与社会结构转型国际研讨会"、"中韩伦理学国际学术研讨会"、"第11届世界符号学大会"、"第四届东亚环境社会学国际研讨会"等学术研讨交流活动，取得比较好的反响。为推进江苏省决策咨询智库建设工作，2013年12月，江苏省社科联联合东南大学和罗马俱乐部、中华能源基金委员会，举办"江苏决策咨询国际智库高层专家研讨会"，得到国内外专家学者的大力支持和积极响应。

二、江苏智库国际化存在的问题与挑战

江苏智库国际化人才较为匮乏。目前江苏智库普遍存在研究人员数量少、待遇低，中青年学术骨干培养乏力，缺乏领军人物，人才结构不够合理等问题。其中，缺乏高素质、高水平的国际化人才严重制约着江苏新型智库国际化转型。江苏新型智库在国际性人才引用机制上不够健全，也很难留住国际化人才。一个智库能否持续产出具有公信力和影响力的政策报告，很大程度上取决于研究人员的素质和水平。缺乏国际性人才的智库，很难产出高质量的思想作品。因此，江苏新型智库国际化急需世界一流人才。

江苏智库研究方法相对落后。研究方法的落伍导致国际化研究能力相对落后。江苏大多数智库，基本上还停留在"发现问题，解决问题"的阶段，缺乏全球化的思维、国际化的眼光和前瞻性、系统性的研究能力。在信息爆炸的时代，每天会有不断增多的新技术被创造出来，这就要求智库不断去寻找更加高效科学的研究方法，产生更有分量的作品。要通过多样化的媒体传播工具，推介研究成果，从而增强研究成果的说服力和影响力。

江苏智库资金短缺。目前江苏智库的资金来源主要依靠政府部门直接拨款，存在资金不足问题。民间智库的资金更为紧张，一方面难以获得政府的财政支持；另一方面，企业、社会、团体等的资助也很少。为解决资金问题，一些江苏民间智库开始谋求与海外机构合作并寻求外部资助。把握不好，就有可能迎合捐助者或者捐助企业、公司、集团的利益及其他要求，损伤自身的独立性和公正性。因此，加大资金投入，是加强智库建设的一个现实问题。

江苏智库的国际影响力不强。江苏虽然有各类智库，但缺乏高端智库，品牌影响力不强。特别是一些智库的研究缺乏国际视野，与国外智库机构鲜有合作，参加国际事务决策咨询不够，因而在大型国际学术会议上显得竞争力不强，优势不明显，话语权不突出。这些问题需要引起足够的重视，并在实践中不断加以解决。

三、江苏智库国际化的路径

建立人才流动机制。加强人才的合理流动，是推进智库国际化的重要保证。美国的"旋转门"机制使得智库成员的身份在政要与学者之间变换，有的甚至多次转换身份。这种机制在保持智库与政府的密切关系、铺设知识与权力的桥梁、影响政府决策等方面起着重要的作用。基辛格、布热津斯基等人在进入白宫前，都曾在洛克菲勒兄弟基金会、兰德公司等智库任职，离开白宫后又重回智库。美国的"旋转门"机制对江苏智库有可借鉴之处。江苏智库除应聘用富有实际工作经验的党政退休干部外，还要考虑在机关干部、企业高管、高级新闻记者等和各类智库专家之间，实现合理有序的自由流动；扩大流动渠道，吸引海外留学的高层次国际性人才以及外国专家学者，加入江苏智库；建设智库文化，提高工作待遇，增加向心力和凝聚力，满足研究人员的归宿感和成就感；接纳一些博士实习生、高水平的志愿者补充人才队伍。与此同时，江苏智库本身可以建立培养高素质人才机制，加强同国际智库的交流，努力打造具有国际竞争力的新型智库。

创新智库研究方法。智库的研究能力是其安身立命之本，研究方法则是研究能力的核心因素。江苏智库要走向国际，需要推进智库研究方法的创新。首先是定量分析的方法。定量分析要有问题导向，把问题定义出来，把目标体系确定出来，在研究中做到案例分析和统计数据相结合。可以通过建立大型数据库，让各类智库共同享有国际信息数据渠道，还可以邀请智库人员参与国际研讨活动等，获取更多更新的信息。其次是定性分析的方法，定性分析建立在定量分析基础之上，通过数学模型，使两者有机的结合在一起。数学模型是相当重要的，在建立模型的过程中需要遵循科学方法，舍弃一些次要的变量，选择好重要变量。在研究的过程中还要吸收相关专家的意见，使专家意见和模型分析统一起来。除此之外，其他新兴的科学研究方法和手段，同样值得我们学习运用。

加强话语体系建设。一是在引导国际舆论上更加积极主动，善于抢占话语权，努力创建中国特色的话语体系，促进江苏媒体走向世界，形式多样地传播中国的理念、文化、价值观和意识形态等，讲好中国故事和江苏故事，加强对国际舆论的反馈与引导；二是加强江苏智库的国际合作，通过举办国际论坛、承担合作项目等形式，建立相对稳定的学术交流机制；三是注重对西方智库的学习研究，引进智库建设的先进理念，全面提升我省智库建设水平，增强国际竞争力和影响力；四是加快实施江苏智库"走出去"战略，吸纳海外智库专家、汉学家等优秀人才，支持我省高端智库设立海外分支机构，推荐知名智库专家到有关国际组织任职。党委、政府应当在未来的发展中，采取有效措施，注重提升江苏智库的国际话语权，制定国际研究领域智库优先扶持发展政策，为江苏智库的国际化提供有力的支持。

顺应全球化的时代背景，江苏智库需要切实把握机遇，应对挑战，积极推进国际化转型。通过建立人才流动机制、创新智库研究方法和加强话语体系建设等措施，推动江苏智库的国际影响力持续上升。

参考文献

1. 魏礼群著：建设智库之路，人民出版社，2014年8月版。

2. 俞可平主编：治理与善治，社会科学文献出版社，2000年版。

3. 胡鞍钢著：中国特色新型智库：胡鞍钢的观点，北京大学出版社，2014年1月版。

4. 王绍光、樊鹏著：中国式共识型决策："开门"与"磨合"，人民出版社，2013年6月版。

5. 王辉耀、苗绿著：大国智库，人民出版社，2014年8月版。

6. 任玉岭、于今主编：中国智库，红旗出版社，2013年12月版。

7. 谭维克主编：建设首都社会主义新智库研究，中央文献出版社，2012年5月版。

8. 王佩亨、李国强等著：海外智库——世界主要国家智库考察报告，中国财政经济出版社，2014年1月版。

9. 王莉丽著：旋转门：美国思想库研究，国家行政学院出版社，2010年12月版。

10. 冯叔君等编著：智库谋略——重大事件与智库贡献，生活·读书·新知三联书店，2012年5月版。

11. 朱有志、贺培育、刘助仁等著：思想库智囊团——社会科学院初论，社会科学文献出版社，2011年10月版。

12. 中国科协发展研究中心编著：智库报告——中国科协发展研究中心决策咨询研究报告（第一辑），中国科学技术大学出版社，2010年2月版。

13. 姜文闵著：哈佛大学，湖南教育出版社，1988年版。

14. 金芳等著：西方学者论智库，上海社会科学院出版社，2010 年 6 月版。

15. 李安方等著：中国智库竞争力建设方略，上海社会科学院出版社，2010 年 6 月版。

16. 李林主编：中国法治发展报告 No.9（2011），社会科学文献出版社，2011 年 3 月版。

17. 林芯竹著：为谁而谋——美国思想库与公共政策制定，知识产权出版社，2007 年版。

18. 刘大椿等著：人文社会科学研究成果评价体系研究，经济科学出版社，2009 年版。

19. 宁骚等主编：现代化与政府科学决策，经济科学出版社，2000 年版。

20. 钱再见著：现代公共政策学，南京师范大学出版社，2007 年版。

21. 沈国经主编：中外著名教育家事典，辽宁教育出版社，1995 年版。

22. 孙立平等著：动员与参与——第三部门募捐机制个案研究，浙江人民出版社，1999 年版。

23. 安淑新：加强我国智库内部管理的对策建议研究，《经济研究参考》2012 年第 8 期。

24. 陈斌：高校智库建设：服务社会的应然与实然，《高等教育管理》2014 年 6 月。

25. 陈朝宗：智库型人才的素质结构、资本投入与培养渠道，《重庆社会科学》2013 年第 6 期；

26. 陈劲、王鹏飞：以实践为导向的管理研究评价，《管理学报》2010 年第 11 期。

27. 陈开敏：中国智库国际化转型的困境与出路，《现代国际关系》2014 年第 3 期。

28. 东中西部区域发展和改革研究院：中国智库发展报告，国家行政学院出版社，2011 年 4 月。

29. 郭奔胜、王勉：地方决策中的智库身影，《瞭望（新闻周刊）》2009

年 4 月。

30. 国务院发展研究中心公共管理与人力资源研究所"国外智库管理体系研究"课题组：中国智库在追赶中崛起，《新远见》2013 年第 11 期。

31. 何燕玲、蓝满榆：国外人文社科研究趋势及成果评价制度比较，《华南理工大学学报（社会科学版）》2011 年第 6 期。

32. 胡鞍钢：建设中国特色新型智库：实践与总结，《上海行政学院学报》2014 年 3 月。

33. 金家厚：建设上海"智库园"的思考，《党政论坛》2011 年 11 月。

34. 金太军：论哲学社会科学的评价困境，《苏州大学学报（哲学社会科学版)》2011 年 2 月。

35. 李安方：智库产业化发展的基本特征与操作，《重庆社会科学》2012 年 6 月。

36. 李国强：中国特色新型智库"特在哪里新在何处"，《中国经济时报》2014 年 6 月 4 日。

37. 李剑鸣：自律的学术共同体与合理的学术评价，《清华大学学报（哲学社会科学版)》2014 年第 4 期。

38. 李凌：影响力——智库的生命线，《群众·决策资讯》2014 年第 3 期。

39. 李卫红：高校在新型智库建设中的使命担当，《人民日报》2014 年 2 月 16 日（A5 版）。

40. 李占峰、金家厚、鲍宗豪：中国智库发展亟需理念和制度创新，《开放导报》2011 年第 6 期。

41. 吕余生：关于建设社会主义新智库的思考与探索，《学术论坛》2009 年 12 期。

42. 上海社会科学院智库研究中心项目组：中国智库影响力的实证研究与政策建议，《社会科学》2014 年第 4 期。

43. 孙志茹、张志强：思想库影响力测度方法综述，《图书情报工作》2010 年第 12 期。

44. 田晓明：高校在智库建设中应有大作为，《群众·决策资讯》2014

年 4 月。

45. 田晓明：文化建设的思考与隐忧，《苏州大学学报（哲学社会科学版）》2012 年 6 月。

46. 王丽莉：美国智库的"旋转门"机制，《国际问题研究》2010 年 2 月。

47. 王启云：作为科研基础设施的图书馆，《图书情报知识》2012 年 3 期。

48. 王志章：关于高等学校哲学社会科学研究评价的思考，《西南大学学报（社会科学版）》2012 年第 1 期。

49. 王志章：日本智库发展经验及其对我国打造高端新型智库的启示，《思想战线》2014 年第 2 期。

50. 温珂：促进科研基础设施共享的探索与启示，《中国科学院院刊》2012 年第 6 期。

51. 徐晓虎、陈圻：智库研究的历史演进及其趋势，《重庆社会科学》2011 年 8 月。

52. 徐晓虎、陈圻：智库发展历程及前景展望，《中国科技论坛》2012 年 7 月。

53. 许启彬、谈洁：东南大学将建"道德国情数据库"，《南京日报》2013 年 6 月 24 日（A5 版）。

54. 杨梅英、黄页：国内外企业竞争力理论与学派发展综述，《中国集体经济（下半月）》2007 年第 1 期。

55. 杨尊伟、刘宝存：美国智库的类型、运行机制和基本特征，《中国高校科技》2014 年 7 月。

56. 叶继元：人文社会科学评价体系探讨，《南京大学学报》2010 年第 1 期。

57. 叶亚峰：江苏省基础数据库建设与应用的基本情况及政策建议，《电子政务》2012 年 1 期。

58. 衣俊卿、田晓明：文化忧思录，《苏州大学学报（哲学社会科学版）》2012 年 2 月。

59. 殷志华：利用信息化手段建立智库研究成果知识管理系统浅析，《中国建设信息》2014 年 17 期。

60. 喻世华：关于高校科研绩效考核的思考，《扬州大学学报（高教研究版）》2012 年第 5 期。

61. 张保生：学术评价的性质和作用，《新华文摘》2006 年第 9 期。

62. 张瑶：加强中国特色新型智库建设，《党政论坛》2014 年 4 月。

63. 仲伟民：关于人文社会科学学术评价的几个问题，《学术界》2014 年第 7 期。

64. 朱剑：重建学术评价机制的逻辑起点，《清华大学学报（哲学社会科学版）》2012 年第 1 期。

65. 朱庆葆：以协同创新推进中国特色新型智库建设——中国南海研究协同创新中心建设谈，《中国高校科技》2014 年 4 月。

66. 朱瑞博：智库影响力的国际经验与我国智库运行机制，《重庆社会科学》2012 年 3 期。

67. 朱少强：国外学术机构评价的研究进展，《重庆大学学报（社会科学版）》2008 年第 1 期。

68. 朱旭峰："思想库"研究：西方研究综述，《国外社会科学》2007 年第 1 期。

69. 朱雪宁：美国智库人才管理机制及其启示，《党政论坛》2012 年 5 月。

70. 左玉河：学术自由：现代大学独立问题百年审视，《中国科学报》2013 年 6 月 10 日（7 版）。

71. ［美］彼得·德鲁克著：卓有成效的组织管理，机械工业出版社，2014 年 7 月版。

72. ［美］亨廷顿著：文明的冲突与世界秩序的重建，新华出版社，2010 年 1 月版。

73. ［美］伦纳德·西尔克、马克·西尔克著：美国的权势集团，商务印书馆，1994 年版。

74. ［德］帕瑞克·克勒纳著，韩万渠译：智库概念界定和评价排名：

亟待探求的命题，《中国行政管理》2014 年第 5 期。

75.〔美〕斯图亚特·S·那格尔编著：政策研究百科全书，科学技术文献出版社，1990 年版。

76.〔美〕托马斯·R·戴伊著：自上而下的政策制定，中国人民大学出版社，2002 年版。

77.〔加〕唐纳德·E·埃布尔森著：智库能发挥作用吗？——公共政策研究机构影响力之评估（修订版），上海社会科学院出版社，2010 年版。

78.〔美〕约瑟夫·熊彼特著：经济发展理论，商务印书馆，1990 年 5 月版。

79. *2013 Global Go to Think Tank Index & Abridged Report*，*Think Tanks and Civil Societies Program*，University of Pennsylvania，Philadelphia，PA US，January 22，2014.

80. Dunn，William N. 1994. *Public Policy Analysis：An Introduction (2nd Ed.)*. Englewood Cliffs，NJ：Prentice Hall.

81. J. Galtung，"Foreign Policy Opinion as a Function of Social Position"，Peace Research Society (International)，Vol. 2，1965，pp. 206—231.

82. Joel S. Migdal，1988. *Strong Societies and Weak States：State—Society Relations and State Capabilities in the Third World*，*Princeton，New Jersey：Princeton University Press*.

83. *Joel S. Migdal. 2001. State in Society：Studying How States and Societies Transform and Constitute One another*，Cambridge，New York：Cambridge University Press.

84. Newman，J. H. *The Idea of a University：Defined and Illustrated*. Chicago. Ill：Loyola University Press，1987.

85. Posen，Adam S. *"Think Tanks：Who's Hot and Who's Not"*. The International Economy，Fall 2002.

86. Prahalad，C. K. & Hamel，G.，*"The Core Competence of the Corporation"*，Harvard Business Review，1990，68 (3).

87. Rich，A. 2004. *Think Tanks，Public Policy，and the Politics of*

Expertise，New York：Cambridge University Press.

88. Ruble，Nicolas，*"Think Tanks：Who' s Hot and Who' s Not"*. The International Economy，September 2000.

89. Smith，James A. ，1991. *The Idea Brokers：Think Tanks and the Rise of the New Policy Elite*. New York：Free Press.

90. Susanne Trimbath，*"Think Tanks：Who' s Hot and Who' s Not"*，The International Economy，September 2005.

91. Theda Skocpol. 1992. *'Bringint the State back In：Strategies of Analysis in Current Research'*，in Peter B. Evans，Dietrich，Rueschmeyer，and Theda Skocpol eds. Bringing the State Back In. NY：Cambridge University Press.

92. Wiarda，H. J. *"Foreign policy without illusion：How foreign policy—making works and fails to work in the United States"* . Glenview，IL：Scott Foresman /Little，Brown Higher Education，1990.

后　记

党的十八大以来，新一届党中央对智库建设予以前所未有的高度重视。2012 年 11 月，党的十八大报告提出，坚持科学决策、民主决策、依法决策，健全决策机制和程序，发挥思想库作用。2013 年 4 月，习近平总书记就中国特色新型智库建设作出重要批示，指出"智库是国家软实力的重要组成部分，随着形势的发展，智库的作用会越来越大。"2013 年 11 月，党的十八届三中全会通过的《中共中央关于全面深化改革若干重大问题的决定》明确提出，加强中国特色新型智库建设，建立健全决策咨询制度，把加强新型智库建设作为全面深化改革的重要内容。

本人本科和硕士均毕业于武汉大学哲学专业。毕业后，在江苏省委宣传部联系社科理论工作，关注决策咨询研究，曾担任《科学发展幸福江苏》执行主编。2013 年 12 月，根据组织安排，到江苏省社科联工作，担任党组书记、常务副主席。近年来，江苏省社科联在全国率先组建决策咨询研究基地，为江苏的"两个率先"提供决策咨询服务，在新型智库建设方面做了有益探索。如何发挥省社科联的职能优势，最大限度地优化配置研究资源，是我到省社科联工作后面临的一个重大课题。在接续拓展决策咨询工作领域的同时，也着意加强理性思考，酝酿写一本相关的专著，争取在智库发展理论上有所探求。2014 年 7 月形成详细的写作提纲。考虑到智库建设的多元主体，特别邀请了省政府研究室、省委党校、省社科院、苏州大学和南京、徐州市社科联、淮安市政府办公室等相关部门的专家学者和研究人员参与有关章节的撰写。

2014 年 10 月，习近平总书记主持中央全面深化改革领导小组第六次会议，审议《关于加强中国特色新型智库建设的意见》，强调指出，我们进行治国理政，必须善于集中各方面智慧、凝聚最广泛力量，要统筹推进党政部门、社科院、党校行政学院、高校、军队、科技和企业、社会智库协调发展，形成定位明晰、特色鲜明、规模适度、布局合理的中国特色新型智库体系。根据习近平总书记的讲话精神，对初稿进行了调整和修改。

本书由刘德海提出总体思路框架，拟定详细写作提纲，主持初稿撰写工作并审定全部书稿。其中，刘德海撰写绪论和第二章、第十章、第十一章、第十二章。其他各章主要撰稿人为，第一章：徐晓虎；第三章：沈和；第四章：刘旺洪、章寿荣等；第五章：谈镇；第六章：田晓明；第七章：钱再见；第八章：叶南客、李程骅、刘宗尧、徐晓虎等；第九章：刘西忠；第十三章：崔建军。

感谢省委宣传部和省委研究室、省政府研究室等部门对本书撰写给予的大力支持。本书部分内容参考了国内外专家学者相关研究成果。省社科联研究室朱建波、李启旺、陈朝斌、孙煜做了大量的资料整理工作。江苏人民出版社徐海总经理给予了大力支持。在此一并表示真诚的谢意。

由于水平和时间所限，书中难免有疏漏和不当之处，恳请广大读者予以指正。

刘德海

2014 年 12 月